AYYA KHEMA

Das Geheimnis von Leben und Tod

Buch

Ayya Khema führt in klarer und verständlicher Sprache in die Lehren Buddhas ein und inspiriert den westlichen Leser, die östlichen Weisheiten im Alltag zu leben. Sie zeigt, daß Orient und Okzident, westliche und östliche Glaubensrichtungen, durchaus zu einem harmonischen Ganzen verschmelzen können. Man muß seine Wurzeln in der westlichen Lebenssphäre nicht verleugnen, um in den buddhistischen Weisheiten eine Bereicherung für das eigene Dasein zu finden.

Autorin

Ayya Khema ist gebürtige Deutsche und eine international bekannte Meditationsmeisterin. 1978 wurde sie nach Jahren meditativer Schulung zur buddhistischen Nonne ordiniert und gründete seitdem buddhistische Frauenklöster und Meditationszentren in Ost und West. Heute lebt und lehrt sie jährlich sechs Monate in Deutschland.

AYYA KHEMA

Das Geheimnis von Leben und Tod

Das Wesen der Buddha-Lehre aus weiblicher Sicht

GOLDMANN

Umwelthinweis:
Alle bedruckten Materialien dieses Taschenbuches
sind chlorfrei und umweltschonend.
Das Papier enthält Recycling-Anteile

Der Goldmann Verlag
ist ein Unternehmen der Verlagsgruppe Bertelsmann

Vollständige Taschenbuchausgabe Januar 1998
Wilhelm Goldmann Verlag, München

Die Erstausgabe erschien unter dem Titel:
Morgenröte im Abendland
Umschlaggestaltung: Design Team München
Druck: Elsnerdruck, Berlin
Verlagsnummer: 13252
KF · Herstellung: Sebastian Strohmaier
Made in Germany
ISBN 3-442-13252-5

3 5 7 9 10 8 6 4 2

Inhalt

DIE ÜBERWELTLICHE KETTE BEDINGTEN ENTSTEHENS

Einführung

Die Ausführungen dieses Buches basieren auf einer Lehrrede des Buddha, dem *Upanisā-Sutta* aus dem Samyutta-Nikāya (Thematische Sammlung). Dieses Sutta behandelt die Weltliche und die Überweltliche Kette Bedingten Entstehens (*Lokiya-* und *Lokuttara-Paticcasamuppāda*) und verdeutlicht einerseits die kausalen Gründe für unser Dasein und unsere Schwierigkeiten in allen Einzelheiten; anderseits kann es uns von der menschlichen Ebene, mit all ihren Problemen, ihrem Leid und ihren vergänglichen Sinnesfreuden, zur vollen Erlösung geleiten, wenn wir die Richtlinien in der «Lehrrede für Cankī», mit der das Buch beginnt, befolgen und ihnen gemäß praktizieren.

Die uns heute zugänglich gewordenen Lehren des Ostens scheinen mir wie die Morgenröte, die auf das Abendland ausstrahlt und es befruchtet. Obwohl wir die herrlichen Strahlen in uns aufnehmen können, bleiben wir dennoch weiter im Abendland beheimatet.

In diesem Buch ist der Versuch gemacht worden, Orient und Okzident zu vereinen und zu einem harmonischen Ganzen zu verschmelzen, ohne einen der beiden zu verwässern oder zu benachteiligen.

Wenn auch nur ein einziger Mensch aus den folgenden Zeilen genügend Inspiration schöpft, um eine transzendentale Bewußtseinsebene zu erreichen, so hat dieses Buch seinen Zweck erfüllt.

Ayya Khema

Darstellung des Gesetzes von Ursache und
Wirkung im buddhistischen «Lebensrad»

Wie man sich einer Lehrrede gegenüber verhalten soll

Ein Brahmane namens Cankī ging einmal mit großem Gefolge zum Buddha. Einer seiner Schüler, genannt Bhāradvāja, fragte den Buddha nach dem Weg zur Erleuchtung; es kam ja oft vor, daß Brahmanen den Buddha um Antworten ersuchten. Was der Buddha damals erwiderte, ist auch für uns aktuell und von praktischem Nutzen.

Wie er darlegte, müssen wir zuerst die Gelegenheit haben, den *Dhamma** zu hören, und zwar so, daß wir den Eindruck gewinnen, wir können damit arbeiten und er stimmt mit der Wahrheit überein. Wir müssen also fähig sein zu unterscheiden, was sich auf Wahrheit und was sich auf bloße Befriedigung der Sinne bezieht. Nicht, daß Sinnesbefriedigung unwahr wäre; sie führt uns aber nicht zur tiefen Einsicht, sondern bleibt bei der Vergänglichkeit unserer Sinneseindrücke stehen. Vertrauen erwacht in uns, wenn wir sehen, daß diejenigen, die die Lehre kennen und begreifen, nicht mehr mit Haß und Gier reagieren.

Wenn wir das gute *Karma* haben, den *Dhamma* zu hören und zu erkennen, daß wir es hier mit einer bedeutsamen Wahrheit zu tun haben, der wir vielleicht näherkommen können, dann müssen wir mit viel Aufmerksamkeit zuhören – auf Pāli heißt es, man soll sein «Ohr hingeben».

* Die in diesem Buch verwendeten Pāli-Begriffe sind im Glossar S. 220 ff. erklärt.

Als nächsten Schritt soll man das Gehörte auswendig lernen. Der Buddha war ein Pragmatiker, ein Realist. Er wußte genau, mit welchen Schwierigkeiten wir behaftet sind: zum einen Ohr rein, zum anderen raus. Hat man das Gehörte auswendig gelernt, kann sich also sehr gut daran erinnern, soll man über dessen Bedeutung nachdenken. Wer zum Beispiel die «Lehrrede vom Großen Segen» oder die «Lehrrede von der Liebenden Güte» auswendig kann, aber nicht über ihre Bedeutung nachdenkt, hat keinen Vorteil errungen.

Wenn wir die Bedeutung erwogen haben, müssen wir prüfen, wie wir sie für uns verwerten können. Es ist ein klarer Weg vom Wissen zur Weisheit.

Haben wir erkannt, daß wir die Bedeutung, die die Worte haben, für uns selbst verwerten können, kommt Interesse auf. Wieder kennt der Buddha uns ganz genau – wir haben wirkliches Interessse nur an etwas, das für uns selbst von Wichtigkeit ist. Das Interesse für andere Dinge ist ganz oberflächlich, wenn wir auch noch so altruistisch denken und glauben, wir wollten der Welt etwas Gutes tun.

Haben wir Interesse an etwas, dann werden wir, äußerlich und innerlich, aktiv – in diesem Fall vor allem innerlich. Aber oft drängt es Menschen, die innerlich stark mit dem *Dhamma* verbunden sind, auch äußerlich etwas dafür zu tun, so daß der *Dhamma* auch andere erreicht. Die Hauptsache ist natürlich das innere Tun. Wenn wir damit anfangen, sehen wir bald, wo die eigenen Anstrengungen von Erfolg gekrönt sind und wo nicht, ob sie zu stark, zu schwach oder ausgewogen sind. Wir werden uns also immer wieder selbst erforschen und prüfen, ob diese Verbundenheit mit der Lehre in uns etwas bewirkt. Dabei werden wir natürlich immer wieder sehen, daß auch noch andere Schritte nötig sind. Nur der Erleuchtete hat nichts mehr zu tun, er ist vollendet. Wir werden uns also in Selbstdisziplin und Selbstkontrolle üben und jeweils ganz objektiv prüfen, ob die eigenen Gedanken und Taten im Einklang mit der Lehre sind. Sind sie es nicht, heißt die Formel: *Erkennen, sich nicht tadeln, ändern.*

Natürlich müssen wir dazu etwas von der Lehre wissen, aber wir brauchen nicht alle etwa 17 500 Lehrreden zu kennen. Es genügt vorerst, wenn wir uns einige Lehrreden im Detail merken, in denen genügend Anhaltspunkte enthalten sind, wie wir denken und handeln sollen.

Wenn man in einer Fabrik ein bestimmtes Maschinenteil herstellt, orientiert man sich an einem Muster, das zeigt, wie fein ein Teil gearbeitet sein muß, um korrekt zu sein. Wenn es nicht fein genug geschliffen ist, ist das Teil unbrauchbar. Uns selbst schleifen – darum handelt es sich. Wir müssen uns dabei selbst objektiv anschauen, und das Muster, an dem wir uns messen können, ist die Lehre. In der steht zum Beispiel, man solle alle Menschen lieben wie seine eigenen Kinder. Wie liebe ich denn meine eigenen Kinder, und wie liebe ich andere Menschen? Interessieren die anderen mich denn überhaupt? Kümmere ich mich um sie, liebe ich sie gar wie die eigenen Kinder? Die Lehre ist auch der Schleifstein. Wenn dieses Schleifen nicht not täte, hätte der Buddha nicht so unendlich viele Lehrreden halten müssen.

Selbstvorwürfe und Reue haben keinen Sinn. Jeder hat dieselben Schwierigkeiten, und das Glück liegt darin, zu wissen, welchen Weg wir zu beschreiten haben. Die meisten Menschen wissen nicht einmal, was zu tun ist. Sie glauben immer noch, sie müssen draußen etwas ändern. Zur Zeit des Buddha gab es auch Kriege, zur Zeit Jesu noch viel mehr. Die Welt ist nicht zu ändern – nur das eigene Herz. In dem Moment, wo wir geändert sind, ändert sich die Welt mit und durch uns, denn wir sind ja ein Teil der Welt. Sie sieht dann auch ganz anders aus, weil die innere Sicht eine neue Perspektive hat. Das bedeutet nicht, wir sollten nicht helfen. Hilfsbereitschaft läutert das eigene Herz.

Durch Selbstkontrolle können wir sehen, wo etwas abzuschleifen ist. Ist das dann geschehen, erkennen wir neue und tiefe Wahrheiten. Sehr häufig ist die innere Reaktion darauf: «Ach, natürlich!» Wir haben das Wahre immer in uns getragen, aber nie die Hindernisse beseitigt, die im Wege standen, es zu erkennen.

Das Erkennen der Wahrheit ist zwar noch nicht die Erleuchtung, aber es bringt ein Gefühl großer Erleichterung mit sich. Wir fühlen uns nicht mehr unsicher, nicht mehr hin- und hergerissen und irritiert; der Weg ist uns klar. Wir haben die Wahrheit erkannt, die tiefste innere Wahrheit. Und nun kommt es darauf an, alle diese Schritte ständig zu wiederholen. Der Geist braucht Zeit, sich diese Wahrheit, die er erkannt hat, immer wieder vor Augen zu halten und sich dadurch von Instinktreaktionen abzubringen. Unsere Instinkte sind stark; sie verschleiern oder beschönigen wollen ist Dummheit. Aber sie erkennen, ohne sich selbst anzufeinden, und versuchen, immer weiter von ihnen fortzukommen, das ist Klugheit. Diese Instinkte sind uns angeboren; daß wir über sie hinauswachsen können, ist das Herrliche am Menschsein.

In dieser Reihenfolge: immer wieder der Lehre mit Vertrauen zuhören; sich erinnern; ihre Bedeutung ermessen und sich zunutze machen; das Interesse erneuern; prüfen, wie weit wir schon den *Dhamma* leben können; Selbstkontrolle üben – der letztere ist der wichtigste Schritt. Selbstkontrolle darf nicht falsch verstanden werden. Sie hat nichts mit einem ständigen «Das darfst du nicht», «Das mußt du» zu tun. Davon würde man nur immer unglücklicher und hörte bestimmt nach kurzer Zeit damit auf. Dann hätte man wenigstens nicht die unheilsamen Resultate, die meistens folgen, wenn sich jemand lange genug peinigt. Niemanden soll man peinigen, auch nicht sich selbst. Selbstkontrolle ist genau das, was vorher «abschleifen» genannt wurde.

Wir können es uns auch so vorstellen: Wir sind der Bildhauer und zugleich die Skulptur, die er geschaffen hat. Er schaut sich sein Werk an und denkt: «Diese Linie ist noch nicht so schön, wie ich sie eigentlich gern hätte.» Also nimmt er einen Meißel und verschönert sehr vorsichtig sein Werk. Vorsichtig! Denn wenn er den Meißel zu stark ansetzt, macht er die ganze Skulptur zunichte. Und so schaut er immer wieder hin und prüft, ob die Skulptur seiner Vorstellung von ihr gleichkommt, und wo immer er einen kleinen Fehler findet, verbessert er behutsam. Dieser Bildhauer liebt seine Skulptur, sonst wäre sie ihm ja gleichgültig und er ließe sie so, wie sie ist. Aber da er sie liebt, will er sie so lange verschönern, bis sie ein vollkommenes Ebenbild des Höchsten ist, das es gibt.

Dieser Weg steht uns offen. Der Buddha hat gesagt: «Der Weg zur Todlosigkeit ist offen.» Im *Nibbāna* gibt es keinen Tod, weil es ja auch keine Geburt gibt. Der Weg ist jedem möglich. Er fängt damit an, den *Dhamma* zu hören und dank eigener Klugheit zu wissen, ob er wahr ist oder nicht. Das ist jedem selbst überlassen. Es gab Brahmanen, die zum Buddha kamen und ihn über vieles ausfragten. Der Buddha beantwortete ihre Fragen in allen Einzelheiten, und am Ende wandten sie sich dennoch ab: «Nein, das glauben wir nicht», und kehrten zu ihren alten Riten und Ritualen zurück. Ein Mann zum Beispiel erschien heulend und zähneklappernd vor dem Buddha, weil er seinen einzigen Sohn durch den Tod verloren hatte. «Das, was uns lieb ist, bereitet uns Leid», sagte der Buddha zu ihm. «Was für ein Unsinn!» rief der Mann entrüstet und lief weg. Dabei war er selbst der Beweis dafür, daß ihm genau das, wovon der Buddha sprach, widerfahren war. Er konnte es trotzdem nicht erkennen. So geht es uns ja auch. Würden wir alles ständig erkennen, brauchten wir gar nicht mehr zu praktizieren.

Die Lehre des Buddha ist immer wieder neu. Ich kann mich erinnern, als Kind mit acht, zehn und zwölf Jahren *Alice im Wunderland* gelesen und die Geschichte herrlich gefunden zu haben. Dann las ich sie als Erwachsene wieder und dachte:

«Ist das ein wunderbares Buch! Was der Autor alles weiß!» Und als ich es später noch einmal gelesen habe, war ich erstaunt: «So ein spirituelles Buch!» Als Achtjährige hatte ich davon natürlich keine Ahnung, aber gefallen hat mir das Buch schon damals.

Mit der Lehre des Buddha geht es auch nicht anders. Wenn sie uns am Anfang gefällt und wir uns immer mehr dafür interessieren, so entdecken wir in ihr immer neue Tiefen. Die Lehre ist dieselbe geblieben – wir selbst haben uns geändert. Darin liegt die Möglichkeit, in die tiefsten Erkenntnisse einzudringen, bis wir selbst zur vollkommenen Wahrheit geworden sind.

DIE WELTLICHE KETTE BEDINGTEN ENTSTEHENS

Wer das Bedingte Entstehen versteht, versteht Dhamma,
wer den Dhamma versteht, versteht das Bedingte Entstehen.
Worte des Buddha

Dhamma ist die Lehre des Buddha. *Dhamma* bedeutet «Wahrheit», «Gesetzmäßigkeit», «Naturgesetz». Der Buddha hat damit den Menschen seiner und auch unserer Zeit zu erklären versucht, wie die absolute Wahrheit zu finden ist – nicht die relative Wahrheit, in der wir leben. Seine Darstellungen werden auch oft die «Lehre von Ursache und Wirkung» genannt. Die Kette Bedingten Entstehens erklärt uns genau das, nämlich Ursache und Wirkung, und ist damit Herz und Kern der Lehre des Buddha. Mit der Weltlichen Kette Bedingten Entstehens will er uns zeigen, daß wir als Mensch nicht ein ganzes Etwas sind, das ständig so bleibt, wie es ist, sondern aus Ursachen entstanden sind, die immer wieder Wirkungen haben und sich unentwegt ändern.

Es ist eine Erklärung ganz objektiver Art, die völlig unpersönlich auf den Menschen zeigt. Die gesamte Buddha-Lehre handelt vom Menschen, von uns. Solange wir etwas nur außerhalb von uns selbst anschauen, können wir die tiefste Wahrheit nicht erkennen. In den Wissenschaften wird es so gehandhabt. Sie schweifen immer weiter und weiter in die Ferne, in das Erkennen und Erklären dessen, was es draußen gibt, und kommen nicht näher an die menschliche Essenz heran, wo die Wirklichkeit liegt. Der Buddha hat gesagt: «Das ganze Universum, ihr Mönche, liegt in diesem Körper und Geist.» Haben wir den eigenen Körper und Geist tiefstgehend verstanden, haben wir auch unsere ganze Umwelt voll verstanden.

Um die Kette Bedingten Entstehens anschaulicher zu machen – denn wir können ihre tiefere Bedeutung nicht sofort begreifen –, hat der Buddha zu Lebzeiten das Hilfsmittel einer Zeichnung benutzt. Die Überlieferung sagt, daß er dieses Schema mit einem Stock in den Sand zeichnete, während er mit den Mönchen spazierenging. Die Mönche waren von diesem Anschauungsunterricht so hingerissen, daß sie um Erlaubnis baten, diese Zeichnung in allen Klöstern neben der Eingangstür an die Wand zu malen, zur Information der Besucher. Der Buddha stimmte zu. Die damaligen buddhistischen Klöster Indiens sind längst zerstört und die Originalzeichnungen verloren. Aber die Kunde davon gelangte nach Tibet, wo sich Darstellungen der Kette Bedingten Entstehens bis auf den heutigen Tag erhalten haben, und zwar in viel detaillierterer Form als das Original. Das ist auch für uns eine große Verständnishilfe.

Die bildliche Darstellung der Weltlichen Kette Bedingten Entstehens sieht im allgemeinen so aus:

Wir sehen einen großen Kreis, den ein stilisierter Tiger in den Klauen hält. Dieser Kreis ist das Rad von Leben und Tod. Der Tiger, der das Rad in seinen Krallen hält, bemüht sich, so hübsch wie möglich auszusehen. Er trägt ein Diadem, aber bei näherem Hinsehen bemerkt man, daß es aus fünf Totenköpfen besteht. Sie stehen für die «fünf Anhäufungsgruppen» (*khandha*), die fünf Teile, aus denen der Mensch besteht: Körper und vier Aspekte des Geistes (Gefühl*, Wahrnehmung, Gedanken oder Geistesformationen und Sinnesbewußtsein). Damit schmückt sich dieser Tiger; außerdem trägt er Ringe in den Ohren und an seinen Klauen und Armbänder an Vorder- und Hinterfüßen. Am unteren Ende des Bildes sehen wir

* «Gefühl» beinhaltet Empfindungen und Emotionen

meist einen riesengroßen Tigerschwanz herunterhängen. Dieser wild aussehende Tiger mit geöffnetem Rachen bedeutet die Vergänglichkeit. Er beherrscht das Rad von Leben und Tod. Die Vergänglichkeit, der ewige Wandel, ist das Naturgesetz, dem Leben und Tod unterworfen sind.

Den Kern des großen Kreises bildet ein kleiner Kreis in der Mitte. Er zeigt drei Tiere, die sich gegenseitig in den Schwanz beißen und dadurch wieder einen Kreis bilden. Eines ist ein Hahn – das Symbol für Gier, denn er hat einen ganzen Hof voller Hennen. Das nächste ist eine Schlange – das Symbol für Haß, denn sie hat Gift in ihren Fängen; und schließlich ein Schwein – Symbol für Verblendung, weil es sich dermaßen im Schmutz suhlt, daß es nichts mehr sehen kann. Unsere Verblendung, aus der Haß und Gier entstehen, verursacht das Rad von Leben und Tod.

Wenn wir uns einmal darüber klarwerden, daß diese drei Wurzeln jedem Menschen von Natur aus eigen sind, dann hören wir vielleicht auf, uns zu wundern, warum die Welt so aussieht, wie wir sie kennen, und warum Menschen so reagieren und handeln, wie sie es tun; und wir hören auch auf, uns selbst und andere zu tadeln. Denn es ist ein Naturgesetz, daß wir mit diesen drei Wurzeln geboren werden. Hätten wir sie nicht, würden wir auch nicht auf die Welt kommen. Sie sind der Grund dafür, daß wir in das Rad von Leben und Tod eintreten. Man kann Gier und Haß bereits beim Neugeborenen deutlich erkennen. Es schreit, um zu bekommen, was es haben will, und schreit, um loszuwerden, was es nicht haben will. Die meisten Menschen schreien immer weiter, nur nicht ganz so laut. Sie wollen haben, was sie glauben zu brauchen, und wollen loswerden, was ihnen lästig erscheint.

Wir haben auch gute Wurzeln, mit denen wir die schlechten bekämpfen können; aber wir müssen erst einmal anerkennen, daß in jedem einzelnen von uns diese drei unheilsamen Wurzeln verankert sind. Nur wenn wir diese in uns selbst akzeptieren, können wir sie in anderen ertragen. Solange wir diese Schwierigkeiten in uns selbst ablehnen, werden wir anderen Menschen auch immer wieder ablehnend gegenüberstehen.

Der kleine Kreis in der Mitte ist umgeben von einem größeren Kreis, der in sechs Teile gegliedert ist. Sie bedeuten die sechs verschiedenen *Daseinsebenen*:

1. Der unterste Bereich ist die *Hölle*, die jeder Künstler gemäß seiner Vorstellung darstellt, zum Beispiel mit Feuer, Flammen, Torturen.
2. Ihr folgt die Ebene der *Hungrigen Geister*; das sind Wesen mit mächtig aufgeblähtem Bauch, aber einem so dünnen Hals, daß sie den Bauch nie anfüllen können. Sie leiden also ewigen Mangel, ewige Not, und sind voller Begierde.
3. Die dritte Ebene ist die der *Titanen*. Ihr Wesen ist ständiger Kampf, im allgemeinen dargestellt als ein Ringen der Weißen (Guten) mit den Schwarzen (Bösen).
4. Die vierte Daseinsebene, die der *Tierwelt*, zeigen die meisten Künstler durch viele Arten von Tieren, wobei die einzelnen Arten aber unter sich bleiben.
5. Die fünfte, die Daseinsebene des *Menschen*, wird je nach Phantasie des Künstlers symbolisiert: zum Beispiel durch Bauern, die das Land bestellen; durch Mütter, die mit Kindern beschäftigt sind; durch andere Menschen, die essen, tanzen oder weinen.
6. Die sechste Ebene ist die der *Devas*, der *Götter*, und eigentlich nicht darstellbar. Die Künstler deuten sie – je nach ihrer eigenen Vorstellung vom Paradies – zum Beispiel in sehr subtilen Farben und glückseligen Mienen an. Diese sechste Ebene, die der Götter oder Engel oder wie immer man sie nennen möchte, umfaßt sechsundzwanzig Bereiche, die sukzessive feiner und erhabener werden.

Wir Menschen sind also Nummer fünf von unten – abermals ein Grund zu erkennen, warum es auf dieser Welt so zugeht, wie wir es wissen und erfahren, und nicht mehr zu glauben, man könne auf der gewöhnlichen menschlichen Bewußtseinsebene das innere Paradies finden. Das ist eine Utopie und eine Illusion. Die verschiedenen Daseinsebenen sind natürlich nichts anderes als Bewußtseinsebenen, und besonders dem Menschen ist es möglich, sein Bewußtsein auf eine höhere Ebene zu heben und ein wesentlich verfeinerteres Erleben zu erfahren. Wenn er jedoch auf der menschlichen Ebene des Alltags bleibt, kann er nicht das innere Glück finden, das jeder sucht. Die sechs Bewußtseinsebenen, die in diesem Diagramm aufgezeichnet sind, sind Möglichkeiten, die wir alle in uns tragen. Wir können eine höllische Bewußtseinsebene erfahren – im Krieg zum Beispiel. Wir haben die Möglichkeit eines so begehrlichen Bewußtseins, daß wir nie genug bekommen können. Wir haben auch die Möglichkeit eines tierischen Bewußtseins. Wir haben selbstverständlich die Möglichkeit des menschlichen Bewußtseins, in dem wir uns im allgemeinen befinden, aber wir haben auch die Möglichkeit, darüber hinauszuwachsen.

Der äußere, große Kreis, in zwölf Felder eingeteilt, stellt die Weltliche Kette Bedingten Entstehens dar. Sie heißt deshalb «die zwölffache Kette Bedingten Entstehens» (*lokiya-paticcasamuppāda*).

1. UNWISSENHEIT

Die Darstellung der zwölffachen Kette Bedingten Entstehens fängt mit einem Bild einer blinden alten Frau an, mit einer Krücke in der Hand. Sie versucht, ihren Weg durch einen Wald zu finden, was ihr natürlich schwerfällt. Dieses Bild bedeutet Unwissenheit. Unwissenheit ist die primäre Ursache all unserer Schwierigkeiten. Der Buddha hat nie Fragen nach dem Beginn des Universums beantwortet. Er hat statt dessen die Kette des Entstehens gezeigt: Am Anfang ist die Unwissenheit oder das Nichtwissen, das in buddhistischer Terminologie eine ganz bestimmte Bedeutung hat. Es soll nicht heißen, daß wir keine Schul- oder Universitätsbildung haben, eventuell nicht lesen oder schreiben können oder keine intelligenten Menschen sind. Unwissenheit bedeutet hier, daß wir die absolute Wahrheit nicht erkannt haben, uns in einer Illusion befinden, die «Ich» heißt, und infolgedessen ständig etwas beschützen und unterstützen, was es gar nicht gibt. Das ist unsere Unwissenheit. Wir sind mit Blindheit geschlagen, und von daher rühren alle unsere menschlichen Probleme.

Diese Illusion des «Ich» wird dadurch noch unterstützt, daß alle anderen Menschen um uns herum die gleiche Illusion hegen und keineswegs gewillt sind, sie in Frage zu stellen. Es ist also sehr schwierig, davon loszukommen, denn dazu müssen wir uns auf einen ganz einsamen Weg begeben, auf dem nur hier und da ein Gefährte anzutreffen ist. In der Regel sind wir ganz allein.

Der Buddha hat gesagt, wir sollen nicht seinen Worten glauben, sondern alles selbst untersuchen. Woraus besteht dieses «Ich» denn eigentlich, mit dem wir von morgens bis abends zu tun haben, so daß wir am Abend ganz glücklich sind, ins Bett gehen und die ganze Schererei eine Zeitlang vergessen zu können? Ist es doch ein ewiger Kampf, das zu bekommen, was wir haben wollen, und das loszuwerden, was wir nicht leiden können. Wir sind ständiger Anstrengung und Irritation ausgesetzt, durch Urteilen, Beurteilen und Verurteilen, und obwohl wir versuchen, die Wahrheit zu erkennen, fallen wir doch immer wieder in dieselben Fallen, die unsere Ichbezogenheit uns stellt. Auch wenn wir uns tagsüber kaum anstrengen, sind wir am Abend trotzdem todmüde, weil der Geist die ganze Zeit überbeschäftigt war und nun zufrieden ist, endlich in die Traumwelt verfallen zu können, wo er sich nicht so stark engagieren muß. Um nichts anderes geht es dabei als um «Ich»; ganz selten geht es einmal um «Du». Im allgemeinen sind wir von morgens bis abends damit beschäftigt, dieses «Ich» irgendwie in Ordnung zu halten.

Das beginnt natürlich mit dem Körper, von dem wir meinen, er sei «Ich», und dem wir das Bestmögliche zukommen lassen, so daß er recht wenig Schwierigkeiten hat. Dazu gehört aber auch die Suche nach der emotionalen Unterstützung für die Ich-Illusion. Diese Feststellung will uns nicht nahelegen, den Körper zu vernachlässigen. Es bedeutet nur, daß wir uns klarmachen sollten, wie wir ständig damit beschäftigt sind, unser «Ich» zu befestigen. Die Unterstützung der Ich-Illusion läuft darauf hinaus, daß es uns nur angenehm ist, mit den Menschen umzugehen, die das mitmachen. Sollte uns jemand nicht dabei helfen, schalten wir sofort auf Angriff oder Abwehr.

Das allein könnte schon Zweifel in uns wecken, ob etwas, das man ständig bestätigen muß, wirklich in der Art und Weise existiert, wie wir glauben. Denn wir müssen ja nicht herumlaufen und ständig bestätigen, daß dieses Haus hier existiert; es ist ganz deutlich zu erkennen. Aber wenn wir keine Ichunterstützung bekommen, wenn jemand uns angreift und uns kleinmachen will, uns nicht anerkennt, so ist das mit viel Schmerzen verbunden, und wir suchen sogleich eine Möglichkeit, das «Ich» wieder aufzubauen. Dies geschieht nicht nur ab und zu, sondern ständig. Wir finden die Unterstützung bei anderen Menschen oder auch bei unseren eigenen Gedanken, Ideen und Tätigkeiten. Wir identifizieren uns mit all dem und erkennen nicht, daß dies nur momentane Rollen sind, die wir auf der Bühne des Lebens zugeteilt bekommen haben.

Wir sind Kaufmann, Doktor, Rechtsanwalt, Mann oder Frau, Vater, Mutter, Sohn, Tochter, Liebhaber, Kind oder Erwachsener; wir identifizieren uns mit dem, was wir tun oder wo wir hingehören. Dies hilft uns dann, das «Ich» zu unterstützen. Sollte eines dieser Identifikationsmittel verlorengehen – wie zum Beispiel Ehemann, Ehefrau oder Mutter sein –, weil der dazugehörige Gegenpart verlorengegangen ist, so ist das eine Tragödie, weil das «Ich» plötzlich einen Knacks bekommt. Es hat nicht mehr dieselbe Sicherheit, die es vor dem Verlust empfand. Es muß uns zu denken geben, daß wir immer wieder Bestätigung brauchen für etwas, wovon wir überzeugt sind, daß es existiert. Genau das ist es, was der Buddha Unwissenheit nennt. Wir können soviel Wissen in uns gespeichert haben, wie es nur gibt; solange wir glauben, wir seien «Ich», eine eigene Person, solange nennt der Buddha uns unwissend.

Durch Meditation kann dem abgeholfen werden, langsam und allmählich, denn eine sofortige Änderung kann der Geist nicht akzeptieren. Er braucht eine Anlaufzeit. Er muß sich in der Kontemplation damit beschäftigen, muß untersuchen und nachprüfen, um einmal herauszufinden: Was ist das eigentlich, was ich «Ich» nenne?

Wenn wir unseren Körper betrachten, können wir vielleicht schon etwas Abstand vom «Ich» gewinnen, weil wir ja wissen, daß unser Körper sterben wird. Es wird uns auch sichtbar vor Augen geführt, daß er sich in den letzten Jahrzehnten ständig verändert hat, so daß er kaum mehr wiederzuerkennen ist. Wenn wir uns darüber auch nur einen Moment Gedanken machen, kommen wir sicherlich zu dem Resultat: Wäre dieser Körper «Ich», dann müssen wir seit unserer Geburt schon mehrere Hunderttausend «Ichs» gewesen sein –

wir brauchen uns nur alte Fotos anzusehen, um das bestätigt zu bekommen.

Der Buddha hat oft dazu aufgefordert, in Gedanken einmal die Haut zu öffnen und nachzuschauen, was da drinnen alles zu finden ist. Identifizieren wir uns wirklich mit einer Niere, einer Gallenblase, Gedärmen, Blut, Knochen und all den Einzelteilen, die den Körper ausmachen? Ganz bestimmt wird der Geist sagen: «Nein, das kann ich ja gar nicht sein.»

Außer dem Körper gibt es die vier Teile des Geistes zu untersuchen: Gefühl, Wahrnehmung, Gedanken (Geistesformationen) und Sinnesbewußtsein, um festzustellen: «Bin ich eins davon? Wenn nicht, bleibt irgend etwas anderes übrig, das ‹Ich› sein könnte?» Dies ist ein Anfang, um den Geist einmal in die Richtung zu bringen, in der er vielleicht ein neues Tiefenerlebnis haben kann.

Kontemplation bedeutet, ein ausgewähltes Thema so in uns zu untersuchen, daß es uns intuitiv neu erscheint, obwohl wir verstandesmäßig schon immer darum gewußt haben. Wenn wir das Alte neu erkennen, haben wir Weisheit erlangt. Weisheit ist nicht erlernbar oder lehrbar, sie ist nur erkennbar. Kontemplation ist ein sehr gutes Hilfsmittel zum Erlangen von Weisheit, weil sie das Alte, Gewohnte noch einmal untersucht und vielleicht einen neuen Blickwinkel findet, der neue Perspektiven eröffnet.

Wenn wir die Gefühle anschauen, so wissen wir ohne Zweifel, daß sie sich ständig ändern. Wir können nicht sagen, wir seien dieses oder jenes Gefühl. Wir könnten höchstens sagen: «‹Ich› bin Millionen von Gefühlen»; all die unangenehmen, die angenehmen, die neutralen, die ärgerlichen, die akzeptablen, alle mit- und durcheinander. Also ein Bündel, und daher hat der Buddha die fünf Bestandteile des Menschen «die Anhäufungsgruppen» (*khandha*) genannt.

Wir können uns nun fragen: «Ist es wirklich möglich, daß ‹ich› etwas so Veränderliches bin wie Gefühle, an die ich mich nach kurzer Zeit nicht einmal mehr erinnern kann?» Das

«Ich» ginge also andauernd verloren, da wir uns ja mit dem bereits vergangenen Gefühl nicht mehr identifizieren können. Jegliches Gefühl ist nur Wirklichkeit im erlebten Moment. Wir hätten es also mit einem «Ich» zu tun, das ständig entsteht und wieder vergeht. Wieso entsteht es denn überhaupt? Wer bringt es zum Entstehen?

Dasselbe würde wohl für die Gedanken auch gelten – Abermillionen oder gar Milliarden von Gedanken. Es ist kaum möglich, sich auch nur an einige davon zu erinnern, es sei denn, wir hätten sie aufgeschrieben und fänden die Notizen wieder. Alle Gedanken kommen für ganz kurze Zeit und sind schon wieder vergangen. Bin «ich» diese Anhäufungsgruppe der Gedanken? Welcher von den Gedanken kann «Ich» sein? Die bereits vergangenen, der augenblickliche? Der letztere ist aber auch schon wieder vergangen. Wo ist das «Ich» dabei hingegangen? Wer bringt das «Ich» herbei, wenn Gefühl oder Gedanke kommen?

Des weiteren können wir unser Sinnesbewußtsein anschauen, unser Sehen, Hören, Riechen, Schmecken, Tasten. Im Wachzustand haben wir ununterbrochen irgendwelche Sinneskontakte. Im Moment sind wir mit Sehen und Tasten (durch das Sitzen) beschäftigt. Aber was davon sind «wir»? Sind «wir» derjenige, der sieht, und wenn der weggeht, kommt dann einer, der hört? Und dann geht der weg, und es kommt einer, der schmeckt? Es lohnt sich, dies als Kontemplation zu benutzen.

Dann gibt es noch die Wahrnehmung. Sie nennt die Dinge beim Namen und irrt sich natürlich öfter. Wir sind uns ja nicht immer ganz klar darüber, was geschieht, und beurteilen es von unserer Ego-Warte aus, so daß leicht Fehler unterlaufen. Wahrnehmen ist außerdem auf Erinnerung aufgebaut, und da unsere Erinnerung notorisch schlecht ist, stimmen wir entsprechend oft nicht mit anderen überein.

Wir bestehen also aus fünf Teilen, die wir untersuchen können, und gleichzeitig können wir auch versuchen festzustellen, ob es noch etwas anderes gibt, was «Ich» sein könnte. Dann wäre noch zu erkennen, ob es etwas Angenehmes ist, dieses «Ich» im Bewußtsein zu haben, ob wir es als etwas Vorteilhaftes empfinden oder ob es laufend irgendwelche Schwierigkeiten mit sich bringt. Solange unser «Ich» im Vordergrund steht, müssen wir auf dieses «Ich» Rücksicht nehmen und sind zudem darauf erpicht, daß andere Menschen das ebenfalls tun. Da jeder aber mit seinem eigenen «Ich» beschäftigt ist, täuschen wir uns in dieser Erwartung, und so haben wir ständig Schwierigkeiten in unseren zwischenmenschlichen Beziehungen, was wohl jeder schon erlebt hat.

Etwas Einsicht bringt etwas Ruhe, etwas Ruhe bringt etwas Einsicht. Wir setzen uns alle auf das Meditationskissen, um endlich einmal zur Ruhe zu kommen, was gleichbedeutend damit ist, daß wir uns nicht mit unserem «Ich» beschäftigen müssen. Das ist ein guter Wunsch und edler Vorsatz, aber leider funktioniert dies nicht gleich. Daher ist es sehr hilfreich, etwas Einsicht zu bekommen, daß diese ganze Ichbezogenheit, dieses ganze Ich-Wollen gar nicht von großer Wichtigkeit ist. Dann können wir in der Meditation leichter zur Ruhe kommen. Das Hauptproblem in der Meditation, nämlich die Schwierigkeit, Gedanken fallenzulassen, ist nichts anderes als das Problem des «Ich». Nur solange wir denken, wissen wir, daß das «Ich» existiert. «Ich denke, also bin ich», sagte Descartes. Obwohl dies ein Trugschluß ist, leben wir dennoch damit und fürchten uns, das «Ich» zu verlieren, wenn wir aufhören zu denken. Daher kommt die ganze Schwierigkeit der Gedankenfülle, die ja nichts von Bedeutung bringt und verhindert, daß der Geist sich wirklich einmal mit dem Meditationsobjekt verbindet und in die Tiefe geht. Das ist ein normales, menschliches Problem.

Wir haben die Möglichkeit, aus dieser menschlichen Problematik auszusteigen. Wenn wir in der Kontemplation untersucht haben, daß da tatsächlich ein Denkfehler, ein Bewußtseinsfehler, vorliegt, werden wir in der Meditation die vielen

Gedanken leichter fallenlassen können, weil wir das Denken als Ego-Unterstützung durchschaut haben. Die Gedanken bringen uns weder Einsichten, noch erzählen sie uns Neuigkeiten – wir wissen das alles schon. Diese Gewißheit hilft uns, zur Ruhe zu kommen. Daher arbeiten wir in beide Richtungen: Ruhe und Einsicht.

Es lohnt sich, dies alles selbst zu untersuchen und festzustellen, ob es stimmt. Der Buddha hat nicht gewollt, daß wir ihm blindlings glauben und seine Worte einfach akzeptieren. Er hat vielmehr darauf gehofft, daß wir genügend Interesse und Vertrauen aufbringen, seine Lehre nachzuprüfen. Wir müssen uns also Zeit nehmen zur Kontemplation und Innenschau. Die Worte des Buddha sind Richtlinien, Möglichkeiten. Wir können ihnen folgen, müssen aber nicht. Vor allem gehört ernsthaftes Interesse dazu, einer so tiefen Wahrheit nahezukommen, einer Wahrheit, die jeden Standpunkt, den wir bis jetzt gehabt haben, auf den Kopf stellt. Wir brauchen daher eine ganze Menge innerer Courage, um uns damit abzugeben, denn das ändert unser ganzes Weltbild. Unser Weltbild geht von unserem «Ich» aus. Wie wir uns selbst sehen, so sehen wir die Welt. Das ist anders nicht möglich. Darum können auch die Weltbilder zweier Menschen kaum übereinstimmen, und darum haben wir auch alle verschiedene Ansichten. Das ist ganz natürlich; der einzige Fehler, den wir machen, ist, daß wir andere von unseren eigenen Ansichten überzeugen wollen, weil sie ja angeblich die einzig richtigen sind.

Unsere verschiedenen Ansichten kommen von unseren unterschiedlichen Ich-Illusionen. Solange dieses «Ich» eine zentrale Stellung in unserem Bewußtsein einnimmt, was es ja bei uns allen tut, reflektiert es nach außen, und entsprechend sieht die Welt für uns aus. Mit anderen Worten: Wir wissen nur das, was wir in unserem Bewußtsein mit uns herumtragen. Wenn wir damit nicht länger zufrieden sind, wenn es uns kein wirkliches Glück, Freude und inneren Frieden bringt, heißt es den Inhalt unseres Bewußtseins ändern, so daß die innere Läuterung uns zur tiefsten Einsicht verhilft.

Die Richtlinien des Buddha sind eine große Hilfe dabei, denn er zeigt uns, wohin wir unsere Aufmerksamkeit richten können, um endgültig zur Ruhe zu kommen, in diesem Fall: zum Nicht-Ich. Denn das Bewußtsein, das wir haben, ist natürlich das Bewußtsein des «Ich». Wenn wir uns also zuinnerst nach einem tiefgehenden Verständnis sehnen, dann können wir es damit versuchen. Es geht hier aber um eine so einschneidende Änderung, daß wir sie nur allmählich vollziehen können. Gerade die Kontemplation ist ein langsamer Vorgang, weil sie dem Geist erlaubt, sich in den Grenzen seiner Fähigkeiten zu bewegen. Daher ist dies ein Vorgang, der jedem möglich ist und der weder Widerstand noch Ängste hochkommen läßt, weil dem Geist keinerlei Zwang angetan wird, sondern ihm nur Möglichkeiten gezeigt werden.

Das Bewußtsein des Nicht-Ich wird oft als «Leere» bezeichnet. Das erweckt die falsche Vorstellung, es existiere überhaupt nichts. Das aber kann nicht stimmen, denn wir wissen ja, daß wir hier sitzen, also existieren. Wir wissen, daß hier ein Haus ist, mit Menschen darin. Es kann uns niemand einreden, das alles sei pure Illusion.

Wir müssen uns darüber klarwerden, daß es ein zweigleisiges Erkennen gibt. Das erste Gleis ist das Gewohnte. Das ist das Gleis, auf dem wir alle Dinge so erkennen, wie sie uns erscheinen. Da gibt es ich und du, er und sie, Gut und Böse; da sind Häuser, Bäume, Möbel. Kein Zweifel, daß alle diese Dinge existieren. Wir müssen sie beurteilen oder erwerben, nach ihnen schauen, sie sauberhalten und erneuern. Das gilt auch für unseren Körper. Das ist das Gleis der relativen Wirklichkeit, auf dem wir leben. Dort gibt es auch viele Vergnügungen, und das ist recht so. Das Leben soll kein Jammertal sein, sondern eines, in dem sich Angenehmes und Unangenehmes zumindest die Waage halten. Es gibt viele Millionen Menschen, denen das vollkommen genügt. Aber der

Mensch, der tiefer denkt, erkennt, daß das nicht ausreicht. Er kann sich dann zum Gleis der absoluten Wirklichkeit hinbewegen, wo nur noch Körper und Geist existieren, aber niemand, dem sie gehören. Diese beiden Gleise überschneiden sich nie. Sie laufen immer ihren eigenen Weg. Die Frage: «Wenn ich gar nicht existiere, wozu sitze ich dann hier?» ist also falsch gestellt.

Wenn es uns nicht möglich wäre, von der menschlichen Alltagsebene fortzukommen, in der wir uns immer separat, allein und gefährdet vorkommen, wäre die fünfundvierzigjährige Lehrtätigkeit des Buddha umsonst gewesen. Wir können unsere Bewußtseinsebene wechseln, und der meditative Prozeß ermöglicht es uns, diese Zweigleisigkeit auch zu erkennen, vor allen Dingen dann, wenn wir uns schon einmal zu dem Bewußtsein des zweiten Gleises hingearbeitet haben. Allerdings fallen wir anfänglich immer wieder in das sogenannte «normale» Bewußtsein zurück.

Der menschliche Geist hat ungeahnte Fähigkeiten, die uns oft unbekannt bleiben. Er hat vor allen Dingen die Fähigkeit zur Erleuchtung, was wohl das Wichtigste ist. Alle anderen Fähigkeiten, von denen wir gerade in diesem Zeitalter auf wissenschaftlichen und technologischen Gebieten so viele kennengelernt haben, sind vergänglich. Aber die Fähigkeit, zur Erleuchtung zu kommen, kann uns zum Unvergänglichen bringen.

Die Lehre des Buddha zeigt uns den Weg dorthin. Wir müssen uns auch darüber klarwerden, daß die Meditation, wenn wir sie erfolgreich durchführen wollen, weder von der Lehre noch von der Entwicklung des Bewußtseins und vom spirituellen Wachstum abseits stehen kann. Wir können die Meditation nicht isolieren. Dann wird sie nie das bringen, was möglich wäre; im Gegenteil, sie macht vielleicht sogar Schwierigkeiten. Meditation ist kein Zweck an sich. Sie ist ein Mittel zu dem Zweck, unsere Bewußtseinsebene zu einer Wirklichkeit zu bringen, in der wir uns selber und die Welt anders sehen und eines Tages dem Leid, das immer um uns ist, nicht mehr verfallen. Leid ist, aber wir brauchen nicht mehr zu leiden.

Meditation und Konzentration sind unsere Hilfsmittel, dem Geist die Fähigkeit und Stärke zu geben, in die Tiefe zu gehen. Man kann sich vorstellen, daß ein Geist, der ständig hin und her wankt, von einem Gedanken zum nächsten, nicht in der Lage ist, in die Tiefe zu gehen. Er hat nicht genügend Eigenschwere. Aber ein Geist, der ruhig stehenbleiben und sich konzentrieren kann, hat die Muskeln und die Kraft, um in die Tiefe vorzustoßen. Er wird außerdem einspitzig, indem er bei *einem* Objekt verweilt. Die Einspitzigkeit hat der Buddha mit dem Schärfen einer Axt verglichen. Wenn die Axt scharf ist, ist sie ein gutes Werkzeug für uns; mit einer stumpfen Axt ist nicht viel anzufangen.

Fragen und Antworten

F: Mir ist noch nicht ganz klar, wie Meditation mit Kontemplation zusammenpaßt. Bei der Meditation geht es doch gerade darum, nicht zu denken. Ich will auch nicht denken, aber Gedanken kommen trotzdem, und ich habe Probleme, damit umzugehen. Ist dann die Kontemplation eigentlich eine höhere Qualität des Denkens? Warum ist es nötig zu meditieren, wenn es die Kontemplation gibt, oder hängen die beiden zusammen? Ist es vielleicht so, daß die Meditation eine sehr gute Vorbereitung für die Kontemplation ist, daß durch Meditation sich in der Kontemplation auf einmal Erkenntnisse auftun, die sich ohne Meditation nicht aufgetan hätten?

A: Das ist schon möglich, aber es besteht kein Entweder-Oder. Wir brauchen beide Richtungen. Es gibt viele Meditations- und Kontemplationsmethoden. Es gibt aber nur zwei Richtungen für die spirituelle Emanzipation, und diese sind *Ruhe und Klarblick.* Jeder möchte gern zur Ruhe kommen, und so ist das immer der beliebte Weg. Aber, wie du ja selbst gespürt hast, funktioniert er leider nicht sofort. Die störenden Gedanken kommen immer wieder hoch. Daher ist es besonders hilfreich, gleich am Anfang auch auf Klarblick hinzuarbeiten, was uns ermöglicht, in beiden Richtungen voranzukommen. Wenn wir versuchen, die Achtsamkeit auf dem Atem beizubehalten, wird uns das einmal zur Ruhe bringen. Wir brauchen unsere Gedanken aber nicht als Störenfriede anzusehen; durch Etikettieren bringen sie uns vielmehr Einsicht – vor allem die, daß so viele von ihnen unnütz sind. Wenn wir den abschweifenden Gedanken einen Namen geben – zum Beispiel «Zukunft», «Vergangenheit», «Phantasie», «Planen», «Hoffen» –, lernen wir dadurch unsere Gedankenmuster kennen und merken gleichzeitig, daß wir in der Lage sind, unsere Gedanken zu ändern, wenn sie uns nichts Erfreuliches bringen. In der Meditation setzen wir das Meditationsobjekt an die Stelle aller Gedanken, im Alltag ersetzen wir die unheilsamen durch die heilsamen Gedanken. Nichts kann unser Leben stärker harmonisieren als diese Fähigkeit, die ein sofortiger Gewinn der Meditationspraxis ist, auch wenn unsere Konzentration noch mangelhaft ist.

In der Kontemplation, die ein gezieltes Denken ist, können wir vielleicht etwas über unsere Ichbezogenheit lernen, die nicht nur im täglichen Leben, sondern auch in der Meditation dazwischenfunkt. Das hilft uns dann, unsere störenden Gedanken in der Meditation leichter loszuwerden, weil wir sie schon mehr durchschaut haben. Jegliche Erkenntnis, die wir in der Kontemplation gewinnen, müssen wir uns immer wieder vor Augen halten, um sie fest zu verankern. Die Kontemplation macht es möglich, die Meditation besser durchzuführen, und genauso auch umgekehrt.

2. KARMA-FORMATIONEN

In dem Rad von Geburt und Tod zeigt das zweite Bild einen Töpfer, um den herum viele Töpfe stehen. Einige davon sind wohlgeformt, andere sind zerbrochen, wie das ja wohl beim Töpfern passiert. Die Töpfe symbolisieren das gute und schlechte *Karma*, das wir machen. Karma-Formationen sind das Ergebnis unserer Unwissenheit. Jeder Schritt der Kette des Bedingten Entstehens ist die Folge des vorhergehenden Schrittes. Die Unwissenheit bezieht sich darauf, daß wir mit der Ich-Illusion behaftet sind. Wir machen *Karma*, solange wir glauben, daß wir «Ich» sind und daher persönlich sprechen, denken und handeln.

Karma hat der Buddha unsere Absichten genannt, die gut, schlecht oder neutral sein können. Um *Karma* zu machen, muß aber jemand dahinterstehen, der die Absicht hat. In all unseren wachen Momenten machen wir *Karma*, denn wir haben Absichten und treffen Wahlen. Jeder dieser Momente ist unwiderruflich und unwiederbringlich. Es gibt nur einen Moment, den jetzigen, und dieser ist wichtig.

Unser Karma-Machen fängt bei den Gedanken an. Es ist unmöglich, etwas zu sagen oder zu tun, was wir nicht zuvor gedacht haben, auch wenn wir uns dessen oft nicht bewußt sind. Wenn wir daran interessiert sind, gutes *Karma* zu machen, müssen wir vor allen Dingen auf unsere Gedanken aufpassen, denn sie bringen alles ins Rollen. Sie sind auch das, was wir am leichtesten ändern können, wenn wir achtsam sind. Wenn wir zum Beispiel etwas Unheilsames denken und es merken, ist es nicht so schwierig, den Gedanken umzuändern, als wenn wir ihn bereits ausgesprochen oder gar in die Tat umgesetzt hätten. Eine Tat ist schwer oder unmöglich rückgängig zu machen, wogegen wir das, was wir an Unheilsamem ausgesprochen haben, leichter zurücknehmen können. Daran können wir sehen, daß die Schwere des *Karma* sukzessive von den Gedanken zur Sprache zur Handlung zunimmt. Obwohl der Gedanke der Anfang ist und am meisten beachtet werden muß, ist es dennoch das leichteste *Karma*, hat die geringste Schwerkraft und läßt sich auch am einfachsten ändern.

Mit *Karma* verknüpfen wir oft die Vorstellung, es habe mit unseren früheren oder künftigen Leben zu tun. Das hat eine gewisse Berechtigung, ist aber nicht so wichtig wie das, was in diesem Leben passiert. Denn im allgemeinen besteht ein Leben aus ziemlich gleichförmigen, kleinen Ereignissen und nur einigen wenigen von großer Tragweite. Daraus können wir ersehen, daß die meisten Ereignisse unseres Lebens Resultate von kleinen Ursachen sind. Wir können sie mit im Garten ausgesäten Samen vergleichen, die Blumen oder Gemüse hervorbringen sollen. Die Ernte läßt nicht allzu lange auf sich warten. Wenn wir aber Samen für eine Eiche säen, so dauert es viel länger, bis ein Baum daraus wird.

Obwohl es nicht genau festzustellen ist, was wir getan haben, um gewisse Resultate zu bekommen, so ist es doch manchmal möglich, einen Zusammenhang zu finden, wenn wir uns selbst gegenüber ehrlich sind. Diese Zusammenhänge zu sehen, hilft uns, außenstehende Menschen oder Situationen nicht für die eigenen Schwierigkeiten verantwortlich zu machen. Die Geschehnisse in unserem Leben sind die Resultate, die wir selbst verursacht haben. Ob wir dies wissen oder nicht, macht dabei keinen Unterschied. Der Buddha hat gesagt, *Karma* und seine Wirkung seien so ineinander verwoben, wie die Fäden eines Spinnennetzes – man kann weder den Anfang noch das Ende finden. Es ist also hoffnungslos für uns, verstehen zu wollen, warum uns dieses oder jenes im Leben widerfährt. Aber es gibt doch manchmal Momente, wo etwas in uns aufblitzt, wo wir erkennen, daß eine schwerwiegende Tat eine schwerwiegende Wirkung gezeitigt hat.

Natürlich haben wir nicht alles in diesem Leben in die Wege geleitet, aber doch einen großen Teil davon. Da das, was wir in früheren Leben gesät haben, nicht mehr zu ändern ist, bedarf es keiner weiteren Beachtung. Aber was wir in diesem Leben tun, bedarf der äußersten Aufmerksamkeit. Wir sind ständig dabei, *Karma* zu machen, und können auch sehen, daß wir häufig sofortige Resultate bekommen. Wenn wir uns zum Beispiel ärgern, fühlen wir uns sofort nicht gut, wir brauchen nicht auf ein nächstes Leben zu warten. Wenn wir anderen Menschen liebevoll und hilfreich begegnen, haben wir sofort ein Gefühl der Zufriedenheit.

Das Wissen, daß wir selbst die Ursachen herbeigeführt haben und daher die Resultate bekommen, verhilft uns zur Selbstverantwortlichkeit. Wir hören auf, Sündenböcke zu suchen. Andere Menschen und äußere Situationen sind die Auslöser für unsere Reaktionen, aber weiter auch nichts. Wir können unsere Reaktionen beobachten, und wenn sie nicht heilsam sind, können wir versuchen, sie zu ändern. Wenn uns dies hier und da nicht gelingt, müssen wir zugeben, daß wir uns in einer Situation befinden, der wir nicht gewachsen sind, und daß wir gerade hier noch viel zu lernen haben. Es wäre vermessen anzunehmen, daß wir schon alles können.

Wenn wir versuchen, Meditation in unser Leben einzubauen, so geht es nicht ohne innere Ehrlichkeit, die uns erkennen läßt, an welchen Stellen wir noch an uns arbeiten müssen, um gewisse Schwierigkeiten zu transformieren. Sich hinsetzen mit dem Entschluß zu meditieren bedeutet gutes *Karma* – und das läßt ein gutes Gefühl aufsteigen. Ob das Meditieren allerdings funktioniert, ist eine andere Sache. Wenn man sich aber darüber ärgert, falls es nicht gut klappt, ist dies schlechtes *Karma*, und man hat ein unangenehmes Gefühl. *Karma* und seine Wirkungen sind ein ständiger Wechselvorgang, der sich in uns abspielt, und es braucht nichts weiter als ein wenig Achtsamkeit, um das zu erkennen. *Karma* ist das einzige, was uns wirklich gehört, und es hat nichts mit Belohnung oder Strafe zu tun. Es ist ein unpersönlicher Vorgang, der weiter nichts enthält als Ursache und Wirkung. Die Ursache erzeugt die Wirkung; welche Person dazwischensteht, ist vollkommen gleichgültig. Das Leben ist kein Lotteriespiel. Es ist ein Universum voller Ursache und Wirkung. Wäre es ein Lotteriespiel, wo einer das große Los gewinnen kann und der andere nicht, wäre ja jede Bemühung unsererseits zwecklos.

Heutzutage interessieren sich immer mehr Menschen für frühere und auch künftige Leben. Doch künftige Leben können wir nicht greifbar machen – sie sind nichts weiter als Spekulation und Hoffnung und haben auch keinerlei Einfluß darauf, was wir heute sind. Frühere Leben, durch die wir gegangen sind, sind aber ganz unpersönlich. Denn im Grunde ist unser «Ich» von unserem Bewußtsein hervorgebracht und existiert in Wirklichkeit gar nicht. Daher kann jemand in einem früheren Leben, und jemand, der jetzt auf der Welt ist, nie die gleiche Person sein. Was zur Wiedergeburt kommt, ist *Karma*; das ist ein ganz unpersönlicher Vorgang.

Frühere Leben und das damit verbundene *Karma*, was für viele so mysteriös und interessant ist, sind an sich belanglos. Denn wenn wir so weit entwickelt sind, daß uns das Wissen um frühere Leben nicht mehr schaden kann, dann werden wir auch – wenn wir uns dafür interessieren –, unsere früheren Geburten erkennen können. Solange wir aber noch nicht so weit entwickelt sind, daß wir sie selbst erkennen können, haben wir genug Leid in diesem Leben und brauchen nicht noch das Leid von anderen Leben daraufzuhäufen oder uns Phantasien hinzugeben, wer wir einmal gewesen sind. Denn es waren ja nicht wir. Es war nichts weiter, als daß das *Karma* eines Wesens sich wie ein roter Faden durch dessen Leben hindurchgezogen hat bis zu der Geburt eines anderen Wesens. Der Buddha hat gesagt, zu glauben, daß derjenige, der das *Karma* macht, und derjenige, der die Resultate bekommt, derselbe sei, sei eine falsche Ansicht. Daß er ein anderer sei, sei auch eine falsche Ansicht. Die Wahrheit liegt in der Mitte. Es kann unmöglich derselbe sein, ist aber auch kein ganz anderer, weil durch das *Karma* eine Kontinuität gegeben ist.

Wir können den Zusammenhang von *Karma* und Wiedergeburt vielleicht ganz einfach verstehen, wenn wir uns den heutigen Tag als unser ganzes Leben vorstellen. Frühmorgens werden wir neu geboren, kräftig und ausgeruht. Im Laufe des Tages wird allerlei *Karma* gemacht – gute Gedanken, schlechte Gedanken, gute Taten, weniger gute –, und am Abend ist der Mensch müde, schläft ein und stirbt einen kleinen Tod. Er weiß ja nicht, was während des Schlafes vor sich geht. Am nächsten Morgen wacht er auf, ist neu wieder da, hat einen ganzen Tag vor sich, der in Wirklichkeit das einzige Leben ist, das wir haben. Alles, was in der Vergangenheit vorgegangen ist, ist Erinnerung oder auch Spekulation, und die Zukunft ist selbstverständlich nichts weiter als eine Hoffnung. Die einzige Möglichkeit, zu leben und zu erleben, ist jetzt, dieser Augenblick, dieser heutige Tag. Wenn wir ihn mit guten Gedanken und Handlungen verbringen, werden wir morgen früh zufrieden und mit einem inneren Glücksgefühl aufwachen. Wenn wir den heutigen Tag mit Ärger, Ablehnung, Widerstand zubringen, erwachen wir morgen früh mit einem Gefühl des Ärgers, der Ablehnung, des Widerstandes.

Wir können daran vielleicht erkennen, wie sich das *Karma* von einem Leben zum anderen, von einem Tag zum nächsten fortsetzt. Nur die Resultate besitzen wir, nur die Ursachen können wir beeinflussen. Wir müssen also auf jeden einzelnen Moment gut aufpassen. *Karma*, selbst wenn wir es in ferner Vergangenheit verursacht haben, die sich unserem Wissen entzieht, muß nicht zur Wirkung kommen, wenn wir uns und unsere Situation soweit ändern, daß es keine Gelegenheit hat zu fruchten. Wir sind also nicht die Opfer unseres *Karma*. Wir können die Meister unseres *Karma* sein.

Wir brauchen nicht zu glauben, daß alles, was uns widerfährt, Schicksal sei. «Was kann ich schon tun, es ist eben mein *Karma*!» Der Buddha hat das als die erste falsche Ansicht über *Karma* beschrieben. Wir dürfen aber auch nicht meinen, unsere Taten blieben ohne Wirkung – so eine Art hedonistische Lebensansicht: «Es ist egal, was ich tue, ich lebe ja nur einmal!» Beide Standpunkte sind heute ziemlich verbreitet. Der erste ist Resignation einem Schicksal gegenüber, das überhaupt nicht existiert. Denn wenn wir selbst nichts unternehmen könnten, dann wäre es wohl am besten, den ganzen Tag im Bett zu bleiben. Der zweite Standpunkt ist ein Ablehnen der Selbstverantwortung.

Wir haben die Resultate unseres Tuns in der Hand, wenn wir unsere Gedanken in der Hand haben. Und das versuchen wir in der Meditation zu lernen, nämlich die Gedanken nicht einfach hin und her wandern zu lassen, sondern den Geist auf einen Punkt zu bringen. Wenn wir das meditativ gelernt haben, können wir es im täglichen Leben anwenden, um gutes *Karma* zu machen. Bei der Meditation üben wir, im Augenblick zu sein. Wir können nur *diesen* Atemzug betrachten, unmöglich den vorhergegangenen oder den zukünftigen – es ist offensichtlich, wie absurd der Versuch wäre. Wenn wir unseren Gedanken, die uns bei der Meditation stören, ein Etikett aufkleben, werden wir gewahr, wie oft sie sich um Vergangenheit oder Zukunft drehen. Je mehr wir lernen, dieses gewohnheitsmäßige Denken fallenzulassen, desto mehr werden wir fähig, das Leben zu erleben und nicht zu erdenken. Das Leben zu erdenken ist ein allgemeines Gesellschaftsspiel, bei dem wir hin- und herpendeln zwischen dem, was wir uns schöner erdacht haben, und dem, was wir uns unangenehmer ausgedacht hatten. Aber der Wahrheit kommen wir dadurch nicht näher. Nur im Erleben können wir der Wahrheit so nahe kommen, daß wir sie einmal sein werden.

Das Wort *Karma* bedeutet eigentlich «Handlung», aber der Buddha bezeichnet damit «Absicht»; die Wirkung der Handlung heißt auf Pāli *Vipāka*, aber es hat sich im Sprachgebrauch auch das Wort *Karma* dafür eingebürgert. Wir haben also zwei Dinge, die wir mit demselben Wort bezeichnen: die Absicht, die sich durch Gedanken, Sprache oder Handeln manifestiert, und die daraus resultierenden Wirkungen.

Wenn uns klargeworden ist, daß wir selbst alles, was uns

geschieht, in die Wege leiten, dann werden wir uns zutiefst dieser Verantwortung bewußt. Das hilft uns, nicht länger ein Opfer unserer Reaktionen zu sein, sondern uns auszusuchen, was für *Karma* wir machen. Wir erkennen nun auch, daß wir nichts mit anderer Menschen *Karma* zu tun haben. Wenn uns zum Beispiel jemand unfreundlich, unhöflich, ablehnend oder ärgerlich begegnet, so liegt es an uns, wie wir reagieren. Wir können uns in solchen Momenten daran erinnern, daß der andere in dieser Situation schlechtes *Karma* macht. Statt ärgerlich zu reagieren, können wir vielleicht Mitgefühl aufkommen lassen. Das ist bedeutend heilsamer für uns selbst, als wenn wir ebenfalls ablehnend werden. Wenn uns deutlich wird, daß ein anderer schlechtes *Karma* macht, so ist Mitgefühl am Platz und nicht Ärger, denn derjenige, der *Karma* macht, bekommt die Wirkung zu spüren.

Wir sind auch nicht in das *Karma* der Menschen eingesponnen, die uns am nächsten stehen, mit denen wir zusammenleben. Wir machen immer nur unser eigenes *Karma*, und jeder andere macht das seine. Je besser das *Karma* ist, das wir machen, desto hilfreicher kann es allerdings für andere sein, aber es bleibt dennoch immer das unsere. Daraus können wir auch schließen, daß wir einen spirituellen Pfad immer nur für uns selbst gehen können. Wir können andere dazu ermutigen, oder wir können vielleicht einmal versuchen, etwas zu erklären, aber die ganze Arbeit liegt nur bei uns selbst. Andere können es als hilfreich empfinden, wenn wir friedlich und glücklich sind, aber *Karma* und seine Resultate bleiben immer beim Urheber.

Je mehr gutes *Karma* wir im Leben machen, desto mehr Möglichkeiten eröffnen sich uns. Aber je mehr neue Gelegenheiten sich bieten, desto mehr müssen wir achtsam auf uns selbst aufpassen. Achtsamkeit haben wir durch Meditation erlernt, und wieder können wir erkennen, daß die Meditation das Mittel ist, aber nicht der endgültige Zweck. Unsere meditative Erfahrung ermöglicht es uns, den jeweiligen Moment der Gegenwart zu erleben, Achtsamkeit walten zu lassen, unsere Gedanken zu meistern, so daß wir uns dies alles im täglichen Leben zunutze machen können. Denn *Karma* machen wir ja im täglichen Leben in allen wachen Momenten. Schlafend machen wir kein *Karma*, weil keine Absichten dahinterstehen. Unsere Meditationserfahrung ist daher ein wichtiger Bestandteil unseres Karma-Machens und bringt uns eines Tages dazu, daß wir gewohnheitsmäßig ständig auf der Hut sind, keine schlechten Absichten aufkommen zu lassen.

Man kann das Rad von Leben und Tod in drei Abschnitte einteilen: ein früheres Leben, das jetzige und ein folgendes. Wir können aber auch die ganze Kette Bedingten Entstehens als Erklärung unseres jetzigen Lebens betrachten. Unsere Unwissenheit um die absolute Wahrheit, die sich durch die Ich-Illusion ausdrückt, bringt uns dazu, *Karma* zu machen, und hält uns immer wieder dazu an, den Überlebensdrang in uns zu fördern. Das ist unser stärkster Drang, und er tritt in dieser Kette Bedingten Entstehens als der nächste Schritt auf.

Fragen und Antworten

F: Ich habe eine Frage, die etwas spitzfindig klingt, aber nicht so gemeint ist. Ich stelle sie, weil sie mir selbst gelegentlich vorgelegt worden ist. Ich möchte gern wissen, wer das «Ich» ist, das sagt: «Keines dieser fünf *Khandhas* bin ‹ich›, und das anderseits sagt: «*Karma* ist das einzige, was ‹mir› gehört.» Welches Subjekt spricht hier?

A: Wir können auf zwei Gleisen funktionieren und uns darüber klar sein, daß diese sich nie überschneiden können. Auf dem Gleis der Erkenntnis sind die fünf *Khandhas* einfach fünf *Khandhas* und gehören niemandem. Der, der das erkannt hat, ist erleuchtet. Er ist es aber nicht, weil er darum weiß – das genügt einfach nicht –, er muß zu dem inneren Erlebnis dessen gekommen sein. Auf demselben Gleis ist derjenige, der weiß und empfindet, daß *Karma* nichts weiter als eine unpersönliche Ursache und Wirkung ist. Auf dem gewöhnlichen, alltäglichen Gleis, auf dem wir uns bewegen, haben wir gehört, daß niemand die fünf *Khandhas* besitzt. Das ist ein guter Anfang. Auch das Wissen, daß mein *Karma* mir gehört, weil ich selbst die Ursachen veranlaßt habe, ist eine wertvolle Bereicherung. Weisheit hat drei Stufen: Die erste Stufe ist Information. Die zweite Stufe ist, daß wir uns daran erinnern können, was wir gehört und gelesen haben, und versuchen, es zu verinnerlichen, zum Beispiel daß die *Khandhas* uns nicht gehören. Die dritte Stufe ist das persönliche Erleben. Dadurch entsteht Weisheit, die auch als Erkenntnis bezeichnet werden kann.

F: Ich habe den Satz nicht ganz verstanden: «Meditation ist das Mittel und nicht der Zweck.»

A: Der Zweck der Meditation ist Erkenntnis, das Erkennen der absoluten Wahrheit. Meditation ist ein notwendiges Mittel, denn sie befähigt den Geist, klar und scharf zu werden.

F: Wie kann ich unterscheiden, ob ich altes *Karma* abtrage oder neues ansammle?

A: Im Prinzip machen wir immer beides. Neues *Karma* machen wir durch unsere Absichten, die uns ja ständig begleiten. Altes *Karma* können wir nicht «abtragen», sondern die Resultate des alten *Karma* kommen zu uns, durch alles, was täglich abläuft.

3. WIEDERGEBURTSBEWUSSTSEIN

In der Kette Bedingten Entstehens kommt als nächster Schritt nach den Karma-Formationen das Wiedergeburtsbewußtsein. Es wird in der Regel als ein Affe dargestellt, der sich von Baum zu Baum schwingt und sich immer wieder einen neuen Baum sucht. Das Wiedergeburtsbewußtsein entsteht dadurch, daß wir hier sein wollen; es ist die Gier nach dem Sein. Wir nennen es schönfärberisch «Überlebensdrang».

Der Buddha hat uns gelehrt, daß es drei Begierden gibt, denen wir immer wieder zum Opfer fallen und denen wir untertan sind: die Gier nach dem Sein, die auch manchmal umschlägt in die Gier nach dem Nichtsein, nämlich wenn alles schiefgeht und man sich am liebsten in ein Mauseloch verkriechen würde. Sie kann zu Selbstmordgedanken führen. Es ist aber genau dieselbe Begierde, nämlich die Gier des «Ich», sich zu behaupten. Die dritte im Bunde ist die Gier nach sinnlichen Genüssen, das heißt, daß wir angenehme Gefühle durch unsere Sinne haben wollen.

Mit diesen drei Begierden sind wir von Natur aus behaftet, sie sind der Kern dessen, was sich im normalen menschlichen Leben abspielt. Dazu kommen noch unsere Ideen und Gedanken, aber die drei Begierden sind ausschlaggebend für alles, was uns betrifft. Wenn wir diese Begierden nicht eines Tages erkennen und ihnen Einhalt gebieten, drehen wir uns endlos weiter im Kreis. Aus diesem Grund ist die Weltliche Kette Bedingten Entstehens kreisförmig dargestellt. Das Rad von Geburt und Tod wiederholt sich immer wieder in einer kreisförmigen Kette der Ereignisse.

Schauen wir uns einmal unser eigenes Leben an, das einzige Leben, das wir ja wirklich kennen: Ist es nicht auch ein Kreislauf, der sich immer wieder von morgens bis abends wiederholt? Aufstehen, waschen, anziehen, frühstücken, arbeiten gehen oder das Haus aufräumen, Mittag essen, ausruhen, weiterarbeiten, nach Hause kommen, waschen, essen, fernsehen, ins Kino gehen, ein Buch lesen, Freunde unterhalten, schlafen gehen. Aufstehen, waschen, anziehen, frühstükken... Vier Wochen in Ferien fahren, aufstehen, waschen, anziehen, frühstücken... genau dasselbe. Es ist ein Kreislauf, der sich ständig wiederholt; wir haben auch immer wieder denselben Wunsch: es angenehm zu haben. Es wäre töricht, das Unangenehme zu wünschen. Darum geht es auch nicht. Der Buddha erklärt uns, daß es darum geht, einmal zu erkennen, was wir eigentlich machen, und uns zu fragen, ob wir so weitermachen wollen. Wollen wir ein Opfer unserer Wünsche bleiben? Oder können wir uns eine andere Lebensart erschaffen, oder wollen wir überhaupt aufhören, ständig nach etwas Angenehmerem Ausschau zu halten?

Die Begierde dazusein, den Überlebensdrang, den jedes Lebewesen in sich hat – ob Mensch oder Fliege oder Baum –, benennen wir auch mit dem noch unverfänglicheren Begriff «Lebensenergie». Das sind aber alles nur verschiedene Wörter für ein und dasselbe. Es handelt sich immer wieder um die Gier, hier anwesend und gesichert zu sein. In der Natur bekommen wir das sehr deutlich vor Augen geführt; auch im eigenen Garten können wir es beobachten. Wenn wir zum Beispiel zwei Karottensamen zu nahe aneinander aussäen, wollen beide sich entwickeln und auf jeden Fall wachsen. Wenn es dann gar nicht anders geht, wickeln sie sich umeinander, so daß sie wie ein Korkenzieher aussehen. Sie müssen einfach sprießen, um zu *sein*.

Dasselbe tun wir auch. Wir müssen dasein, ohne uns geht es nicht. In einem Meditationskurs können wir jedoch leicht feststellen, daß die Welt auch ganz gut ohne uns auskommt. Alles geht weiter seinen Gang, während wir meditieren und uns um nichts kümmern und die Welt sich auch nicht um uns kümmert. Es geht also sehr gut auch ohne uns. Aber das genügt noch nicht, um die Gier nach dem Sein zu erkennen.

Solange wir existieren und ein «Ich» in uns herumtragen, sehen wir ja die Welt nur von diesem «Ich» aus. Die Welt existiert für uns nur, weil wir uns ihrer bewußt sind. Würden wir nicht als Beobachter und Mitspieler fungieren, gäbe es für uns keine Welt. Und doch sind wir nicht gewillt, unsere Anteilnahme aufzugeben, selbst wenn das viel Leid für uns verursacht – und so kommen wir immer wieder. Daß nicht derselbe Mensch wiederkommt ist klar – weder derselbe Körper, das wäre ja praktisch unmöglich, noch derselbe Geist. Aber es ist ein Kreislauf des Immer-wieder-Existierens, weil wir noch nicht erkannt haben, daß Existenz als solche nichts weiter als ein vergängliches, unsubstantielles *Dukkha* ist. *Dukkha* ist das Wort, das der Buddha benutzt hat, um alles zu beschreiben, was nicht vollkommen zufriedenstellend ist.

Da alles, was wir kennen, vergänglich ist, kann nichts auf die Dauer vollständig erfüllend sein. Solange wir in dem Wahn leben, wir könnten unser Leben zufriedenstellend und angenehm einrichten, da wir ja alles haben, was Menschen angeblich dazu brauchen, so lange werden wir den Wunsch, hierzusein und immer wieder herzukommen, haben. Denn dieser Wunsch erlischt natürlich nicht in dem Moment, wo der Körper stirbt. So ist es denn auch ganz richtig, wenn behauptet wird, es gebe gar keinen Tod, es sterbe ja nur der Körper.

Wenn wir uns einen Moment lang vorstellen, daß wir als der Mensch, der wir heute sind, fünftausend, fünfzigtausend, fünfhunderttausend, eine Million Jahre leben sollten, könnten wir nur verzweifeln. Glücklicherweise ist das nicht der Fall. Es ist ja niemals derselbe, der wiedergeboren wird. Aber allein das Wissen, daß unser Leben aufgrund unserer Begierde, immer wieder hiersein zu wollen, immer weitergeht, könnte uns das *Dukkha*, das darin enthalten ist, einmal klar vor Augen führen. Solange wir noch glauben, daß wir alles in Ordnung bringen werden und so einrichten können, wie wir es wollen – entweder durch unsere Technologie oder unseren eigenen gesunden Menschenverstand –, und damit in der Lage sein werden, allen Unbilden entgegenzuarbeiten, so lange ist die Gier nach dem Sein vorhanden.

Die Daseinsgier ist immer gekoppelt mit der Gier nach Sinnesbefriedigung. Unser Menschsein ist ja darauf gegründet, daß unsere Sinne uns befriedigen sollen, und je mehr gutes *Karma* wir gemacht haben, desto mehr Sinnesbefriedigungen bekommen wir auch. Je mehr dies der Fall ist, desto schwieriger wird es zu erkennen, daß nichts dahinter ist, daß Sinnesfreuden nur Schall und Rauch sind, nichts weiter als ein momentanes Vergnügen. Wenn wir nicht allzu vielen Sinnesbefriedigungen ausgesetzt sind und nicht so viele angenehme Gefühle haben, ist es etwas einfacher, dies zu durchschauen. Das bedeutet wieder einmal, daß *Dukkha* unser bester Lehrer ist. Wenn wir Leid durch unsere Sinne erfahren, wenn nicht alles so gut abläuft, wie wir es uns wünschen, ist es viel leichter, die Illusion der Sinnesbefriedigung zu erkennen, vor allem wenn wir nicht versuchen, die Situationen auf irgendeine Weise doch noch zu retten. Wenn aber alles gut läuft, ist unsere Abhängigkeit von angenehmen Sinneskontakten beinahe undurchschaubar. Darum hat der Buddha gesagt, die menschliche Ebene sei die beste, um zur Befreiung von allem Leid zu kommen, weil wir hier genügend *Dukkha* haben, um es deutlich zu erkennen, aber auch genügend Annehmlichkeiten, um uns von dem Leid nicht völlig deprimieren zu lassen. Wir leben also in einer Balance, wo uns Erkenntnis möglich sein sollte.

Das Wiedergeburtsbewußtsein ist das, was überlebt. Es überlebt kein «Ich» oder sonst jemand, sondern nur die Begierde dazusein. Wer mit Sterbenden zu tun hat, kann oft feststellen, daß sogar unheilbar Kranke, die von starken Schmerzen geplagt sind, immer noch am Leben hängen und nicht gewillt sind, es aufzugeben. Natürlich gibt es auch solche Menschen, die in diesem Fall so schnell wie möglich sterben wollen. Das ist aber nur die Kehrseite derselben Medaille; statt der Daseinsgier sehen wir dann die Gier nach dem Nichtsein, die das gleiche Wiedergeburtsbewußtsein zur Folge hat, da auch sie auf der «Ich»-Illusion basiert.

Der Geist gibt auch im Tod Begierden nicht auf, das Am-Ich-Hängen; er läßt seine Illusionen nicht los, und so entsteht keine geistige Unterbrechung zwischen Leben und Tod. Ob der Geist dann sofort wieder auf die menschliche Ebene zurückkehrt oder nicht, ist Spekulation. Es gibt andere Ebenen, auf denen der Geist sich aufhalten kann, bevor er wieder zu der menschlichen zurückkehrt. Es besteht auch die Möglichkeit, daß er überhaupt nicht zur menschlichen Ebene zurückfindet. Auf welche der 31 Daseinsebenen der Geist sich begibt, hängt davon ab, in welchem Bewußtseinsstadium er sich befindet. Auf jeden Fall hat er beim Tod entweder den Wunsch zu leben, oder den Wunsch nicht zu leiden – nur so kann er wiedergeboren werden, weil die Ich-Illusion bestehengeblieben ist.

Diesen Wunsch, am Leben zu bleiben, kennen wir von uns selbst; wir brauchen nicht darüber nachzudenken, ob das stimmt oder nicht. Wir haben den Daseinsdrang fast immer, außer wenn gerade alles schiefgeht und wir nicht mehr mitmachen möchten. Im allgemeinen ist diese Begierde das, was uns immer wieder am Leben erhält und neue Energie schafft. Gegen die Energie als solche ist nichts einzuwenden, aber der Buddha hat uns aufgefordert nachzuprüfen, ob wir diese Energie wirklich dazu verwenden wollen, immer wieder in dem Kreislauf der verschiedenen Existenzmöglichkeiten zu erscheinen, oder ob wir einmal die Wahrheit bis ins letzte erforschen wollen, die Wahrheit von der Substanzlosigkeit, der Vergänglichkeit und der Leidhaftigkeit jeglicher Existenz. Das bedeutet nicht, daß man dann versucht, diesen Körper loszuwerden, denn in dem Moment, wo die ganze Wahrheit erkannt ist, sind Körper und Geist niemandes Eigentum mehr. Sie *sind* einfach und bleiben dann so lange bestehen, bis sie von allein vergehen.

Der Affe, der sich von Baum zu Baum schwingt, bedeutet, daß wir schon viele Leben lang dieses Wiedergeburtsbewußtsein gehabt und uns immer wieder in verschiedene Situationen hineinbegeben haben. Einmal zu beobachten, wie sich das bei uns im jetzigen Leben ausdrückt, ist vielleicht am wichtigsten: nämlich durch Selbstbehauptung, Selbstsucht, Egozentrik. Es zeigt sich auch dadurch, daß wir unseren Lebensraum sicherstellen wollen; das ist eine beliebte Art und Weise, uns auszudrücken, wenn wir uns bedroht fühlen und aggressiv werden. Weil wir sein wollen, beanspruchen wir auch alles um uns herum, was uns angeblich hilft, unser Sein zu sichern.

Unsere Lebensversicherungen sind ein Beispiel dafür. In Wirklichkeit versichern sie nichts weiter als den Tod. Wir benutzen sie aber, um unser Dasein zu stützen und zu bestätigen. Wir können in unseren täglichen Verrichtungen erkennen, wie stark wir hierzusein wünschen und wie sehr wir darauf aus sind, diesem Hiersein eine Basis zu geben, die uns gesichert vorkommt. Natürlich ist das nur ein Hirngespinst. Der Tod ist uns sicher, das Leben aber ist ganz unsicher. Dennoch sind wir ständig damit beschäftigt, unser Leben auf Beständigkeit hin zu arrangieren, sind immer dabei, gegen die Naturgesetze zu arbeiten. Wie es ist, paßt es uns nicht, wir wollen es anders. Daß alles vergänglich ist und daher gar nicht so wichtig, ob wir es nun haben, wissen, können oder nicht, gefällt uns nicht.

Auf Schritt und Tritt können wir darauf stoßen, wie wir die Gier zu sein aktualisieren, und vielleicht merken wir eines Tages, wie sich das immer wieder als eine Behauptung des «Ich» in uns zeigt. Behaupten wir unser «Ich» zu stark und kommen dabei einem anderen zu nahe, gibt es Reibereien, weil der andere ja dasselbe macht. Er ist auch dabei, seinen Lebensraum zu sichern, sein Selbst zu behaupten, und so passieren dann die zwischenmenschlichen Verkehrsunfälle.

Gerade auch diese Situation gibt uns die Möglichkeit zur Kontemplation. Es ist hilfreich festzustellen, wie sich das Wollen «Ich bin hier» im eigenen Leben ausdrückt. Geht die Welt zugrunde, wenn «ich» nicht bin, sie zu beobachten? Das ist natürlich absurd. Die Welt und das Universum sind schon immer da und existieren weiter, und obwohl sie sich ständig verändern, sind sie doch unabhängig von unserer Existenz. Wenn wir das einmal ganz klar empfinden, kann das der Solidität des «Ich» einen Stoß versetzen, der nötig ist, um an der tiefen Ichverwurzelung zu rütteln.

Wenn diese solide Verankerung etwas ins Wanken käme, wäre dies ein sehr gutes Resultat. Es muß durch unser eigenes Erkennen geschehen. Wenn andere unser Ego ins Wanken bringen, werden wir nichts als ärgerlich oder traurig, regen uns auf oder fangen gar an, mit ihnen zu streiten. Das bringt uns keinerlei Erkenntnis. Durch Druck von außen kommt Widerstand von innen, der das «Ich» noch mehr verfestigt. Nur tiefe Einsicht bringt uns dem inneren Frieden näher.

Fragen und Antworten

F: Wenn ich nicht *sein* will, ist das besser für meine Meditation?
A: Nein. Das Nichtdaseinwollen ist auf derselben Illusion aufgebaut wie das Daseinwollen, nämlich daß es ein «Ich» gibt. Darum ist es die Kehrseite derselben Medaille, daß hier jemand ist, der sein oder nicht sein will. Wenn jemand viel leidet und darum zu meditieren anfängt, will er wohl etwas Angenehmes erleben. Wenn die Meditation dem nicht entspricht, gibt es oft Enttäuschung. Das Nichtdaseinwollen ist dieselbe Motivation wie das Daseinwollen. Sich mit der Buddha-Lehre auseinanderzusetzen, um aus dem Leid herauszukommen, ist wertvoll. Aber das «Ich will nicht sein» ist genauso Illusion und Verblendung wie «Ich will sein».
F. Was ist die wichtigste Voraussetzung dafür, daß die Meditation und der *Dhamma* ein Bestandteil des Lebens werden?
A: Gutes *Karma* und, wie der Buddha gesagt hat, «wenig Staub auf den Augen»; das bedeutet: nicht allzugroße Verblendung.

F: Das ist doch auch die Voraussetzung dafür, daß man überhaupt erst einmal anfängt zu suchen?
A: Ja, aber viele Menschen kommen zur Meditation, um ihrem Leben noch etwas Neues einzuverleiben. Sie möchten sozusagen gern die Kirsche haben, die oben auf dem Kuchen drauf ist; den Kuchen haben sie sowieso schon. In Wirklichkeit sollten wir aber den Kuchen aufgeben.
F: Hat das *Nibbāna* des Buddha einen Einfluß auf die gesamte Lebensenergie, die sich in Menschen und in allem anderen zeigt?
A: Die Lebensenergie existiert, weil das Universum existiert. Die charakteristischen Eigenschaften des Universums sind, daß es expandiert und sich wieder zusammenballt. Es ist genauso vergänglich wie alles andere, was existiert. Der Buddha hat vier Fragen nicht beantwortet, und zwar nach den Zusammenhängen des *Karma*, dem Anfang des Universums, dem Einfluß eines Buddha und dem Einfluß eines Menschen in den meditativen Vertiefungen. Er hat gesagt, diese Fragen helfen uns nicht zu unserer persönlichen Erlösung und würden uns nur noch mehr verwirren.
F: Ich habe noch Schwierigkeiten mit dem Nicht-Ich.
A: Ja, damit haben wir alle Schwierigkeiten.
F: Und zwar, wie paßt die Achtsamkeit da rein? Die soll doch immer entwickelt werden? Und wie passen die Erinnerungen da rein, die Erfahrungen, die man hat, die bringt man doch alle mit, und die machen doch einen Großteil meines «Ich» aus? Gehört die Achtsamkeit, die «ich» entwickle, dann nicht «mir»?
A: Willst du sagen, daß die Erinnerungen und die Erfahrungen und die Achtsamkeit das «Ich» ausmachen? Was wird aus all dem, wenn du schlafen gehst? Ist das «Ich» schlafen gegangen? Da hast du weder Erinnerungen noch Erfahrungen, noch Achtsamkeit. Frühmorgens ist das «Ich» dann wiedergekommen. Ist es also gestorben und neu erwacht? Was ist mit dem «Ich», das in die Achtsamkeit reinpaßt, wenn du

unachtsam wirst? Und was ist mit dem «Ich», wenn du die Erinnerungen verlierst?
F: Muß das «Ich» also überwunden werden?
A: Nein, es soll als Illusion erkannt werden. Überwinden hört sich an, als ob es etwas gäbe, das zu überwinden wäre. Das ist aber nicht der Fall. Eines Tages können wir erleben, daß das «Ich», mit dem wir behaftet sind, eine Idee unseres eigenen Bewußtseins ist.
Von der Überwindung des Ego zu sprechen hat eine gewisse Berechtigung, wenn wir liebende Güte und Gebefreudigkeit entwickeln; sie können als Anstöße dienen, um das «Ich» etwas weniger wichtig zu nehmen.

Die Kontemplationen über die Vergänglichkeit von Körper und Geist sind darauf gerichtet, dem «Ich» etwas von seiner Festigkeit zu nehmen. Aber überwinden wollen wir nur eines, und das ist die Illusion. Alles, was der Buddha zu praktizieren empfohlen hat, sind Methoden, die uns helfen, einer Realität näherzukommen, der wir ziemlich verständnislos gegenüberstehen, da sich unser Erleben weit abseits der Naturgesetze abspielt. Wir sind der bodenständigen Realität entfremdet. Wenn das «Ich» zu überwinden wäre, müßte es ja existieren. Die Illusion existiert. Aber nicht das «Ich».

Liebende-Güte-Kontemplation

Wir wollen jetzt zusammen eine Liebende-Güte-Betrachtung machen. Ich werde sie vorsprechen, und ihr könnt sie mir nachsprechen; das hilft euch, euch daran zu erinnern. Dann werde ich zu den einzelnen Sätzen jeweils etwas sagen, das bei der Kontemplation helfen soll. Im Prinzip handelt es sich darum, in sich zu gehen und zu versuchen zu erkennen, wie wir diese Dinge, die wir sagen werden, wahr machen können. Dies ist eine Liebende-Güte-Kontemplation, nicht -Meditation.

★

Um anzufangen, lenkt bitte die Achtsamkeit auf den Atem.

★

Und jetzt sprecht mir bitte nach:

Möge ich frei sein von Feindseligkeiten.
Hier gilt es, einmal in sich zu gehen und festzustellen, ob man für irgend jemanden oder irgend etwas ablehnende, übelwollende Gedanken hat oder auch für sich selbst und sich vorzunehmen, diese durch heilsame zu ersetzen. Es gilt zu erkennen, daß die Freiheit von Feindseligkeiten Frieden bedeutet.

★

Möge ich keinem Lebewesen Leid zufügen.
Jetzt sollten wir einen Entschluß fassen, nie einem Lebewesen Leid zuzufügen. Dieser Entschluß muß immer wieder erneuert werden. Wir vergessen, weil wir zu schnell reagieren, und müssen uns dies ständig wieder ins Gedächtnis rufen. Kein Leid, weder körperlicher noch emotioneller Art, hervorrufen bedeutet, daß wir harmonisch und frei von Harm leben.

★

Möge ich frei sein von Schmerzen in Geist und Körper.
Wir können unseren Geist stärker beeinflussen, aber etwas auch unseren Körper. Es gilt hier als Liebe zu uns selbst zu erkennen, wenn wir uns nicht die geistigen, emotionellen Schmerzen zufügen, die von unheilsamen, negativen Gedanken und Reaktionen kommen und sich auch auf den Körper auswirken. Jeder kann für sich eine Richtlinie finden, wie er diese Liebe zu sich selbst ausdrücken kann.

★

Möge ich fähig sein, mein eigenes Glück zu behüten.
Hier müssen wir erst in uns gehen, um festzustellen, was unser Glück ist. Woraus besteht das, was wir als Glück bezeichnen? Dann: Wie kann ich es behüten, daß es unantastbar wird, daß es nicht mehr von den Emotionen und Schwankungen der Außenwelt abhängig ist?

★

Mögen alle Lebewesen frei sein von Feindseligkeiten.
Nachdem wir in uns gegangen sind und für uns selbst festgestellt haben, wie wir frei werden können, wünschen wir das auch für alle anderen. Wenn wir einen Weg gefunden haben, können wir versuchen, anderen diesen Weg zu vermitteln, wenn sie ihn wissen wollen. Erst ist die Liebe auf uns selbst gerichtet, dann mit dem, was wir gelernt und erkannt haben,

im gleichen Maße auf alle anderen. Jetzt lassen wir das Herz hinausgehen, zu anderen ausstrahlen. Wir wünschen ihnen, frei zu sein von allem Unheil, von allen üblen Dingen im Geist.

★

Mögen alle Lebewesen einander kein Leid zufügen.
Dasselbe gilt hier. Was wir für uns erkannt und wofür wir den Weg gefunden haben, wünschen wir jetzt für alle und senden ihnen diesen Wunsch aus der Tiefe des Herzens, das so weit ausstrahlt, wie es vermag.

★

Mögen alle Lebewesen frei sein von Schmerzen in Geist und Körper.
Wir sehen, daß wir die Schmerzen in uns erkannt haben und daß die Liebe zu uns selbst uns gezeigt hat, wie der Wunsch nach Freisein von Schmerzen zu erfüllen ist. Dies können wir nun zu anderen ausstrahlen und versuchen, es ihnen zu vermitteln.

★

Mögen alle Lebewesen fähig sein, ihr Glück zu behüten.
Nachdem wir in uns festgestellt haben, was Glück ist und daß wir es behüten können, durch den gleichmütigen, unantastbaren Geist, strahlen wir diesen Wunsch als Liebe zu anderen aus und können versuchen, es ihnen zu vermitteln.

4. KÖRPER UND GEIST

Die Gier nach Dasein hat das Entstehen von Körper und Geist zur Folge. Das symbolische Bild dafür ist ein Boot mit zwei Passagieren. Ein Passagier liegt ausgestreckt da, der andere rudert. Der ausgestreckt Liegende, der sich nicht rührt, symbolisiert unseren Körper, und der das Ruder führt unseren Geist. Wir können durch Kontemplation in uns selbst feststellen, daß unser Geist die führende Kraft in unserem Leben ist. Solche Feststellungen und Kontemplationen führen zum Klarblick, und dadurch kommt etwas mehr Ruhe ins Leben und in die Meditation. Es hilft, über solche Dinge einmal nachzudenken und dadurch die Gier nach äußeren Genüssen zu vermindern. Wenn die Meditation nicht konzentriert wird, so liegt es daran, daß wir die Gedanken nach außen in die Welt gehen lassen. Wenn wir überzeugt davon sind, daß das alles gar nicht so wichtig und bedeutsam ist, wie wir bis jetzt geglaubt haben, dann ist es einfacher, nach innen zu gehen und innen bei sich zu verharren.

Körper und Geist entstehen im Moment der Empfängnis. Es besteht also in der buddhistischen Lehre keine Unsicherheit, wie lange nach der Empfängnis ein Wesen zu existieren beginnt. Dieses Wesen erscheint durch das Wiedergeburtsbewußtsein, das gleichbedeutend ist mit der Begierde zu sein. Das bedeutet auch, daß wir uns den Platz, wo wir geboren werden, im Prinzip selbst aussuchen. Es ist also absurd, unsere Eltern für irgend etwas verantwortlich zu machen, wir haben sie uns selbst ausgesucht. Sie haben uns dann bekommen und haben sich um uns kümmern müssen. Der Geist sucht sich eine Ebene, die zu ihm paßt. Wie der Wasserspiegel immer wieder zu einer glatten Ebene zurückzukehren sucht, um wieder ins Gleichgewicht zu kommen, genauso sucht sich das Bewußtsein die Ebene, wo es hingehört. Bei hochentwikkelten Menschen ist dies schwieriger, weil für sie nicht so viele Möglichkeiten vorhanden sind, in der menschlichen

Sphäre wiedergeboren zu werden. Bei nicht so hoch entwikkelten Menschen kann das Wiedergeburtsbewußtsein beinahe sofort einen Platz finden, der zu ihm paßt.

Wir sind von unserem *Karma* geboren. Wir suchen uns unseren Platz selbst aus und finden den Platz, wo wir hingehören. Wir haben uns durch unser *Karma* selbst in diese Richtung gebracht. Natürlich bestehen in unserem Leben ungeahnte Möglichkeiten, jederzeit anderes *Karma* zu machen.

Eine der sehr wichtigen Einsichten, die wir bei der Meditation erleben können, ist die Zweiheit – nicht die Einheit – von Körper und Geist. Einheit bedeutet, daß wir uns als einen Haufen ansehen, eine Masse, die noch mehr Solidität vortäuscht, als wir ohnehin schon projizieren. Das würde aber nicht der Wahrheit entsprechen. Wir bestehen aus vielen Einzelteilen. Der Buddha hat uns mit einem Karren verglichen, der an sich aus Rädern, Speichen, Achse, Bremse, Boden und Seiten besteht und erst als ein Karren bezeichnet wird, wenn alle Teile zusammengesetzt worden sind. Bis zu dem Moment waren es einfach viele separate Teile, von denen keiner Karren geheißen hat. Genauso sieht es bei uns aus, und dennoch stellen wir Besitzansprüche an alle Teile, aus denen wir bestehen. Wie sieht es dann aber aus, wenn wir Ersatzteile eingesetzt bekommen, was zum Beispiel bei Nieren, Herz, Augen oder Zähnen schon möglich ist? Heißen die auch «Ich», sobald sie uns eingesetzt worden sind?

Vor allen Dingen gibt es aber Geist und Körper, wobei der Körper der Angestellte und der Geist der Chef ist. Der Angestellte bekommt von uns alle mögliche Zuneigung und Fürsorge, und darüber vergessen wir immer wieder, daß eigentlich der Geist alles in der Hand hat.

Bei der Geh-Meditation zum Beispiel ist es besonders gut möglich, diese Zweiteilung in sich zu erkennen: daß der Geist die Aufträge gibt und der Körper sie dann ausführt. Manchmal gibt er Aufträge, die auszuführen der Körper nicht in der Lage ist; dann muß er einen neuen Auftrag geben. Sogar beim gewöhnlichen Gehen können wir bemerken und beobachten, daß der Körper dem Geist gehorcht. Wenn der Geist sagt: «Steh still!», dann tut der Körper das. Wenn der Geist sagt: «Jetzt geh!», dann geht der Körper wieder. Wir können diese Vorgänge entsprechend verlangsamen und genau aufpassen, um herauszufinden, wo unsere Körperhandlungen entspringen. Dann wird unsere Wahnidee, wir seien eine solide Masse, etwas ins Wanken kommen. Wenn wir nicht achtsam genug sind, fühlt es sich so an, als wären Körper und Geist eine einzige Substanz und geschähen Bewegungen instinktmäßig. Aber was ist Instinkt? Wo kommt er her? Achtsamkeit hilft uns, das zu erkennen.

Wir sehen dann klarer, daß der Geist ganz spezifische Eigenschaften hat, die wir weiterentwickeln können. Auch der Körper kann sich durch Training bis zu einem gewissen Grad entwickeln, aber irgendwann ist dem ein Ende gesetzt, auf jeden Fall durch das Alter. Der Entwicklung des Geistes ist nur durch die Erleuchtung ein Ende gesetzt. Die Notwendigkeit der Entwicklung des Geistes wird uns dann viel deutlicher, wenn wir erst einmal die Zweiteilung in uns erfahren haben, wie es das symbolische Bild des Bootes mit zwei Passagieren zu erklären versucht; der Körper liegt bewegungslos da und wird vom Geist hin und her gerudert, wohin auch immer der Geist es wünscht. Wenn wir das verinnerlicht haben, werden wir nie wieder unseren Geist so akzeptieren, wie er ist, sondern wir werden es uns zur wichtigsten Aufgabe im Leben machen, unseren Geist zu kultivieren, ihn wie ein Juwel zu behandeln und sein Wachstum so weit zu fördern, daß er eines Tages die tiefste Wahrheit erkennen kann.

Damit ist nicht gemeint, daß wir noch mehr Information aufspeichern sollen; davon haben wir alle schon mehr als genug. Bücher, Schulen und Universitäten sind voll davon, und wir sind bereits genügend mit ihnen in Berührung gekommen. Aber daß wir den Geist als ein Juwel behandeln sollen, das wird selten oder niemals erwähnt. Ihn so zu behandeln bedeutet, daß wir unserem Geist nicht erlauben, unheilsam zu denken, sich mit schmutzigen Dingen zu befassen oder negativ und widerspenstig zu werden. Wir lernen vielmehr, ihn zu schützen, weil uns klar ist, daß wir damit unser eigenes Glück behüten.

Wir können dann auch erkennen, daß unser Glück in unserer Geisteshaltung liegt und nicht in materiellen, körperlichen Zuständen und Fähigkeiten. Sogar wenn der Angestellte schon schwächer ist, aber der Chef noch in gutem Zustand, kann alles seinen guten Gang gehen. Selbst wenn der Angestellte dann eines Tages den Dienst versagt, wie das ja bei unserem Körper sehr leicht möglich ist, tritt trotzdem kein Leid auf, weil wir gelernt haben, unseren Geist vor negativen Reaktionen zu bewahren. Wenn der Körper Schwierigkeiten macht und der Geist darüber unglücklich wird, sind wir noch fest in der Ich-Illusion verankert.

Der erste Schritt in die absolute Wahrheit und damit eine Verminderung des Leides und der Probleme ist das Erkennen unserer Zweiteiligkeit. Dies bringt mit sich, daß wir die Schulung des Geistes als unsere Priorität ansehen und nie wieder vernachlässigen.

Fragen und Antworten

F: Bei der Kontemplation «Ich möchte in der Lage sein, mein Glück zu behüten» verbindet sich bei mir mit dem Begriff «Glück» sofort das «Ich», und dann wird es wieder schwierig.

A: Solange wir ein «Ich» in uns verspüren, was ja wohl anzunehmen ist, müssen wir damit arbeiten, und zwar auf der Basis der Läuterung von Herz und Geist, so daß immer mehr Klarblick aufkommen kann. Diese Läuterung bedeutet unser Glück behüten, denn sie bringt uns eines Tages zu dem vollkommenen Glück, dem Verlust der Ich-Illusion.

F: Die Läuterung kann also die Behütung des Glücks sein?

A: Ja, wenn uns durch die Kontemplation klargeworden ist, was Glück bedeutet, dann finden wir nichts Wichtigeres mehr als Läuterung und Klarblick. Das sind die beiden Möglichkeiten der Kontemplation, die uns auf diesem Pfad weiterhelfen.

5. SINNESTORE

Das nächste Bild in der Kette des Bedingten Entstehens ist ein Haus mit fünf Fenstern und einer Tür. Diese fünf Fenster sind unsere fünf Sinne (Sehen, Hören, Schmecken, Riechen, Tasten), und die Tür ist der sechste Sinn, das Denken.

Wenn also Körper und Geist entstanden sind, entstehen auch die Sinne, mit denen jeder gesunde Mensch ausgestattet ist. Sie sind ein sehr wichtiger Aspekt von uns. Es ist auch gerade hier wichtig, Achtsamkeit walten zu lassen und zu erkennen, wie wir ständig mit unseren Sinnen beschäftigt sind. An sich kennen wir nichts anderes als entweder zu sehen, hören, schmecken, riechen, tasten/berühren oder zu denken. Alle diese Sinne sind im allgemeinen ständig engagiert, aber nie gleichzeitig, obwohl es uns häufig so vorkommt, als geschähen zwei oder drei zusammen. In Wirklichkeit kommt aber einer nach dem anderen, nur in so schneller Folge, daß es uns erscheint, als würden wir zur selben Zeit hören und auch sehen und berühren.

Es geht uns nicht darum, daß wir die Sinne besser gar nicht hätten, sondern zu erkennen, daß sie uns als solche überhaupt nichts geben, solange der Geist nicht eine Erklärung geliefert hat. Das Auge kann nur Farbe und Form erkennen. Es ist der Geist, der erklärt, was es ist. Wenn das Auge zum Beispiel eine bestimmte Form und Farbe sieht, sagt der Geist: «Das ist eine Uhr». Ein Zweijähriger aber, der «Uhr» noch nicht gelernt hat, hält sie vielleicht für Schokolade und fängt an, darauf herumzubeißen. Er hat keine Erinnerung an «Uhr», aber er erinnert sich an «Schokolade». Unser Geist kann mit all dem antworten, was er gelernt hat, aber sehen können wir es nicht. Wir glauben nur, wir sähen eine Uhr.

Hören können wir nur ein Geräusch, der Geist unterscheidet dann, was für eine Art Geräusch es war. Wenn zum Beispiel hier ein Lastwagen vorbeifährt, kann das Ohr nichts weiter hören als das Geräusch, aber der Geist sagt: «Lastwagen. Sehr laut. Stört mich beim Meditieren. Kann ich nicht leiden.» Oder aber jemand hustet. Das Ohr hört nichts anderes als das Geräusch. Der Geist sagt: «Husten. Der sollte Hustentee trinken.» Alle diese Erklärungen und Reaktionen spielen sich nur im Geist ab. Es ist daher sehr wichtig, diese Analyse einmal zu machen. Im täglichen Leben wird von uns oft verlangt, schnell auf das zu reagieren, was vorgeht, so daß es anderseits nötig ist, uns einmal Zeit für diese Selbstbeobachtung zu nehmen.

Was wir begehren, sieht schön aus. Aber wieso sieht es schön aus? Das Auge sieht ja gar nicht «schön». Es ist der Geist, der «schön» sagt. Was wir nicht leiden können, sieht schlecht oder häßlich aus. Wieso eigentlich? Das Auge sieht nichts, was schlecht oder häßlich ist, es sieht Farbe und Form. Wenn jemand unfreundlich zu uns ist und häßliche Worte benutzt, können wir diesen Menschen nicht leiden. Aber wieso denn? Das Ohr hört ja nur Geräusch. Der Geist macht daraus eine Geschichte: «Der mag mich nicht, was für ein unangenehmer Mensch!»

Diese Differenzierung können wir zum Beispiel kennenlernen, wenn wir spazierengehen und unser Auge auf blühende Bäume und Sträucher fällt oder das Ohr die Vögel singen hört. Gerade Sehen und Hören sind die stärksten Sinneskontakte. Wir brauchen diese Differenzierung im täglichen Leben dringend, um nicht immer ein Opfer unserer Vorstellungen, unseres Begehrens oder Ablehnens zu sein, sondern wählen zu können, wie wir reagieren wollen. Wir können durch Selbstbeobachtung leicht feststellen, daß das Ohr hört und der Geist erklärt, daß das Auge sieht und dann der Geist beschreibt. Dies ist ein einschneidendes Erkennen und ist nur bedeutsam, wenn es selbst erlebt wird, sonst ist es nichts weiter als eine Richtlinie, welche die Selbstanalyse in die richtigen Bahnen lenken kann.

Bei unseren Kontemplationen handelt es sich also einmal darum festzustellen, wie das Wiedergeburtsbewußtsein, die

Gier nach dem Sein, sich bei uns im täglichen Leben äußert. Als nächstes, wie sich Körper und Geist zueinander verhalten, daß sie wohl aufeinander angewiesen sind, aber dennoch zwei separate Einheiten bilden. Als drittes: zu differenzieren zwischen unseren Sinnestoren und den Erklärungen, die der Geist dafür gibt.

Auch Denken ist ein Sinnestor, das uns zur Beobachtung auffordert, so zum Beispiel wenn ein Gedanke, der aufgekommen ist, sich weiterspinnt. Es ist aufschlußreich zu beobachten, wie aus diesem einen Gedanken eine ganze Reihe wird, die dann häufig überhaupt keine Basis in der Realität mehr hat. Immer wieder hat der Buddha uns gelehrt: «Wisse und erkenne die Dinge, wie sie wirklich sind.» Dazu brauchen wir Selbstanalyse und Achtsamkeit.

Fragen und Antworten

F: Könnte man sagen, daß die Sinnesorgane, die dem Geist gewissermaßen als Instrument dienen, ambivalenten Charakter haben? Einerseits sind sie die Fallstricke, die uns in das Netz der Erscheinungen verstricken, anderseits sind sie die Voraussetzung, um aus diesem Netz herauszukommen. Um es mit einem Bild aus der christlichen Lehre zu vergleichen: Der Sündenfall ist die Voraussetzung dafür, daß der Mensch sich für Gott entscheiden kann. Ich kann die Lehre des Buddha nicht hören, wenn ich kein Hörorgan habe.
A: Ja, das könnte man so sagen. Man muß jedoch in der Lage sein, zu wählen, was man hören und sehen will, denn es gibt ja viele Dinge auf der Welt, die nicht wert sind, gehört oder gesehen zu werden. Man kann die Sinne dazu verwenden, sich dem Wertvollen zuzuneigen. Anderseits sind sie auch gerade das, was uns immer wieder in die Falle lockt, weil sie uns Befriedigung versprechen.
F: Könnte man also die Sinne möglicherweise auch mit heranziehen, wenn man die Lehrrede vom Floß behandelt? Das

Floß, das der Buddha baut, um auf das andere Ufer zu kommen?

A: Das Floß ist das Symbol für die Lehre, die uns vom weltlichen Ufer zum überweltlichen trägt.

F: In welchem Zusammenhang steht die Wahrnehmung mit den übrigen Gedankeninhalten?

A: Erst kommt der Sinneskontakt, dann das Gefühl, gefolgt von der Wahrnehmung, und letztlich der Gedanke. Zum Beispiel: Wir sitzen hier, was das Sinnestor der Berührung ist; die Empfindung kommt auf: Unangenehm. So sagt die Wahrnehmung: «Schmerz», und der Gedanke reagiert mit: «Ich hab' das gar nicht gern.»

F: Wie können wir die Wahrnehmung auf Gedankeninhalte anwenden?

A: Wahrnehmung ist der Namengeber, der uns aufmerksam macht, wenn wir einen unheilsamen Gedanken haben.

F: Wenn ich keine Erinnerung oder Erfahrung habe, habe ich dann keine Wahrnehmung?

A: Der Zweijährige hat keine Wahrnehmung von einer Uhr, er kennt aber «Schokolade», «Bauklotz» oder «Ball», mit denen er spielen möchte. Wahrnehmung beruht auf dem, was wir schon erfahren haben, und nicht allein auf Erinnerung.

6. SINNESKONTAKT

Im allgemeinen finden wir als nächstes Bild einen Mann und eine Frau, die sich umarmen, als Symbol für Berührungskontakt. Unsere sechs Sinne machen immer dann Kontakt, wenn wir funktionierende Sinnesorgane haben und es Sinnesobjekte gibt, die sich den Sinnestoren anbieten. Am Beispiel des Sehens: Das Sehbewußtsein macht Kontakt, sofern wir gesunde Augen haben und ein sichtbares Objekt sich zeigt. Treffen die drei zusammen, entsteht Sehen. Was immer auch für ein Sinn im Spiel ist, es entsteht Kontakt. So sehen wir zum Beispiel in unserem Bild, wo sich Mann und Frau umarmen, das Berührungstor (Körper), das Berührungsobjekt und das Berührungsbewußtsein, woraus «Berühren» resultiert.

Wir denken im allgemeinen gar nicht darüber nach, sondern sind so vorprogrammiert, daß Sinneskontakte gut und wichtig für uns sind und wir recht viele angenehme haben wollen. Deswegen sind Fernsehen und Kino so beliebt. Da gibt es ständig neue Sinneskontakte durch Sehen, Hören und Denken/Reagieren. Wir begrüßen auch die Vielfältigkeit der Eindrücke. Es ist sozusagen die einzige Nahrung für unseren Geist, die wir kennen. Da wir aber oft nicht sehr vorsichtig sind, lassen wir uns auch Nahrung zukommen, die schädlich sein kann. Wenn wir alles anschauen, anhören und denken, was gängig ist, wo immer wir Sinnesfreuden erwarten, dann können wir nicht erwarten, daß uns dies alles gut bekommt und zu unserem spirituellen Wachstum beiträgt.

Aber wir haben einen Riesenhunger, der nicht materiell oder körperlich zu befriedigen ist. Wir fühlen uns unausgefüllt, was uns zu immer neuen Sinneskontakten treibt. Wir können an uns selbst einmal nachprüfen, ob es stimmt, daß wir uns sehr unbehaglich vorkommen, wenn es nichts zu sehen, zu hören, zu schmecken, zu riechen, zu berühren oder zu denken gibt. Wenn das nicht der Fall wäre, würden wir uns alle in den meditativen Vertiefungen zu Hause fühlen, denn dort bekommt der Geist Nahrung zugeführt, die nicht auf Sinneskontakte gegründet ist. Aber erstens sind wir nicht daran gewöhnt, unsere Sinne auszuschalten, und zweitens hungern wir nach Erfüllung und wollen daher mehr und verschiedenste Arten, weil wir bis jetzt kein anderes Vergnügen kennengelernt haben.

Der Buddha hat Sinneskontakte als die niedrigste Freude bezeichnet, deren Annehmlichkeiten man wohl dankbar akzeptieren kann, die uns aber vom spirituellen Pfad abbringt, wenn wir sie suchen. Sinneskontakte machen uns ständig Arbeit, denn wir müssen sie durch den Geist erklären, sie in uns aufnehmen, dann verdauen und wieder ausspeien. Wir können sie nicht behalten, und so entsteht ein ständiges Wechselspiel. Da wir die angenehmen gern behielten und die unangenehmen recht schnell loswürden, sind wir überbeschäftigt damit und haben einen irritierenden Vorgang in uns. Wir fühlen uns weder beruhigt noch friedlich oder harmonisch und beglückt, sondern beherbergen ein ständiges Gefühl, «mehr» haben zu wollen. Doch können die Sinne uns das nicht geben. «Mehr» gibt es durch sie einfach nicht. Was immer wir sehen, hören, schmecken, riechen, berühren und denken, das ist alles, was da ist. Dennoch haben wir eine tiefe Sehnsucht nach absoluter Erfüllung, Ruhe und Endgültigkeit. Es gibt diese auch, aber sie sind nicht durch die Sinne erreichbar.

Was wir außerdem vergessen, obwohl wir es ganz genau wissen, ist die Tatsache, daß Sinneskontakte nicht nur kurzlebig sind, sondern kurzlebig sein müssen. Anders könnten wir sie einfach nicht ertragen. Die köstlichste Mahlzeit wird – körperlich und emotionell – zur Tortur, wäre man gezwungen, drei, vier Stunden lang ununterbrochen zu essen. Einen so angenehmen Berührungskontakt wie zum Beispiel ein heißes Bad, wenn man durchgefroren ist, könnte man auf Dauer nicht aushalten. Unser Auge ist schon von Natur aus so beschaffen, daß es nicht ständig auf ein Objekt gerichtet bleiben kann, und wäre es noch so schön. Dasselbe gilt für unser Ohr. Die schönste Musik kann man nicht ewig anhören, wir könnten das gar nicht verarbeiten.

Die angenehmen Sinneskontakte haben ein Ende, die unangenehmen auch. Wir sind uns aber gar nicht klar darüber, daß wir unsere Zeit, Energie, unser Geld und unser ganzes Wollen darauf ausrichten, die angenehmen Sinneskontakte stets zu wiederholen, da wir sie ja nicht behalten können, und vor den unangenehmen wegzulaufen, womit wir uns Barrieren, Widerstände und Blockaden bauen, die uns natürlich auch nicht angenehm sind. Mehr Klarheit über unsere inneren Vorgänge hilft uns, unsere unheilsamen, leidvollen Reaktionen zu vermindern, so daß wir in der Lage sind, uns selbst objektiver gegenüberzustehen. Ferner werden wir auch neue Perspektiven in unserer Lebensanschauung finden, die unsere ganze Sicht unendlich erweitern können.

Fragen und Antworten

F: Wie kann ich neue Perspektiven finden, wenn ich draußen spazierengehe?
A: In der Natur ist eine Menge zu lernen. Wir können uns einen Baum ansehen und nur Form und Farbe erkennen, wenn wir dem Geist Einhalt gebieten, so daß er nicht reagiert mit: «Dies ist ein herrlicher Baum», oder «Das ist ein etwas verkümmerter Baum.» Sondern nur schauen. Wenn wir das einmal ermöglicht haben, erkennen wir, daß wir nicht reagieren müssen. Wir können schauen, ohne zu urteilen, dann gibt es auch keine Ablehnung oder Begierde des Habenwollens. Dann sind die Dinge so, wie sie sind.
F: Ist Schauen ohne Reaktion vollkommener Gleichmut?
A: Ja, so kann man sagen. Vollkommener Gleichmut ist einer der sieben Faktoren der Erleuchtung. Aber das muß erarbeitet werden, es kommt nicht von allein. Darum sind die Richtlinien des Buddha so wichtig. Denn im Prinzip denkt ein

gewöhnlicher Mensch alles mögliche, ohne zu wissen, daß er das ändern kann. Aber wenn wir einmal so eine Erfahrung gemacht haben und wissen, daß unheilsame Gedanken schlecht für uns sind und Reaktionen auf Sinneskontakte Haß und Gier hervorrufen, dann können wir das nutzbringend anwenden. Ohne die Anleitung des Buddha, daß das Auge nur Farbe und Form sehen kann, hätten wir dies sicherlich nie ausprobiert und niemals neues Verständnis für unsere menschliche Situation bekommen.

7. GEFÜHL

Alles, was wir bis jetzt in der Kette Bedingten Entstehens besprochen haben, läuft automatisch ab, funktioniert so und nicht anders, und wir können nichts dagegen unternehmen. Jeder Sinneskontakt bringt automatisch ein Gefühl. Das Bild dafür zeigt einen Menschen, der von Pfeilen beschossen wird, also sehr unangenehme Gefühle haben muß. Es gibt drei Arten von Gefühlen: angenehme, unangenehme und neutrale. Die neutralen betrachten wir im allgemeinen auch als angenehm, da sie wenigstens nicht unangenehm sind. Meistens sind wir uns ihrer gar nicht bewußt, da wir nicht so genau aufpassen. Aber die angenehmen und die unangenehmen Gefühle kennen wir gut, mit denen leben wir in dauernder Zwietracht, weil wir nur die einen wollen, aber immer beide bekommen. Das Leben besteht nun einmal aus beiden.

Gefühle können in körperlicher Art als Empfindungen auftreten oder geistig als Emotionen. Obwohl wir ständig denken, spielt sich unser Leben dennoch aufgrund unserer Gefühle ab. Der Anfang dieser ganzen Kette unserer Existenz war Unwissenheit. Wie aber äußert sich diese in uns? Nicht, daß wir nichts wissen, sondern daß wir uns als «Ich» fühlen. Auch beim Erleuchtungsprozeß hängt alles vom Gefühl ab. Nicht nur, daß ein Erleuchteter weiß, daß es keine Ich-Substanz gibt, sondern er ist effektiv von dem inneren Gefühl eines «Ich», welches beschützt und gehegt werden muß, befreit.

Im gleichen Maße gilt die Gefühlsbezogenheit auch für unser tägliches Leben. Obwohl wir wissen, daß ärgerlich sein nur Unheil bringen kann, fühlen wir dennoch Ärger. Genauso geht es uns mit Eifersucht, Sorgen, Angst oder Schuld. Nichts davon kann uns beglücken oder helfen, und wir wissen das genau, können uns aber trotzdem vor solchen Gefühlen zeitweilig nicht retten. Das gilt auch für Begierden, von denen wir wissen, daß sie uns eventuell körperlich oder emotionell schaden können. Wie oft geben wir ihnen doch nach, nicht weil unser Wissen uns verläßt, sondern weil das Gefühl so stark geworden ist, daß wir nicht mehr dagegen ankönnen.

Die jeweiligen Gefühle, denen wir ausgesetzt sind, bilden dann die Basis für unser Leben und unsere Reaktionen. Wenn die Reinheit unserer Gefühle das Ausschlaggebende ist, läuft unser Leben ruhig und harmonisch ab. Wenn wir voll liebender Güte und Mitgefühl, hilfreich und gebefreudig sind, haben wir nicht nur Frieden im Herzen, sondern dieser Läuterungsprozeß hilft uns, Klarblick zu entwickeln.

Die Läuterung unserer Emotionen bringt Klarheit des Denkens. Wir können das mit hohen Meereswellen vergleichen. Wenn wir uns inmitten dieser Wellen befinden, können wir nichts als Wasser sehen. Erst wenn der Meeresspiegel sich wieder geglättet hat, sind wir in der Lage, in die Tiefe zu schauen und zu erkennen, was dort zu finden ist. So geht es uns mit unseren starken Emotionen. Solange wir uns in deren Griff befinden, können wir nur den Ärger oder die Begierde erkennen. Erst wenn sich dieser Aufruhr wieder gelegt hat, können wir klar sehen.

Das ständige Praktizieren der heilsamen Emotionen hilft uns, innere Aufregungen zu vermeiden, und führt uns auch eines Tages zu einem Tiefenverständnis, das unsere Blickweite total verändert. Wir können durch innere Aufmerksamkeit erkennen, daß unsere Gefühle uns ständig beherrschen und daß sie fast immer durch äußere Umstände herbeigeführt werden. Dieses Erkennen wird uns vielleicht dazu veranlassen, unseren inneren Umständen mehr Wichtigkeit beizumessen. Friedliche innere Umstände führen wir durch Meditation und Achtsamkeit auf Läuterung herbei, durch die wir unsere Innenwelt harmonisch gestalten, unabhängig von äußeren Umständen. Da Gleichmut dadurch immer mehr möglich wird, gehen wir unbeirrbar der Freiheit entgegen.

Die folgende Geschichte könnte dazu verhelfen, die Essenz des Gleichmuts zu verstehen:

Zur Zeit des Buddha gab es ein Ehepaar, das sich furchtbar gezankt hatte. Die Frau wollte nun der Ehe ein Ende machen. Sie zog sich ihre besten Saris an, einen über den anderen, hängte sich ihren ganzen Goldschmuck um und lief fort. Nach einer Weile tat es ihrem Mann leid, daß sie sich so gestritten hatten, und er lief hinter ihr her, um sie wieder zurückzuholen. Er konnte sie aber nirgends finden, denn sie hatte einen zu großen Vorsprung. Da sah er einen Mönch aus der Gegenrichtung vorbeikommen und fragte ihn: «Entschuldigen Sie, Ehrwürden, haben Sie eine hübsche, schwarzhaarige Frau gesehen, in einem roten Sari mit sehr viel Goldschmuck, die hier sehr schnell die Straße entlanggekommen ist?» Der Mönch antwortete ihm: «Ich habe nur ein Gebiß schnell vorbeigehen sehen.»

Dieser Mönch hat sich an die Regeln des Buddha gehalten, nämlich seine Sinne zu behüten und alles in seine Einzelteile zu zerlegen. Es war ihm klar, daß man nicht immer auf das Ganze schauen muß, weil es einen dazu veranlassen kann, Begierden hochkommen zu lassen. Es hilft uns, Gleichmut zu empfinden, wenn wir uns überlegen, ob wir wirklich eines anderen Menschen Zähne begehren oder abstoßend finden. Das gleiche gilt für materielle Dinge, die wir haben wollen, wenn wir bei einem schönen neuen Auto nur die vier Räder anschauen oder bei einem Pullover den Wollfaden betrachten.

Frage und Antwort

F: Ich kann durchaus nachvollziehen und möchte auch gerne üben, aufkommende Gefühle, ohne zu reagieren, mit Gleichmut zur Kenntnis zu nehmen. Man kann sich Gefühlen anderseits aber auch aussetzen und sozusagen unter ihrem Einfluß eine Schöpferkraft entwickeln, wie sie sich beispielsweise in Kunstwerken zeigt, von denen auch im Buddhismus viele zu finden sind. Ist hier ein Widerspruch?

A: Der Künstler muß nicht unbedingt ein Mensch sein, der die Kette Bedingten Entstehens erkennen möchte. Er ist eher damit beschäftigt, sich auszudrücken, was sehr schön und erfreulich für ihn und andere Menschen sein kann. Man kann aber zum Beispiel den *Dhamma* sprechen, malen oder schreiben, man kann aber auch schweigen; das hat dann aber nichts mit angenehmen oder unangenehmen Gefühlen zu tun, sondern nur mit der Erkenntnis der Lehre.

Liebende-Güte-Meditation

Zum Anfangen lenkt bitte die Achtsamkeit auf den Atem.

★

Nun schauen wir in das eigene Herz hinein und stellen fest, ob etwas von Unzufriedenheit, Unglück, Neid, Eifersucht, Stolz, Ablehnung, Widerstand oder etwas anderes Negatives zu finden ist. Wenn wir etwas davon in uns finden, dann lassen wir es wegziehen, als ob es eine schwarze Wolke wäre, was es ja auch ist, ohne Substanz, durchlässig, die man leicht wegfliegen lassen kann.

★

Wir schauen noch einmal in das Herz hinein und erkennen die Reinheit und Klarheit, die es beherbergt, wenn die negativen Reaktionen losgelassen sind. Jetzt füllen wir das Herz mit Liebe und Mitgefühl und lassen nichts anderes hinein. Da die negativen Emotionen fortgeflogen sind, ist dort Raum, um die Reinheit unserer Emotionen zu beherbergen. Liebe ist Wärme, ein Gefühl der Zuneigung, des Umarmens und Umhüllens. Mitgefühl ist Verstehen, Akzeptieren und das Anerkennen der eigenen Schwierigkeiten, ohne darunter zu leiden. Wir füllen uns mit diesen Gefühlen und umhüllen uns damit.

★

Jetzt strahlen wir diese Gefühle auf denjenigen aus, der uns am nächsten sitzt. Wir füllen ihn mit dieser Wärme, Zuneigung und Zuwendung an. Die Schwierigkeiten, die jeder hat, erkennen wir mit Mitgefühl. Aus dem Herzen geben wir das Beste, was wir darin tragen.

★

Wir öffnen das Herz weiter und füllen alle im Haus mit Liebe und Mitgefühl und umhüllen sie damit. Wir strahlen das Gefühl der Wärme und Zuneigung zu jedem von ihnen aus. Wir akzeptieren alle, erkennen sie an und umarmen sie.

★

Wir denken jetzt an die eigenen Eltern, ob sie noch am Leben sind oder nicht. Wir strahlen Liebe und Wärme aus dem Herzen zu ihnen aus und füllen sie damit an. Wir erkennen ihre Schwierigkeiten und akzeptieren sie, wie sie sind. Wir umarmen sie mit Mitgefühl.

★

Wir denken an die Menschen, die uns am nächsten stehen. Wir strahlen Liebe und Mitgefühl zu ihnen aus, füllen sie damit an, umarmen sie und geben das Beste, was unser Herz in sich trägt, ohne zu erwarten, das gleiche zurückzubekommen.

★

Wir denken an alle guten Freunde. Wir strahlen innige Freundschaft, die Wärme der Liebe, Treue und Zuneigung zu ihnen aus, füllen sie damit an und umhüllen sie mit Mitgefühl. Wir verstehen ihre Schwierigkeiten, fühlen mit ihnen und lehnen sie nicht ab.

★

Wir denken an die Menschen, denen wir nicht so nahestehen. Wir strahlen die gleiche Liebe, das gleiche Mitgefühl auf sie aus und füllen sie damit an. Wir machen sie zum Teil unseres Lebens, wo die Liebe aktualisiert werden kann, denn sie gehören ja dazu.

★

Wir denken an irgend jemanden, den zu lieben uns nicht leicht fällt. Wir erkennen, daß dies nichts als eine Blockade im eigenen Herzen ist. Wir können diesem Menschen dankbar sein, daß er uns dies lehrt. Mit dieser Dankbarkeit lassen wir die Wärme der Liebe hochkommen und füllen und umhüllen ihn damit.

★

Wir öffnen das Herz so weit, wie es möglich ist, und lassen Liebe und Mitgefühl aus ihm ausströmen. Wir lassen das Strömen der Liebe und des Mitgefühls so weit gehen, wie unsere Herzenskraft reicht.

★

Nun lenken wir die Achtsamkeit wieder auf uns selbst und untersuchen das Herz, wie es sich freudig und friedlich und wohl fühlt. Wir durchtränken uns mit diesen Gefühlen und füllen uns von Kopf bis Fuß damit an.

★

Mögen alle Lebewesen Liebe und Mitgefühl im Herzen tragen.

★

8. BEGIERDE

Als Symbol für Begierde zeigt das nächste Bild einen beleibten Mann, der an einem riesigen, reichgedeckten Tisch sitzt und eifrig Berge von Essen in sich hineinlöffelt.

Zwischen Gefühl und Begierde kommt jetzt der einzige Moment, wo ein Aussteigen aus der Weltlichen Kette Bedingten Entstehens möglich ist, wenn wir nicht weiter mitspielen wollen. Begierde bedeutet, sowohl das Angenehme haben wie das Unangenehme loswerden wollen. Solange wir etwas wollen, sind wir nicht vollkommen zufrieden, wir empfinden eine gewisse Leere, ein Loch, das wir zustopfen wollen. Wir können es aber weder mit angenehmen noch mit unangenehmen Gefühlen anfüllen, denn sie bleiben uns ja nicht.

Der Buddha hat erklärt, daß der Ausstieg zwischen Gefühl und Begierde der vollendete Gleichmut ist, der siebte Erleuchtungsfaktor. Es ist sehr wichtig und hilfreich, einmal in sich selber nachzuprüfen, ob dem wirklich so ist. Es bedeutet: das angenehme Gefühl erkennen, aber nicht festhalten wollen, und das unangenehme Gefühl gleichfalls erkennen und nicht loswerden wollen.

Ein Moment dieser Möglichkeit ist in der Meditation gegeben, wenn zum Beispiel ein unangenehmes Gefühl im Körper aufsteigt und wir gelernt haben, nicht zu reagieren, sondern es mit Gleichmut zu behandeln. Auch wenn wir nur kurze Zeit dazu in der Lage sind, ist es doch schon ein Schritt in die richtige Richtung. Wir sollten uns nicht mit zusammengebissenen Zähnen einreden: «Ich muß das durchsitzen!» und dabei das unangenehme Gefühl hassen. Das wären genau die Reaktionen, die wir gewöhnt sind. Wir sollten das Gefühl einfach als Gefühl erkennen und nicht reagieren, aus dem Verständnis heraus, daß es nichts gibt, worauf wir reagieren müssen. Einen Moment lang kann das jeder. Wenn uns das wiederholt in der Meditation mit den Körpergefühlen gelungen ist, können wir dies auch im täglichen Leben mit den emotionellen Gefühlen weiterführen und stets wieder praktizieren.

Wir müssen aber den Unterschied erkennen können zwischen dem Unterdrücken eines Gefühls – Zähne zusammenbeißen und nicht reagieren wollen – und wirklichem Gleichmut, der sagt: «Auch dieses Gefühl ist unbeständig.» Dies ist der Kernpunkt; hier können wir einhaken: Kein einziges Gefühl, das wir je gehabt haben, im gegenwärtigen Augenblick haben oder in Zukunft haben werden, können wir behalten, jedes Gefühl verschwindet. Alles, was entsteht, muß vergehen, das ist eines der Naturgesetze, die wir immer wieder vergessen.

Die Kette Bedingten Entstehens ist darauf aufgebaut, daß alles, was existiert, Bedingungen als Ursache hat, daß es aufgrund von Bedingungen entstanden ist. Da diese Bedingungen sich ständig ändern, ändert sich das Entstandene und vergeht wieder. Es ist ein ewiger Vorgang des Wandels, in den wir eingeordnet und dem wir untertan sind, den wir aber nicht erkennen können oder wollen, weil unsere Begierden im Weg stehen – einerseits die Gier nach dem Dasein und andererseits die Gier nach sinnlicher Befriedigung, was gleichbedeutend mit der Suche nach angenehmen Gefühlen ist. Wenn Emotionen in uns Wellen schlagen, können wir die Dinge nicht so sehen, wie sie wirklich sind, nämlich den universellen Vorgang von Entstehen und Vergehen, was natürlich die Gefühle mit einschließt sowie deren Abhängigkeit von unseren Sinneskontakten.

Auch Denken ist ein Sinneskontakt, und wenn wir Angenehmes denken, entsteht ein angenehmes Gefühl, auf das dann wieder eine neue Reaktion folgt. Wenn wir zum Beispiel in der Liebenden-Güte-Meditation überhaupt nichts empfinden, sondern nur denken, so schadet das nichts, denn das Denken wird eines Tages die Gefühle verursachen. Es gibt viele Menschen, die geraume Zeit dazu brauchen, ihre gewohnheitsmäßigen Reaktionen zu ändern, vor allem, wenn sie bis jetzt das Denken dem Fühlen immer vorgezogen haben. Wenn wir unsere Gedanken in eine heilsame Richtung lenken, resultieren daraus die dazu passenden Gefühle, die vielleicht bis dahin in uns nur geschlummert haben.

Wir können nur nicht von diesen Gefühlen verlangen, daß sie beständig sind und daß wir sie als unser Eigentum betrachten können. Hier liegt unser großer Fehler, wenn wir glauben, daß diese Gefühle die unsrigen sind und wir daher nicht nur auf sie reagieren können, sondern müssen. In Wirklichkeit sieht es aber so aus, daß unsere Gefühle aus einem vollkommen unpersönlichen Vorgang entstanden sind, nämlich dem Sinneskontakt. Wären wir zum Beispiel blind, bekämen wir nie Gefühle durch das Sehen von etwas Begehrenswertem, würden aber vielleicht stärkere Gefühle durch Hören oder Berühren bekommen. Wie der Sinneskontakt ein unpersönlicher Vorgang ist, so sind es auch die daraus resultierenden Gefühle. Aber ohne tiefgreifende Einsicht können wir uns kaum davon frei machen, von ihnen Besitz zu ergreifen.

Der Buddha hat uns empfohlen, die fünf Anhäufungsgruppen (*khandha*) – Körper, Gefühl, Wahrnehmung, Geistesformationen (Denken), Sinnesbewußtsein – zu untersuchen, ob sie wirklich eine Persönlichkeit in sich tragen. An dieser Stelle der Kette Bedingten Entstehens ist nun der Moment gekommen, unsere Gefühle zu untersuchen. Sofern es sich um körperliche Empfindungen handelt, ist es wohl ganz klar, daß sich keiner absichtlich unangenehme Gefühle verschafft. Wenn sie also wirklich mir gehören, wieso habe ich mir nicht diejenigen verschafft, die ich wirklich haben will? Was ist da schiefgelaufen? Was ist mit dem «Ich» passiert, daß es das eine will, aber das Gegenteil bekommt? Entweder hat es gerade nicht aufgepaßt, ist schlafen gegangen, hat keinerlei Befehlskraft und Bestimmungsrecht, oder aber die Gefühle existieren auch ohne das «Ich». Sich unangenehme Gefühle freiwillig zu holen, wäre doch geradezu Dummheit. Wir müssen nun einmal nachprüfen, wo «Ich» und Gefühle zusammenkommen und ob sie überhaupt zusammengehören.

Mit den Emotionen sieht es auch nicht anders aus. Auch diese sind oft unangenehm, wenn Ärger, Widerstand, Aversion, Eifersucht, Neid oder Furcht in uns hochkommen. Alle sind Emotionen, die uns das Leben erschweren, und doch entstehen sie in uns, sozusagen gegen unseren Willen. Wem gehören denn diese Emotionen eigentlich? Wer hat sie hochkommen lassen? Hat das «Ich» wieder nicht aufgepaßt? Es lohnt sich, dies nachzuprüfen, zu kontemplieren, wem die Gefühle gehören und ob es wirklich nötig ist, auf jedes Gefühl zu reagieren; oder ob wir nicht probieren können, ein Gefühl einfach ein Gefühl sein zu lassen, uns damit abzufinden, sei es auch noch so unangenehm.

Mit den angenehmen Gefühlen ist dies noch schwieriger. Bei den unangenehmen Gefühlen freut es uns, daß sie unbeständig sind, daß sie unter Garantie wieder vorbeigehen, auch wenn manche recht lange andauern. Aber bei den angenehmen Gefühlen sind wir natürlich gar nicht davon begeistert, daß sie wieder vergehen, und so ist es nicht einfach, sie loszulassen, ihnen nicht nachzulaufen, sie nicht festhalten zu wollen, und vor allen Dingen sie nicht wiederholen zu wollen. Denn darauf ist der ganze Kreislauf unserer Ökonomie aufgebaut: die angenehmen Gefühle durch die verschiedensten Sinneskontakte herbeizuführen und wiederholt anzubieten. Könnten wir uns nicht Annehmlichkeiten kaufen, würde man uns überhaupt nicht zum Kauf locken können. Was wir schmecken, anfassen, anschauen, hören, riechen, muß uns angenehme Gefühle bereiten, sonst sind wir nicht daran interessiert.

Es geht gegen unsere Instinkte, die angenehmen Sinneskontakte nicht zu erstreben, und darum sollten wir dort beginnen, wo es uns etwas leichter fällt, nämlich bei den unangenehmen Gefühlen. Wir können uns immer wieder vor

Augen führen, daß die Gefühle uns nicht gehören, daß sie ohne unser Zutun gekommen sind, daß sie unbeständig sind, daß wir sie nicht hassen müssen, sondern als einen Teil des universellen Naturgesetzes akzeptieren können. Wenn uns dies anfänglich auch nur selten gelingt, so haben wir dennoch jedesmal, wenn es gelingt, Gleichmut kennengelernt. Wahrer Gleichmut kann nur auf Klarblick aufgebaut sein. Willenskraft allein genügt nicht; obwohl sie uns helfen kann, nicht wütend zu werden, bringt sie uns doch keinen echten Gleichmut.

Nur wenn wir verstanden haben, worum es sich im menschlichen Leben handelt und in der Lage sind, dies auch anzuwenden, ohne etwaige Gefühle zu unterdrücken, haben wir das Naturgesetz von der Veränderlichkeit verinnerlicht.

Jetzt öffnet sich uns das erste und einzige Tor, aus der Weltlichen Kette Bedingten Entstehens auszutreten, wenn uns daran liegt, aus diesem ewigen Hin und Her von angenehmen und unangenehmen Gefühlen, von Wollen und Nichtwollen, von Sehnsucht und Widerstand herauszukommen. Der Moment möglicher Befreiung liegt zwischen Gefühl und Begierde; sobald wir diesen Moment überschritten, ihn nicht erkannt und die Chance nicht wahrgenommen haben, geht die Entstehungskette lustig weiter und zieht uns mit.

Fragen und Antworten

F: Sind die Begriffe «Haben-» und «Nichthabenwollen» identisch mit Gier und Haß?

A: Ja. Haß und Gier sind die traditionellen Worte, die der Buddha benutzt hat: *Lobha* (Gier) und *Dosa* (Haß). Da aber Menschen häufig sagen: «Ich habe doch gar keinen Haß, ich habe keine Feinde», oder: «Ich habe keine Gier, ich habe alles, was ich brauche, und will nichts weiter», ist es nötig, das durch «Wollen» und «Nichtwollen» von angenehmen und

unangenehmen Gefühlen zu erklären. Vor allen Dingen gehört auch das Überlebenwollen dazu.
F: Kann man Sinneskontakte auch ohne ein Gefühl haben?
A: Alle Sinneskontakte haben Gefühle zur Folge. Daran ist nichts zu ändern. Es ist aber möglich, das Reagieren auf unsere Gefühle zu erkennen und fallenzulassen. Wir können nichts gegen unsere Gefühle unternehmen, sie sind entweder angenehm, unangenehm oder neutral, aber unsere Reaktionen können wir ändern. Unsere Reaktionen machen auch unser *Karma*. Bis zu dem Glied des Gefühls in dieser Kette – angefangen beim Wiedergeburtsbewußtsein – hatten wir keine Wahl und machten daher noch kein *Karma*. Erst wenn wir unser Gefühl negativ oder positiv behandeln, fangen unsere Absichten, die unser *Karma* bestimmen, an.

9. ANHAFTEN

Das nächste Bild zeigt uns einen Menschen, der in einen Obstbaum geklettert und damit beschäftigt ist, Früchte in bereits übervolle Körbe hinunterzuwerfen, so daß auch der Erdboden von Obst bedeckt ist. Das Resultat der Begierde, des Haben- und Nichthabenwollens, ist das Anhaften, das durch dieses Bild symbolisiert wird. Wir wollen immer noch mehr, können nicht genug bekommen, und das hält uns im Kreislauf von Geburt und Tod fest.

Körper, Gefühl, Wahrnehmung, Gedanken und Sinnesbewußtsein werden auch die fünf «Anhaftungsgruppen» (*upādāna khandha*) genannt, weil wir glauben, daß sie uns gehören, und die Ich-Illusion daher von ihnen durchzogen ist. Wir können diese Aussage des Buddha einmal in uns selbst nachprüfen und jede der fünf Gruppen einzeln darauf untersuchen, ob unser Anhaften, unser Wollen und Ablehnen, unsere Ich-Identifikation auf ihnen basieren und ob wir mit ihnen so verwoben sind, daß sie von unserem «Ich» untrennbar sind, ja dieses darstellen.

Bei Gedanken und Gefühlen läßt sich das, wie wir schon gesehen haben, leicht erkennen. Denn wenn zum Beispiel in der Meditation ungewollt Gedanken hochkommen, wird uns klar, daß sie ohne unser Zutun erschienen sind und eine ständige Bewegung und Irritation darstellen. Daher ist es nicht schwer, Denken als solches als Leid zu erleben und uns mit diesem Leid nicht unbedingt identifizieren zu müssen. Vielleicht erfahren wir in der Meditation zum erstenmal im Leben, daß Denken leidhaft ist, weil darin niemals tiefe Ruhe und wahrer Friede sein kann. Es kann uns nie das bringen, was wir wirklich suchen – das Gefühl absoluten Erfülltseins. Bisher haben wir Denken wahrscheinlich für eine große Gabe und unheimlich wichtig gehalten. Denken kann auch wichtig sein, zum Geldverdienen beispielsweise. Aber das nimmt ja nicht unsere ganze Zeit in Anspruch. Denken ist nichts weiter als ein Anstoß im Geist, der ständige innere Bewegung verursacht, was genauso ermüdend ist wie ständige körperliche Bewegung. Nicht nur das, es verursacht unsere Meinungen, Argumente, Standpunkte, auf denen wir beharren wollen, mit denen wir unwiderruflich «Ich» sind, da wir uns ja mit ihnen identifizieren können. «So glaube ich, so bin ich, so kann ich und so werde ich sein.»

Durch Meditation ist es möglich, in dieses Denken, das uns angeblich gehört, eine kleine Bresche zu schlagen. Wenn ich wirklich derjenige wäre, der über das Denken gebietet, würde ich doch sicher nicht erlauben, daß es mich beim Meditieren stört. Es stört mich aber nicht nur tatsächlich, es hat auch zuweilen einen Inhalt, der weder angenehm noch interessant ist und oft auch wertlos. Wenn das Denken so beschaffen ist, wie wäre es dann möglich, daß es das «Ich» ist?

Im täglichen Leben ist es schwierig, dies zu erkennen, denn wir sind sehr oft gezwungen, unser Denken zu benutzen. In der Meditation können wir jedoch einen ganz neuen Einblick in die Denktätigkeit gewinnen. Denken ist genauso eine Tätigkeit des Geistes, wie Atmen eine Tätigkeit des Körpers ist. Und doch glauben wir, es sei *unser* Atem und *unser* Denken. Dieser Glaube ist nirgendwo anders als in unserem Bewußtsein verankert. Wenn wir oft genug untersuchen, was sich da wirklich abspielt, können wir unser Bewußtsein ändern.

Wir müssen nun auch untersuchen, ob noch etwas anderes in uns existiert, an dem wir berechtigterweise festhalten. Wenn wir vielleicht schon erkannt haben, daß das Anhaften an diesen fünf Gruppen unberechtigt ist, dann suchen wir etwas Höheres, mit dem wir das «Ich» identifizieren können. Immer wieder hat der Buddha uns empfohlen, die fünf Anhaftungsgruppen zu untersuchen, ob sie wirklich unser «Ich» ausmachen und ob in unserer Erfahrung noch etwas anderes zu finden ist, das «Ich» sein könnte.

Wir können ferner kontemplieren, ob wir mit unseren Sinneskontakten und unserem Denken wirklich so zufrieden sind, daß wir diese als unser Leben akzeptieren können, und ob wir, auch wenn wir immer wieder das Angenehme in ihnen finden, nicht dennoch eine innere Leere verspüren, die nicht zu füllen ist. Der Buddha hat nie verlangt, seinen Worten zu glauben; er wollte nur, daß wir ihm genug Vertrauen schenken, sie zu untersuchen. Damit bereiten wir uns auf einen Weg vor, der uns aus diesem fließenden Strom, in dem wir nie Sicherheit finden können, hinausführen kann. In dem ständigen Wandel, in dem wir leben, ist kein fester, unbeweglicher Punkt zu finden, auf den wir uns stützen können. Alles ändert sich ständig, vor allem wir selbst. Wir versuchen, uns auf schwankendem Grund festzuhalten; so gern wir ihn auch befestigen würden, es ist unmöglich.

Das ist die Angst, die in uns lebt, ohne die kein Mensch existiert, denn wir wissen unterschwellig genau, daß Sicherheit in der Welt nicht zu finden ist, weil wir in einer Wellenbewegung wie Ebbe und Flut leben. Wir können aber einmal still stehen, pausieren, uns von Vorurteilen und Gewohnheiten frei machen und erkennen, daß es einen Weg hinaus gibt.

Frage und Antwort

F: Ich habe Schwierigkeiten mit dem Tischgebet, das anfängt: «Ich bringe dem Buddha die Speise dar.» Ich hab das am Anfang einfach so mitgeplappert und dann gemerkt, daß ich doch gar nicht weiß, was das bedeutet.
A: Es ist in buddhistischen Ländern eine traditionelle Art und Weise, seine Ehrerbietung zu bezeugen. Bevor man selbst anfängt zu essen, offeriert man etwas von der Speise dem großen Lehrer, der es uns ermöglicht, die Lehre zu verfolgen. Es ist dies eine Art und Weise, Hingabe zu manifestieren und der Verehrung und Liebe Ausdruck zu geben.

10. WERDEPROZESS

In der Reihenfolge der Weltlichen Kette Bedingten Entstehens kommt nach dem *Anhaften* das *Wiederwerden*, bildlich dargestellt durch eine schwangere Frau. Da wir an den Annehmlichkeiten und auch an den Unannehmlichkeiten dieses Lebens haften, müssen wir wohl oder übel wiederkommen.

11. GEBURT

Das vorletzte Bild in der Entstehungskette zeigt die Geburt eines Säuglings; es ist gefolgt von

12. ALTERN UND TOD (Dukkha)

dargestellt durch einen alten Mann, der ein Bündel Knochen auf dem Rücken hat, um es zur Beerdigung zu tragen. Es bedeutet: Wo Geburt ist, da muß auch Tod sein. Oft ist dann noch der Satz darunter geschrieben: «Und so beginnt immer wieder alles *Dukkha* (alles Leid).»

Wir können den Kreis der Weltlichen Kette Bedingten Entstehens in drei Teile = drei Leben unterteilen. Das erste und zweite Feld, *Unwissenheit* und *Karma-Formationen*, können wir als das vorige Leben ansehen; vom Moment des *Wiedergeburtsbewußtseins* bis zum *Anhaften* stehen die Kettenglieder für dieses Leben; *Wiederwerden, Geburt* und *Tod* beziehen sich auf das künftige Leben. Wir können die Dreiteilung aber auch auf drei aufeinanderfolgende Tage beziehen: Gestern haben wir *Karma* gemacht. Heute bringen die *Sinneskontakte* und die *Gefühle*, die wir unweigerlich haben, immer wieder Reaktionen mit sich und folglich *Anhaften*, nicht nur an unseren Gefühlen, sondern vor allem an der Vorstellung, sie und dieses ganze Etwas, das wir «Ich» nennen, seien unser Eigentum. Da dies so ist, kommen wir morgen früh mit genau derselben Belastung wieder. Nichts hat sich geändert. Das ist der Kreislauf, dem wir immer wieder zum Opfer fallen. Eine Voraussetzung dafür, zu entkommen, ist, daß wir *Dukkha*, das darin enthalten ist, einmal wirklich verstehen und dann die Absicht haben, uns davon zu befreien.

Solange wir *Dukkha* nur als eine momentane Störung empfinden, derer wir sicherlich Herr werden können, solange besteht keinerlei Grund, uns davon befreien zu wollen, denn im Prinzip gefällt es uns ja hier. Natürlich bietet das Leben Annehmlichkeiten, und die soll es auch haben. Unsere Vernebelung ist darauf zurückzuführen, daß wir glauben, Herr dieser Annehmlichkeiten zu sein oder werden zu können, so daß wir sie bei Bedarf jederzeit verfügbar haben. Dabei vergessen und übersehen wir – absichtlich natürlich, aber ohne es zu merken –, daß alle Annehmlichkeiten nur auf unsere Sinneskontakte zurückzuführen sind und nicht bestehen bleiben können, sondern immer wieder neu geschaffen werden müssen. Das verbraucht unsere Energie und führt zu nichts als zum selben Kreislauf.

Die Kette Bedingten Entstehens ist als Kreis gezeigt, damit wir erkennen können, daß es sich immer wieder um dasselbe dreht, daß wir nirgends hinkommen, obwohl wir uns einbilden, wir erreichten etwas. Wir erreichen – was? Mehr Geld, mehr Ruhm, mehr Annehmlichkeiten, mehr Komfort, höheres Alter, vielleicht mehr Kinder; oder mehr Information, mehr Wissen, mehr Arbeit oder weniger, aber wohin gehen wir damit? Es bleibt immer wieder bei der Reaktion auf unsere Gefühle, nichts hat sich geändert. Was immer wir erreichen wollen und auch können, ist mit einem Wasserrad vergleichbar. In Asien, das zu weiten Teilen noch nicht elektrifiziert ist, wird das Wasser mit einem Wasserrad gepumpt, das oft von einem Tier angetrieben wird. Es geht, an eine Stange gebunden, im Kreis, bringt damit Wasser aus einem Brunnen hoch, geht weiter und bringt mehr Wasser hoch. Es erreicht, Wasser hochzubringen, aber es geht dabei immer nur im Kreis. Das ist das *Dukkha*, das in unserer Existenz enthalten ist. Es sind nicht die großen Tragödien, die wir so unakzeptabel finden, wenn zum Beispiel ein uns nahestehender Mensch stirbt oder wir selbst schwer krank sind, oder unser Vermögen verlieren – das sind alles nur Einzelfälle. *Dukkha* ist existentiell, weil wir glauben, daß wir etwas erreichen können, uns in Wirklichkeit aber ständig im Kreis drehen und immer wieder dasselbe tun.

Alle unsere Bemühungen, unsere Arbeit und unsere Ideen, wie wir alles noch besser und endgültig machen können und absolut Erstklassiges erreichen werden (die Phantasie der «heilen Welt»), sie sind alle demselben Gesetz der Vergänglichkeit unterworfen. Erst in dem Moment, wo wir *Dukkha* als einen Teil dieser Existenz erkennen, der nicht auszumerzen ist, wird es uns interessieren, diesem Kreislauf zu entkommen. Das bestätigt uns immer wieder, daß *Dukkha* unser bester Lehrer ist. Wir sollten uns nicht darüber beklagen, daß *Dukkha* uns heimsucht. Im Gegenteil: Wir sollten dankbar sein, daß *Dukkha* uns die Möglichkeit bietet, der tiefsten Wahrheit nahezukommen. Solange wir es uns vom Leibe halten durch unsere Gleichgültigkeit, unsere Abwehr, unsere Unwissenheit, solange werden wir sicher nicht versuchen, den existentiellen Urgrund zu ergründen, denn wir sind ja einigermaßen zufrieden.

Der Buddha hat gesagt, es gebe vier Arten von Menschen, und er hat sie mit Pferden verglichen. Der ersten Art Pferd braucht man nur zuzuflüstern, was es tun soll, und es gehorcht sofort. Bei der nächsten Art Pferd muß man am Zügel ziehen, dann folgt es. Der dritten Art muß man die Peitsche zeigen, dann wird es gehorsam, und bei der vierten Art muß man die Peitsche benutzen, erst dann gehorcht es. Die erste Art Mensch – vergleichbar mit dem Pferd, dem man zuflüstert – braucht nur davon zu hören, wie leidvoll das Leben für so viele Menschen ist, daß es nie zu einem endgültigen Resultat kommen kann, daß alles derart dem Wandel unterworfen ist, daß es nie vollkommen zufriedenstellend sein kann, und in dem Moment fängt dieser Mensch schon an, zu praktizieren, um der tiefsten Wahrheit nahezukommen. Die nächste Art Mensch – vergleichbar mit dem Pferd, das Zügel braucht – muß mit eigenen Augen sehen, wie andere leiden, wie schwer es Menschen haben, daß es keinerlei wirkliche Resultate gibt, dann erst glaubt es solch ein Mensch. Bei der dritten Art Mensch – vergleichbar mit dem Pferd, dem man die Peitsche zeigt – muß ein Unglück in der eigenen Familie geschehen. Ein naher Verwandter oder enger Freund stirbt oder hat großes Leid, erst dann macht es Eindruck. Bei der vierten Art – dem Pferd, das die Peitsche spüren muß – muß dem Menschen das Leid selber zustoßen. Er muß selbst unheilbar krank werden oder das verlieren, was er liebt, also starkes *Dukkha* empfinden, bevor er anfängt, sich dem spirituellen Leben zuzuwenden. Zu welcher Art wir gehören, ist an sich gleichgültig, denn es ist immer *Dukkha*, das uns zum Praktizieren bringt.

Diese Erwägungen veranlaßten auch den Buddha, die tiefste Wahrheit zu suchen. Er hat *Dukkha* um sich herum gesehen und war davon derart beeindruckt, daß er unbedingt eine Lösung finden wollte. Diese Lösung, die der Buddha gefunden hat, existiert auch für uns. Es gibt einen Weg, aus allem *Dukkha*, aus jedem Leid und jeder Schwierigkeit herauszukommen, aber es kann nicht «Ich» sein, der dies erreicht. Der Buddha hat gesagt: «Es gibt die Tat, aber keinen Täter, es gibt das Leid, aber keinen Leidenden, es gibt den Pfad, aber keinen, der ihn beschreitet, es gibt *Nibbāna* (die Erlösung), aber keinen, der es erreicht.» Das bedeutet nicht, daß *Nibbāna* nicht erreichbar ist; es bedeutet, daß das Individuum, das an das «Ich» glaubt («Ich will *Nibbāna*»), es nicht haben kann. Erst muß das «Ich» losgelassen werden. Das ist die Lösung, die der Buddha gefunden hat und die aus allem Leid herausführt.

Manchen mag das nicht passen, das ist ganz in Ordnung.

Wir müssen nicht sofort die Radikallösung annehmen. Aber um überhaupt den Weg und die Meditation erfolgreich praktizieren zu können, müssen wir erst einmal in der Lage sein, zu akzeptieren, daß *Dukkha* existiert. Es hilft nichts, daß wir uns vor *Dukkha* retten wollen, ihm entkommen wollen, und daß es uns stört; wir müssen vielmehr verinnerlichen, daß es ein Bestandteil der Existenz ist. Außerdem müssen wir wissen, daß *Dukkha* nur einen einzigen Grund hat, nämlich das Wollen, die Begierde, was das Nichthabenwollen einschließt. Dies verweist uns immer wieder auf die Stelle in der Kette Bedingten Entstehens, wo das Tor ist, durch das wir hinauskönnen – zwischen *Gefühlen* und *Begierde* –, wenn wir nämlich das Reagieren fallenlassen und weder die angenehmen Gefühle behalten noch die unangenehmen loswerden wollen.

Es gibt nur einen wahren Grund für Leid, und das ist die Begierde. Das können wir alle in uns selbst feststellen. Wenn irgend etwas in unserem Leben existiert, das leidvoll ist, so kann es nur existieren, weil wir es so, wie es ist, nicht wollen. Wenn wir nur eine Sekunde dieses «Nicht-so-Wollen, wie es ist», fallenlassen, ist das Leid weg. Wir können das an uns selbst ganz einfach ausprobieren und dabei die erste und zweite *Edle Wahrheit*, die der Buddha nach seiner Erleuchtung formuliert hat, beweisen. Wenn wir dies erleben, sind wir einer tiefen Einsicht schon nahegekommen. Wir haben nämlich erkannt, wie es möglich ist, ohne Leid zu leben, durch das Fallenlassen des Haben- und Loswerdenwollens.

Das scheint absurd einfach, aber natürlich scheint dies nur so. Es ist darum besonders schwierig, weil wir unsere Aufmerksamkeit zuvor noch nie in diese Richtung gewendet haben. Seit unserer Geburt tun wir nichts anderes, als haben oder loswerden zu wollen. Wenn wir irgend etwas in unserem Leben erkennen, was uns Schwierigkeiten macht, was nicht zufriedenstellend ist und nur für einen Moment einmal den Wunsch, daß es anders sein sollte, fallenlassen, gibt es kein Leid; dann ist alles wieder harmonisch. Das kann jeder von uns eine Sekunde lang. Im nächsten Moment können wir den Wunsch ja sofort wieder aufnehmen und damit auch das Leid, aber wir können es wenigstens einmal kurz ausprobieren.

So ist es mit kleinen und großen Dingen, und so ist der Ablauf unserer Kette von Geburt und Tod. So dreht sich bei uns der Kreis, denn wir «wollen» und wir «wollen nicht». Wir leben in einer Dualität von gut und schlecht, akzeptabel und inakzeptabel, in der wir immer mit Urteilen, Verurteilen, Beurteilen zu tun haben und es sich ständig um «mein» und «dein», um «uns» und «euch» handelt. Wir stecken uns Grenzen und sondern uns ab, einmal in der Gruppe, einmal allein, einmal zu zweit, und in diesem Abgesondertsein ist es unmöglich, sich sicher zu fühlen, wenn man nicht andere ablehnt oder an sich heranzieht.

Aber wenn wir erkannt haben, daß das leidvoll und nicht zufriedenstellend ist, daß uns das keine innere Erfüllung gibt, dann können wir es ändern. Dann ist es möglich, mit diesem Absondern einmal aufzuhören und zu versuchen, sich als einen Teil des Ganzen zu empfinden. Wenn uns das gelingt, besteht keine Notwendigkeit mehr, abzulehnen oder heranzuziehen, denn das Ganze ist eins, und wir gehören mitten hinein. Es ist möglich, dies in der Meditation zu erleben und zu verstehen und das Bewußtsein immer erneut in diese Richtung zu lenken.

Die Richtlinien und Wegweiser des Buddha sind so zu verstehen, daß wir unser Aufmerken dorthin wenden sollten; ob unser Geist gewillt ist, sich so zu erweitern, das ist eine andere Frage. Wir wissen aber wenigstens, daß es möglich ist, das Alte fallenzulassen und Neues in uns aufzunehmen. Wir werden das aber nur tun, wenn *Dukkha* schon als ein ständiger Begleiter erkannt worden ist und nicht nur als ein Störenfried. Die meisten Menschen glauben, *Dukkha* sei ein Mißgeschick, von anderen zu unserem Unheil herbeigeführt, ein ungebetener Gast, der uneingeladen kommt, der viel zu lange bleibt und sich nicht auf Anhieb hinauswerfen läßt. Das ist aber eine grundfalsche Ansicht. Denn *Dukkha* ist eines der drei Merkmale aller Existenz, das nie verschwindet; wir passen nur nicht genügend auf und merken es daher nur selten.

Wenn wir mehr Achtsamkeit walten lassen, spüren wir bald, daß eine gewisse Unruhe in uns herrscht, daß wir nicht tief innerlich mit unserem Sein voll zufrieden sind. Wir möchten mehr, wir möchten anderes, wir haben Wünsche vielerlei Art. All dies ist *Dukkha*, denn es bedeutet, daß wir eine gewisse Leere in uns empfinden. Sie kommt aber erst zum Vorschein, wenn unsere Achtsamkeit durch die Meditation schon so geschärft ist, daß uns klar wird, was in uns vorgeht. Dann sind wir sicherlich daran interessiert, dieses Tor zur Freiheit auch zu benutzen und unseren Gefühlen nicht immer wieder so viel Freiheit zu geben, daß wir in Begierde verfallen, die sich darin zeigt, daß wir etwas anderes wollen, als wir haben, also nicht zufrieden sind.

«Zufrieden» ist ein besonders hilfreiches Wort, denn es bedeutet, daß dieses Gefühl «zum Frieden» führt, und das ist es ja wohl, was jeder von uns anstrebt. Wenn wir aber zum Frieden kommen wollen, so ist das nicht möglich, indem wir mehr wollen und mehr bekommen, sondern nur, indem wir mehr aufgeben. Je mehr wir loslassen von Wünschen, vom Wollen, von Ablehnungen, desto mehr ist es möglich, zufrieden zu sein. Es ist absolut unmöglich, Zufriedenheit auf dieser Welt zu finden, indem wir alles, was nur möglich ist, um uns herum anhäufen. Das bringt uns das Gegenteil, nämlich noch mehr Unglück, wie man oft beobachten kann. Zufriedenheit kann nur kommen, wenn wir Wünsche und Begierden ablegen. Natürlich ist das ein großer Schritt, aber wir können mit kleinen Schritten anfangen. Wir können vor allen Dingen das loslassen, was wir im Moment gerade wollen oder uns wünschen – das ist besonders notwendig, wenn wir Erregung darüber, ob wir es auch bekommen werden und dann behalten können, in uns spüren. Vieles könnte anders sein, als es ist, aber was nutzt uns das? Es ist einfach so, wie es ist, und ein erster Schritt der tiefen Einsicht heißt, daß wir Leid akzeptieren und uns nicht dagegen auflehnen. Denn Leid existiert, aber Leiden braucht nicht zu folgen. Genau wie der Regen *ist* und die Sonne *ist, ist* das Leid. Aber wenn wir versuchen, ihm zu entfliehen, und es immer wieder als einen Bösewicht bezeichnen, dann leiden wir darunter.

Die Weltliche Kette Bedingten Entstehens ist ein Kreislauf, weil sie eben im Weltlichen bleibt. Anschließend werden wir die Überweltliche Kette Bedingten Entstehens betrachten, die in gerader Linie zum *Nibbāna* führt.

Fragen und Antworten

F: So überzeugend ich all das finde, und ich meine dies ohne Vorbehalt, so habe ich doch gewisse Bedenken, wenn ich an die institutionalisierte Welt denke, in der viele von uns sich leider noch befinden. Viel lieber würde ich also in die Hauslosigkeit gehen, aber in dem Augenblick, wo ich unter Zwängen gesellschaftlicher Art stehe, wird es mir erleichtert, *Dukkha* zu erzeugen. Das finde ich also sehr bedauerlich.
A: Könntest du dies noch deutlicher erklären?
F: Nehmen wir einmal an, ich muß eine Sekretärin einstellen. Nun kommt nicht nur eine, sondern es kommen zwei, drei, vier, fünf Anwärterinnen, und die Institution verlangt natürlich eine Sekretärin mit ganz bestimmten Qualifikationen. Bei der Auswahl einer solchen Person gehe ich also nicht nach humanitären Gesichtspunkten vor: Wer hat den Job denn eigentlich nötig, wer hat die meisten Kinder und braucht das meiste Geld, wer ist heruntergekommen, hat Schulden, sondern ich frage zunächst einmal, wieviel Silben in der Minute sie schreibt und ob sie auch Buchhaltung kann.
A: Ich glaube nicht, daß man nur im Geschäftsleben *Dukkha* verursacht. Ich glaube, daß jeder Mensch irgendwann *Dukk-*

ha verursacht. Vielleicht ist es aber doch möglich, auch das Geschäftsleben so zu arrangieren, daß es nicht allzu aggressiv ist. Auch im Geschäftsleben kann Verschiedenes anders ablaufen, als es sonst üblich ist. Das Praktizieren der Lehre und der Meditation ist im Prinzip nichts weiter als eine Zeitfrage. Das ist wohl das Wichtigste, was Nonnen und Mönche voraushaben. Wir haben die Zeit, diese Lehre in uns zu verarbeiten, zu verstehen und dann auch nachzuleben und die Gelegenheit zur Meditation. Auch da gibt es keine Garantie, daß Mönche oder Nonnen unwiderruflich zu *Nibbāna* kommen. Gerade im späteren Alter, wenn Haushälter ihre Pflichten erfüllt haben, können sie sehr große Fortschritte machen. Es ist in Indien immer Tradition gewesen, das Leben in drei Abschnitte zu unterteilen, sowohl zu Zeiten des Buddha wie auch heute noch. Zuerst ist man Lernender, lernt ein Handwerk oder einen Beruf. Dann folgt die Zeit des Hausvaters oder der Hausmutter, und drittens, wenn die Kinder erwachsen sind und sich selbständig gemacht haben, kann man in die Abgeschiedenheit gehen und sich dem spirituellen Leben widmen. Man sollte sich vielleicht auch im Westen diese drei Phasen des Lebens ermöglichen können.

DIE ÜBERWELTLICHE KETTE BEDINGTEN ENTSTEHENS

1. DUKKHA
(Erster Schritt)

In der Überweltlichen Kette Bedingten Entstehens haben wir ganz neue Möglichkeiten. Die Weltliche Kette fängt an mit unserem *Unwissen*, unserer Ich-Illusion, welche eines von den drei Merkmalen ist, die wir durchschauen, wenn wir tiefe Einsicht bekommen. Auch das zweite Merkmal ist in ihr enthalten, nämlich der ständige Wandel, die Unbeständigkeit, denn die ganze Kette wird durch das Prinzip des Entstehens und Vergehens erklärt.

Die Überweltliche Kette fängt an mit dem dritten Merkmal alles Existierenden, nämlich *Dukkha*, was wir mit «Leid» oder «das Leidvolle» übersetzen und das eigentlich alles ist, was es gibt, weil nichts vollkommen zufriedenstellend ist. Wir wollen weiterhin das Pāli-Wort *Dukkha* benutzen, weil es ein so klares und einfaches Wort ist, für dessen Definition wir im Deutschen mehrere verschiedene Begriffe brauchen. Die Unerfülltheit, die *Dukkha* auch bedeutet, kommt natürlich daher, weil alles sich ständig wandelt.

Es ist ziemlich klar, daß wir den ersten Schritt in der Weltlichen Kette Bedingten Entstehens, nämlich die Illusion des Ich, ohne langjährige intensive Praxis kaum durchbrechen können. So wären wir vorläufig in diesem Kreislauf gefangen. Aber der erste Schritt der Überweltlichen Kette ist *Dukkha*, und das können wir schon jetzt erkennen, so daß wir zu einer schrittweisen Fortbewegung entlang der Überweltlichen Kette Bedingten Entstehens fähig sind. Wenn wir allerdings *Dukkha* nicht erkennen, sondern es, wie bereits erwähnt, nur als einen Störenfried behandeln, dann wird uns die Essenz des spirituellen Pfades fehlen. *Dukkha* fehlt keinem, jeder hat es, aber das Erkennen bedeutet, daß wir etwas in uns entdeckt haben, was uns auf diesen Pfad bringt und auch dort hält.

Im Prinzip haben wir alle irgendwelche Muster, mit denen wir unser *Dukkha* behandeln. Eins davon ist besonders beliebt und besteht darin, andere Menschen oder bestimmte Situationen zu beschuldigen, daß sie uns *Dukkha* bereiten. Ein zweiter Weg ist, möglichst viele Ablenkungsmanöver vorzunehmen. Das ist auch der Grund, warum all diese Ablenkungen sehr beliebt sind und unserer Ökonomie immer wieder Aufschwung geben. Man kann sie sich überall besorgen.

Ein dritter Ausweg ist Flucht. Nicht immer ist man in der Lage, sich körperlich wegzubewegen, aber das ist natürlich eine Möglichkeit: Woanders hingehen. Eine neue Ausbildung, ein neuer Job, ein neuer Partner, eine neue Diät, von der Stadt aufs Land, vom Land in die Stadt, in die Fremde ziehen und anderes mehr. Man kann sich aber auch geistig wegbewegen, indem man sich in seine eigenen Ideen und Phantasien verspinnt; das ist ebenfalls recht populär. Körperliches Sichwegbewegen, um dem *Dukkha* zu entgehen, ist allgemein verbreitet; ein Ausdruck davon ist zum Beispiel die Überlastung von Autobahnen und Flugplätzen. Da sind Tausende und Abertausende von Menschen in Bewegung. Auch die Umzugsfirmen haben viel zu tun. Im allgemeinen wird die Flucht vor dem *Dukkha* nicht erkannt, sondern wir glauben, etwas Besseres, Höheres, etwas Esoterisches oder Wertvolleres zu tun. Das mag auch manchmal stimmen. Im Prinzip ändert sich nichts an *Dukkha*, das merkt man erst später. Und dann muß man wieder von vorne anfangen und sich etwas Neues ausdenken.

Wir haben weiterhin die Möglichkeit, uns selber leid zu tun; auch das ist weit verbreitet. Wenn wir dann noch jemanden finden können, dem wir leid tun, ist das ganz angenehm. Denn es bestätigt wenigstens, daß ein anderer auch erkennt, daß wir *Dukkha* haben, und obwohl wir dadurch keine Abhilfe bekommen, ist es doch immerhin eine Bestätigung unseres Ego. Wir können auch in Depressionen verfallen. Das ist nicht selten eine Ausflucht aus dem *Dukkha*. Natürlich ist es klar, daß uns nichts davon in irgendeiner Weise helfen kann, denn *Dukkha* ist eines der drei Merkmale der Existenz, und diesen kann man einfach nicht entfliehen – sie sind Naturgesetze. Obwohl wir schon sehr gewitzt sind, mit den Naturgesetzen anders umzugehen, als es eigentlich richtig wäre, finden wir am Ende doch keinen Ausweg. Die Naturgesetze sind stärker als unsere Ideen. Auch diese sind den Naturgesetzen unterworfen, denn Ideen sind ebenfalls vergänglich, leidhaft und substanzlos. Den Naturgesetzen, denen das ganze Universum unterworfen ist, kann man nicht durch Flucht oder Selbstmitleid, oder Tadeln und Beschuldigen irgendwie aus dem Weg gehen. Dennoch versuchen wir es immer wieder, denn es fehlt uns an der nötigen Achtsamkeit und Einsicht.

Der einzige geistige Faktor, der uns hilft, diese Dinge klar zu erkennen, ist Achtsamkeit, reines Aufpassen. Obwohl uns das selbstverständlich helfen würde, tun wir es nicht. Das bedeutet, daß wir uns eigentlich in einer kindlichen Phantasie bewegen. Jedesmal, wenn wir durch irgendein Ereignis aus ihr herausgeschüttelt werden, sind wir entrüstet, empört, unglücklich und wollen schnell wieder hinein in die Phantasie. Je mehr gutes *Karma* wir schon angesammelt haben, das heißt je mehr Geld, Gesundheit, Möglichkeiten wir haben, desto leichter ist es, uns immer wieder in diese Phantasie zu verlieren.

Dukkha ist nicht nur eine Tragödie. Das ist es auch, aber das ist nicht das Merkmal der Existenz oder des Universums. Die ständige Bewegung ist *Dukkha*. Schon allein Denken ist *Dukkha*, und das merken wir erst, wenn wir in der Meditation einmal einen Moment mit dem Denken aufhören und den Denkapparat einmal vorübergehend nicht in Bewegung setzen. Erst wenn wir wieder zum Denken zurückkehren, merken wir, wieviel *Dukkha* darin enthalten ist – nicht weil wir unglücklich sind, sondern durch die ständige Irritation, die von jeder Bewegung kommen muß. Denken ist ein Bewegungsvorgang, der immer wieder irritieren muß, und darum kann man auch durch Denken nie das wahre Glück finden. Das ist im Prinzip jedem klar, kaum jemand zweifelt daran. Dennoch versucht jeder, sich das Leben so auszudenken, wie es sein sollte, und dann das Ausgedachte in die Wirklichkeit umzusetzen, was im allgemeinen natürlich nicht funktioniert.

Der Buddha hat gesagt, daß unser *Dukkha* auch darin besteht, daß wir die Dinge bekommen, die wir nicht wollen, und daß wir nicht das bekommen, was wir wollen. Wir können das in unserem eigenen Leben feststellen. Es ist unmöglich, daß ein Mensch alles bekommt, was er will. Wenn er nämlich das bekommen hat, was er begehrte, denkt er sich schnell etwas Neues aus, was er noch haben möchte. Wenn er das dann auch noch kriegen sollte, denkt er sich wieder etwas Neues aus – da ist kein Ende abzusehen. Das ist, was auf Pāli *Papañca* heißt, die Vielfalt, die die Natur aller Dinge ist. Wir können das leicht erkennen, wenn wir einmal hinausschauen und sehen, wie viele verschiedene Baumarten auf einem kleinen Platz wachsen, wie viele verschiedene Arten von Blumen und Ungeziefer in einem Garten zu finden sind. Wenn wir uns dann einmal die wenigen Menschen anschauen, die um uns herum versammelt sind: Alle sehen ganz verschieden aus. Nicht ein einziger gleicht einem anderen. Die Natur ist damit beschäftigt, zu vervielfältigen, und wir machen lustig mit.

Schauen wir einmal in ein Warenhaus: Es ist kaum zu glauben, wie viele Dinge wir dort vorfinden. Das geht so weit, daß wir vielleicht gar nicht mehr wissen, was einige der Sachen, die dort in ihrer Vielfalt zum Verkauf stehen, eigentlich darstellen. Auch dies ist eine Möglichkeit, die wir uns ausgedacht haben, um dem *Dukkha* zu entkommen. Wenn es viel Verschiedenes recht bunt und in vielen Ausführungen zu sehen und zu kaufen gibt, dann brauchen wir nicht an *Dukkha* zu denken. Die Vielfalt in der Natur ist so groß, daß wir nie alles haben, wissen, anschauen oder überall gewesen sein können. Es ist unmöglich, auf diese Weise zu einem Ziel zu kommen. Es ist zuviel *Papañca* auf der Welt.

Wenn wir nicht einmal freiwillig unserem Wollen ein Ende machen, werden wir nie ganz zufrieden sein, weil es immer etwas Neues gibt. Wir brauchen nur einmal an Fotoapparate zu denken: Kaum haben wir einen gekauft, gibt es schon wieder ein neues Modell, und das ist nur *ein* Artikel unter Tausenden. Wie viele Menschen gibt es, die wir alle noch nicht kennen oder unser eigen genannt haben? Wir haben die Wahl, diesem Vorgang absichtlich ein Ende zu setzen, indem wir erkennen, daß es unmöglich ist, all das zu haben, was wir wollen, oder niemals das zu bekommen, was wir nicht wollen, und indem wir das als ein Naturgesetz ansehen und akzeptieren. Dann kommt das tiefstinnere Verstehen, daß *Dukkha* ein Teil unseres Lebens ist, daß es einfach ohne das nicht geht.

Körperlich ist uns das vielleicht klar, gerade wenn wir intensiv meditieren wollen und der Körper nicht immer gleich so mitmacht, wie wir gerade möchten. Selbst wenn er sonst alles getan hat, was wir von ihm verlangen, jetzt hat er auf einmal Schwierigkeiten, weil wir etwas von ihm fordern, was er nicht gewöhnt ist, nämlich das Stillsitzen. Daß der Körper immer wieder mit *Dukkha* behaftet ist, muß uns auch einmal zu einem akzeptierten Naturgesetz werden und sollte nicht immer wieder ein Ärgernis sein oder zur Selbstbeschuldigung führen: «Ich muß wohl falsch gedacht haben.» Selbstverständlich hat der Geist Einfluß auf den Körper, aber der Körper ist auch ein Ding an sich und hat schon darum Schwierigkeiten, weil er sich ständig verändert. Er bleibt nie so, wie er ist. Er muß, um überhaupt am Leben zu bleiben, ständig gefüttert werden, muß verdauen und ausscheiden. Schon bei diesen einfachen Handlungen sind Unfälle möglich. Er muß ständig warm oder kühl genug gehalten werden. Auch da ist es leicht möglich, daß ihm etwas passiert. Er braucht Ruhe und Bewegung und vielerlei Fürsorge, ohne die er gar nicht oder nur schlecht weiterfunktioniert. Er ist ständig im Verfall begriffen, und etwas, was immer in Ordnung gehalten werden muß, kann nie ganz zufriedenstellend sein.

Der ständige Verfall des Körpers ist eine Selbstverständlichkeit. Jeder weiß darum, aber viele möchten es gern vergessen. Bis zu einem gewissen Alter haben wir sogar die Möglichkeit, es zu vergessen, aber später nicht mehr. Der Körper altert, und wir merken es. Selbst in jungen Jahren – wenn wir genauer hinschauen – können wir sehr wohl sehen, daß vielleicht die Zähne nicht mehr so erstklassig sind, wie sie einmal waren, daß sich die Haare verändert haben und auch die Haut. Das, was verfällt, kann nie ohne *Dukkha* sein. Wir können zum Beispiel das *Dukkha* des Körpers ganz deutlich beim schlafenden Menschen erkennen. Obwohl nur die unterbewußte Komponente des Geistes aktiv ist und der Körper sich ausruht, kann er trotzdem nicht ruhig liegenbleiben, sondern muß ständig seine Position ändern. Wieso? Weil ihn nach einer Weile irgend etwas schmerzt und der Geist es auch in diesem Zustand zustande bringt, den Körper hin und her zu bewegen. Jeden Morgen können wir feststellen, daß wir nicht in derselben Position aufgewacht sind, in der wir eingeschlafen sind – nicht, weil es uns Spaß gemacht hat, uns hin und her zu werfen, sondern weil inzwischen *Dukkha* eingetreten ist. Wenn wir das einmal als gegeben sehen, gibt es wohl gar keine Zweifel mehr daran, daß Existenz *Dukkha* ist.

Unser Körper bedeutet für uns, daß wir existieren. Ohne unseren Körper wären wir nicht hier. Auf der menschlichen Ebene, auf der wir uns befinden, und die die einzige ist, über die wir uns intelligent unterhalten können, ist dieser Körper eine Notwendigkeit. Wenn wir erkannt haben, daß unser Körper ohne jegliches Zutun unserseits immer wieder Unannehmlichkeiten bereitet, kann uns *Dukkha* als ein Bestandteil unseres Lebens vielleicht etwas klarer werden. Selbstverständlich bedeutet das nicht, daß wir unserem Körper nicht Medizin zukommen lassen, wenn er krank ist. Natürlich soll ihm geholfen werden soviel wie möglich. Aber allein, daß er Hilfe braucht, bedeutet, daß irgend etwas nicht ganz in Ordnung ist.

Wir bestehen nicht nur aus dem Körper, sondern auch aus Geist. Wir wissen, daß diese beiden Aspekte existieren, da braucht man nichts zu überlegen oder sich einzureden. Mit dem Geist können wir denken und fühlen. Wenn wir einmal betrachten, wie unsere Gedanken und Gefühle auf uns einwirken, so können wir, wenn wir ehrlich zu uns sind, auch erkennen, daß wir durch beides viel *Dukkha* erleben. Wenn wir erkannt haben, daß dies so ist, dann suchen wir einen Weg hinaus. Das ist der Anfangspunkt des spirituellen Lebens. Wir suchen dann nicht mehr die Flucht woandershin, nicht mehr das Beschuldigen anderer Menschen, Situationen, Ereignisse, der Eltern oder der Regierung. Wir wollen uns nicht mehr ablenken, sondern den Weg des spirituellen Wachstums zur Emanzipation des Geistes gehen, wobei wir *Dukkha* voll ins Gesicht schauen und es als Partner akzeptieren.

Dukkha veranlaßte den Buddha, den Pfad der Erleuchtung zu suchen. Da er die Vorbedingungen dafür bereits erfüllt hatte, war er in der Lage, die Antwort zu finden. Die Antwort ist für uns auch vorhanden. Aber sie zu finden bedeutet, daß wir völlig andere Gepflogenheiten und Ansichten annehmen müssen. Unsere festgefahrenen Meinungen helfen uns nicht, aus dem *Dukkha* herauszukommen. Denn diese sind darauf gerichtet, es uns selbst angenehm zu machen. Dabei erleben wir immer wieder Enttäuschungen – so etwas kann nie ständig glattgehen. Unsere Ansichten und Gepflogenheiten sind Hindernisse, nicht weil sie schlecht sind, sondern weil sie unseren Geist mit etwas anfüllen, was spirituell unbrauchbar ist. Sie sind vielleicht kommerziell nützlich, aber das Kommerzielle können wir nicht mit dem Spirituellen vermengen. Wenn wir das Alte in uns nicht ablegen, haben wir nicht die nötige Offenheit, das Neue in uns aufzunehmen, das so anders aussieht und so verschieden von all dem ist, was wir bis jetzt als wichtig angesehen haben, daß beides zusammen überhaupt nicht existieren kann. Je deutlicher wir unsere fest verankerten Ansichten erkennen und je besser wir sie loslassen können, desto leichter wird es uns fallen, uns das Neue, Spirituelle, Erlösende zu eigen zu machen.

Wenn wir den Pfad des spirituellen Lebens verfolgen wollen, müssen wir in Hinsicht auf unsere Standpunkte und unsere Weltanschauung fast eine 180-Grad-Wendung vollziehen. Wie schnell wir das können, hängt davon ab, wie genau wir *Dukkha* durchschaut haben. Der Weg des spirituell Suchenden geht gegen den Strom. Das ist natürlich viel schwieriger, als mit dem Strom zu schwimmen. Man muß sich viel mehr anstrengen, um vorwärts zu kommen. Stromabwärts schwimmen, das heißt mit der Masse und der Strömung, ist viel leichter. Das führt aber nirgendwo anders hin als in den Sumpf der Flußmündung, in dem alle landen. Jene, die stromabwärts schwimmen, rufen einem auch noch zu: «Du gehst ja in die falsche Richtung, was machst du denn?» Aber der Weg des spirituellen Lebens besteht darin, stromaufwärts zu streben, zur Quelle der tiefsten Wahrheit, gegen den Strom der Allgemeinheit und der eigenen Instinkte und Impulse anzugehen. Bei diesem Entgegenarbeiten und Aufwärtsschwimmen bewegen wir uns natürlich mühsamer und langsamer fort, als wenn wir uns mit der Strömung treiben lassen. Aber wenn wir einmal erkannt haben, daß wir den richtigen Weg eingeschlagen haben, wird innere Freude unser Begleiter und Helfer. Am Ende kommen wir zum Ursprung unseres Seins, zur Quelle der Reinheit.

Den spirituellen Pfad gehen ist eine Selbsterziehung. Wir leben in der ständigen Bemühung, Gedanken und Reaktionen nicht mehr so gehen zu lassen wie bisher, und wir erkennen nicht nur unser eigenes *Dukkha*, sondern auch das *Dukkha* um uns herum. Wenn wir das eigene Leid erkannt haben, wissen wir, daß es kein Lebewesen ohne *Dukkha* gibt. Ob andere das zugeben oder nicht, ist nicht wichtig; ob sie lieber den Fernseher anstellen, ist auch egal. Keiner, der nicht erleuchtet ist, ist vollkommen erfüllt. Dieses Erkennen der Universalität des *Dukkha* macht es möglich, wirkliches Mitgefühl zu entwickeln.

Mit dem Mitgefühl kommt auch häufig der Wunsch, anderen zu helfen. Dadurch wird das eigene *Dukkha* erheblich reduziert. Nicht weil wir es nicht mehr haben, sondern weil unser Bewußtsein dann auf andere gerichtet wird. Erst wenn wir das eigene *Dukkha* durchschaut haben als etwas, das existentiell vorhanden ist und nur spirituell eliminiert werden kann, wissen wir, daß jeder es hat. Die meisten Menschen leiden gerade deshalb, weil sie *Dukkha* noch nicht akzeptiert haben. Wenn wir nicht mehr versuchen, auf irgendeine der erwähnten Weisen das *Dukkha* wegzuschieben, sondern es akzeptieren und es so lassen, wie es ist, dann besteht kein Grund mehr, zu leiden. Dann ist *Dukkha* ein universelles Merkmal der Existenz, keine individuelle Schlappe.

Da *Dukkha* also universell ist, brauchen wir uns gar keinen Hoffnungen oder Wünschen hinzugeben, es nächste Woche, nächstes Jahr oder im nächsten Leben besser zu machen; es ist einfach so, wie es ist, aber es gibt einen Weg hinaus. Dies hilft uns in unseren zwischenmenschlichen Beziehungen, denn wenn jemand unfreundlich oder aggressiv ist oder sich irgendwie unangenehm zeigt, dann wissen wir von vornherein, daß derjenige eben gerade etwas größeres *Dukkha* hat, und wir brauchen uns nicht zu ärgern.

Im Gegenteil, wir brauchen nur Mitgefühl zu entwickeln. In den zwischenmenschlichen Beziehungen ist überhaupt Mitgefühl die beste Haltung. Wenn sich dies in liebende Güte dem anderen gegenüber verwandelt, in ein Gefühl der Wärme, so ist das noch wirksamer. Die fundamentale Emotion von Mitgefühl, vor allem in schwierigen Situationen – wenn wir uns vielleicht angegriffen fühlen, wie es ja jedem passiert –, sorgt dafür, daß der innere Friede nicht beeinträchtigt wird. Das Erkennen dieser Möglichkeiten erweckt oft den Wunsch, anderen Menschen aus ihrem *Dukkha* herauszuhelfen. Das können wir aber erst erfolgreich tun, wenn wir einen Anfang gemacht haben, uns aus unserem eigenen *Dukkha* herauszuhelfen.

Anderen Menschen helfen macht gutes *Karma*, so daß dies wiederum auch uns hilft, denn im Prinzip können wir ja nur an unserem eigenen spirituellen Wachstum arbeiten. Die Persönlichkeitsbeziehung, die wir zu uns selbst haben und die der Grund für *Dukkha* ist, ist in dem Moment aufgehoben, wo wir uns um andere kümmern. Wir gewinnen also zwei große Vorteile aus dem Erkennen unseres eigenen *Dukkha* und dem daraus resultierenfen Mitgefühl. Wenn uns das klar ist, so hält uns nichts mehr davon zurück, uns auf den spirituellen Pfad zu begeben.

Solch ein Anfangen braucht ein Erkennen, daß es etwas anderes geben muß als das, was wir bis jetzt getan haben, und daß es etwas sein muß, was uns aus dem Weltlichen herausheben kann. Dann beginnt die Suche, die oft erschwert ist durch die Fülle der Angebote, die alle das Heil versprechen. Der Buddha hat gesagt, daß ein wahrer spiritueller Pfad auf jeden Fall erst einmal Tugendregeln beinhalten muß. Außerdem soll man nur etwas glauben, wenn man es selbst untersucht und für wahr und richtig befunden hat. Man soll einen Pfad nicht verfolgen, weil er angenehm erscheint oder etwas enthält, was man gerne haben möchte, sondern nur, wenn man wirklich erkannt hat: «Dies ist die Wahrheit, dies ist praktizierbar, dies kann ich benutzen.» Dann aber soll man sich diesem Pfad vollkommen mit Herz und Geist hingeben, *Dukkha* als Arbeitskollegen akzeptieren, als Lehrer verehren und gut zuhören, was es uns erklären will.

Fragen und Antworten

F: Können wir auch über den Weg des Denkens und der Logik statt durch meditative Erfahrung dem *Karma*- und Wiedergeburtsgesetz nahekommen?

A: Diese beiden, Ursache und Wirkung, sind nicht unbedingt identisch, wenn auch verbunden. Karma-Gesetz bedeutet: «So wie du säst, wirst du ernten.» Und das können wir jeden Tag durch eigene Erfahrungen nachprüfen. Das hat nichts mit Wiedergeburt nach dem Tod zu tun. Es hängt auch mit einer neuen Wiedergeburt zusammen, aber erst einmal ist das Karma-Gesetz nichts weiter, als daß die Ursachen, die wir in die Welt setzen, als Wirkungen auf uns zurückkommen.

F: Genau das mache ich denkend. Das heißt, ich schaue mir das an, was ich so tue, was für Wirkung das hat, und denke darüber nach. Und über das Denken erschließt sich mir die Erkenntnis, daß es so etwas wie ein Karma-Gesetz geben muß. Und das finde ich doch ganz interessant. Ich sehe, daß das über das Denken geht und daß ich dazu gar nicht die Meditation brauche.

A: Ich glaube, dieses Denken würdest du besser Vernunft nennen, und ohne diese geht es nicht. Wenn du zum Beispiel jemanden sehr liebevoll behandelst, so wirst du vielleicht erfahren, daß dieser Mensch dich auch liebevoll behandelt. Oder wenn du jemanden von hinten absichtlich trittst, daß er sich umdreht und dich auch tritt. Das kann man jederzeit erleben. Bloßes Denken ist spekulativ, aber auf Erfahrung beruhendes Denken ist vernünftige Einsicht.

Deine andere Frage betrifft das Wiedergeburtsgesetz. Das Karma-Gesetz können wir oft selbst nachprüfen und die Zusammenhänge erkennen, aber bei der Wiedergeburtsfrage ist es von Nutzen, diese von einem Tag zum andern zu erleben. Der Schlaf zwischen zwei aufeinanderfolgenden Tagen ist wie ein kleiner Tod, und wir können bemerken, daß wir in den nächsten Tag das mitbringen, was wir am vorigen Tag in die Wege geleitet haben. Sicherlich mußt du darüber nachdenken, sonst kannst du es ja nicht erkennen. Erkennen bedeutet darüber nachdenken, aber es ist ein *erkanntes Erleben*. Dadurch stehen wir dem Wiedergeburtsgesetz etwas praktischer gegenüber, als wenn wir wissen wollen, wer wir früher waren, was jetzt auch gar nicht wichtig ist.

F: Ich habe eine Frage im Zusammenhang mit den Naturgesetzen. Der Fortpflanzungstrieb in der Natur, bei Mensch und Tier, ist doch eigentlich auch ein Naturgesetz. Ich kann das nicht einordnen in das, was du als Naturgesetz bezeichnet hast.

A: Ich hatte dieses Naturgesetz gar nicht erwähnt. Es basiert auf unserer natürlichen Begierde, die uns zur Wiedergeburt bringt.

F: Aber wie verhält sich das dann zu der Gegenüberstellung, daß wir einerseits die Naturgesetze nicht beachten und dadurch Umweltverschmutzung außerhalb von uns und in uns haben, und daß dieses Naturgesetz anderseits ja auch existiert?

A: Dieses Naturgesetz beachten wir sehr deutlich. Mit Begierde haben wir eine Menge zu tun. Aber was uns darüber hinaus nicht klar ist, ist, daß die Begierde, die uns immer wieder herbringt, ja am Ende nur ein ewiger Kreislauf ist und nirgends hinführt.

F: Ist denn dieses Naturgesetz etwas Störendes oder Negatives?

A: Ein Naturgesetz ist nichts Negatives. Die Begierde, die uns immer wieder herbringt, ist das weltliche Gesetz. Wenn wir spirituell leben und einen überweltlichen Pfad finden wollen, müssen wir uns darüber klar sein, daß wir das Weltliche transzendieren wollen. Es ist weder negativ noch positiv. Es *ist*.

F: Könnte man sagen, daß wir die Naturgesetze überwinden und von ihnen frei werden können?

A: Ja, am Ende transzendieren wir sie. Wir können die Naturgesetze, denen wir untertan sind, überwinden und die Unbeständigkeit, Leidhaftigkeit und Substanzlosigkeit erleben. Aber nicht «Ich» kann sie erleben.

F: Es geht also nicht darum, sie zu akzeptieren, sondern zu erkennen?

A: Was man nicht erkannt hat, kann man nicht überwinden. Man kann nur das loslassen, was klar auf der Hand liegt. Das ist auch etwas, was oft zu Fragen führt. Um zu erkennen, daß das «Ich» eine Illusion ist, muß das «Ich» erst ganz deutlich Farbe bekannt haben, wo es sich eingeschlichen hat, wo es scheinbar existiert. Darum hat der Buddha immer wieder empfohlen, die *fünf Anhaftungsgruppen*, die wir als «Ich» bezeichnen, zu untersuchen. Das ist eine sehr wichtige und hilfreiche Kontemplation, in Körper, Gefühlen, Wahrnehmungen, Gedanken und Sinneskontakten festzustellen, wo das «Ich» und «Mein» in ihnen enthalten ist. Man muß «Ich» fest in der Hand haben, um es einmal loslassen zu können; darum hat der Buddha die Analyse empfohlen. Erkennen ist die erste Bedingung für Überwinden.

F: Wenn wir die Naturgesetze überwinden wollen, müßte das doch auch heißen, damit aufzuhören, Kinder in die Welt zu setzen?

A: Jemand, der erleuchtet ist, würde keine Kinder in die Welt setzen. Er hätte nicht mehr die Begierde, den Sexualakt zu vollziehen, und damit würde das Kinderkriegen wohl wegfallen. Aber da sehr wenige Menschen erleuchtet sind, gibt es sehr viele Kinder.

F: Ist es tugendhafter, Nonne zu werden?

A: Es könnte sein.
F: Nennst du ein Kind bewußt in die Welt setzen auch Begierde?
A: Wie sollte man es sonst nennen?
F: Kann man sagen, jedes beabsichtigte Tun hat Begierde in irgendeiner Schattierung?
A: Solange wir mit der Ich-Illusion behaftet sind, ist es so. Auch der Erleuchtete wirkt beabsichtigtes Tun; so beabsichtigte zum Beispiel der Buddha, den Menschen die Lehre zu vermitteln. Aber er machte kein *Karma* damit, weil er kein «Ich» mehr empfand. Es gibt auch die höchste aller Begierden, nämlich die Begierde, alle Begierden loszuwerden. Auch das ist noch Begierde, aber für diejenigen, die nicht erleuchtet sind, haben wir hier die Ausrichtungsmöglichkeit. Wir können uns auch erinnern, daß wir von zwei Gleisen sprechen. Auf dem einen Gleis sind die Menschen, die sich im *Samsāra* hin und her bewegen, in der Wechselbewegung von Geburt und Tod, die mit *Dukkha* vereint sind und dies und jenes wollen, um eventuell etwas weniger *Dukkha* zu haben. Dann ist da das andere Gleis, das uns aus dieser ganzen weltlichen Sphäre herausführen kann. Das heißt nicht, daß uns dann Flügel wachsen und wir wegfliegen. Es bedeutet, daß sich der Geist in andere Bewußtseinssphären begeben hat.
F: Und das nennt man *Nibbāna*? Die andere Sphäre? Wie heißt die?
A: Nein. *Nibbāna* ist das letztendliche Erlöschen von allen Begierden. Andere Bewußtseinssphären erleben wir auf dem Weg dorthin.
F: Mir ist das mit dem «die Begierde loswerden wollen» noch nicht ganz klar. Wenn ich danach strebe, den Weg der Erlösung zu gehen, ist das auch eine Begierde?
A: Der spirituelle Pfad, den man geht, wenn man *Dukkha* erkannt hat, ist doch der Wunsch, aus dem *Dukkha* herauszukommen. Jeder Wunsch ist eine Begierde. Also bleiben wir vielleicht bei dem Wort «Wunsch». Vielleicht ist das einfa-

cher. Das heißt also, daß wir auch erkennen, daß *Dukkha* immer wieder nur existiert, weil wir Wünsche haben. Der spirituelle Pfad ist begleitet von dem Wunsch, zum Ende von *Dukkha* zu kommen, zum Ende von allem Wünschen. Aber erst mal muß der Wunsch entstehen, den Pfad zu beschreiten.

F: Könnte man nicht einfach ein Naturgesetz auch so akzeptieren, wie es ist, und gar nicht erst versuchen, darüber hinwegzukommen, es zu verändern, sondern damit zu leben?

A: Das versuchen wir ja alle. Die ganze Menschheit ist ja damit beschäftigt, mit ihrer Begierde zu leben und das *Dukkha* möglichst klein zu halten, sehr oft auf Kosten anderer.

F: Kann man nicht auch versuchen, ohne das Wollen und das Nichtwollen auszukommen?

A: Wie macht man das, wenn man noch nicht erleuchtet ist? Ohne Wollen und Nichtwollen auszukommen ist dem Erleuchteten vorbehalten, der kein «Ich» mehr besitzt. Das heißt, wenn die Illusion des «Ich» verschwunden ist, gibt es kein Wollen und Nichtwollen, sondern nur die Handlung zum Wohle anderer.

Der Mensch hat die Eigenart, ewig zu hoffen. Das ist auch gut so, wenn sich die Hoffnung in die richtige Richtung bewegt. Das ewige Hoffen, daß man es besser machen und das Leben angenehmer gestalten kann, ist die gewöhnliche Art und Weise des Hoffens. Aber die Hoffnung auf den spirituellen Pfad ist eine Zuversicht in die richtige Richtung. Die Hoffnung bringt uns dazu, uns immer wieder auf das Meditationskissen zu setzen, um Ruhe und Einsicht zu erlangen und zu verstärken. So soll es auch sein.

2. VERTRAUEN
(Zweiter Schritt)

Wenn wir erkannt haben, daß wahres, bleibendes Glück auf der weltlichen Ebene nicht zu finden ist, und deshalb nach einem spirituellen Pfad suchen, so brauchen wir gutes *Karma*, um einer wahren Lehre nahezukommen. Sind wir ihr einmal begegnet, dann ist es nötig, daß wir dank unserer Vernunft verstehen können, was den Weg dieser spirituellen Praxis ausmacht, so daß wir nicht einfach etwas glauben müssen. Wenn wir unvoreingenommen zuhören und dann selbständig verstehen können, erwacht in uns ein wichtiger Bestandteil jeder spirituellen Praxis: das Vertrauen, das eine Herzenssache ist. Erst haben wir *Dukkha* empfunden, dann haben wir es auch verstanden. Nun hören wir eine Lehre, die wir wirklich in uns aufnehmen können, bei der wir nicht nur glauben müssen, hoffen dürfen oder auf die Zukunft vertröstet werden, die nichts Fremdartiges von uns verlangt, das wir nicht verstehen – mit dem Versprechen, daß es wirksam sei –, sondern die uns wirklich intellektuell befriedigt.

Haben wir eine solche Lehre gefunden, dann steigt die Herzensqualität des Vertrauens auf, die sehr notwendig ist, denn Vertrauen bedeutet, daß man sich hingeben kann. Hingeben kann man sich nur einer Sache, die man liebt; wo keine Liebe ist, ist Hingabe nicht möglich. Wenn also der spirituelle Pfad erst einmal verstanden ist, dann braucht es auch Liebe, um unsere Verbindung zu vervollständigen, andernfalls fehlt die innere Festigkeit. Wir bestehen aus Herz und Geist, das heißt Gefühl und Verstand, und beides muß zusammenarbeiten. Wenn nur der Verstand arbeitet, können wir ihm wohl vernunftgemäß folgen, können uns aber nicht hingeben. Wenn nur Liebe in uns erwacht ist, können wir uns wohl einem Ideal hingeben, aber ohne die Richtlinien und Hintergründe zu verstehen, werden wir wohl keine nennenswerten Resultate erzielen. Dies ist die Schwierigkeit, der wir oft gegenüberstehen, wenn wir von einem spirituellen Pfad zum erstenmal hören – nämlich daß es nötig ist, sich mit dem Verstand und mit dem Herzen voll hineinzubegeben.

Können wir uns in einer menschlichen Beziehung nur verstandesmäßig auseinandersetzen, werden wir keine sehr enge Beziehung haben, denn die Liebe fehlt. Wenn wir in einer solchen menschlichen Beziehung zwar lieben, aber einander überhaupt nicht verstehen, so werden wir wohl massive Schwierigkeiten haben. Wenn Verstehen und Liebe zusammenkommen, dann ist die Möglichkeit einer guten Partnerschaft gegeben.

Der spirituelle Pfad, den wir beschreiten, ist eine viel engere Beziehung für uns, als jegliche menschliche Beziehung es sein könnte, denn er trifft unser Innenleben, und eines Tages werden wir selbst der Pfad sein. Damit diese enge Zusammenarbeit wirklich erfolgreich sein kann, müssen also Herz und Geist (Vernunft und Liebe) zusammenkommen. Das kann dadurch geschehen – und so ist es zu Zeiten des Buddha verstanden worden –, daß die Vernunft die Lehre akzeptiert, auch wenn wir sie selbst noch nicht nachvollziehen können; wir können ihr aber beistimmen. Dieses Beistimmen ist notwendig, denn sonst können wir uns nicht hingeben und werden immer einen Teil von uns selbst zurückhalten. Hingabe und Liebe sind sicherlich die wertvollsten Beweggründe. Ohne sie kann ein spiritueller Pfad nicht funktionieren.

Uns selbst zurücknehmen wird oft als *skeptischer Zweifel* bezeichnet, der eines unserer *fünf Hindernisse* ist. Das ist nicht das gleiche wie Nachprüfen; skeptischer Zweifel versucht vielmehr Gegenargumente zu finden. Nachprüfen versucht, in dem Gehörten die Wahrheit zu finden. Das heißt also: Der skeptische Zweifel versucht das Negative zu finden; derjenige, der prüft, versucht das Positive zu finden. Deswegen ist derjenige, der mit skeptischem Zweifel behaftet ist, sehr häufig für den spirituellen Pfad blockiert, denn er ist ja nicht auf der Suche nach dem, was wahr und hilfreich sein kann, sondern eher nach dem, was eventuell nicht stimmen könnte. Da unser Geist sehr erfinderisch ist, und das können wir besonders bei der Meditation bemerken, können wir an der besten und wahrhaftigsten Lehre immer noch etwas bezweifeln, denn wir können es erfinden. Wir glauben dann, daß diese Erfindung stimmt, denn wir haben ja die Angewohnheit, unseren Gedanken zu glauben.

Wenn wir also auf der Suche nach dem Negativen sind, ist es schwer, wahrscheinlich unmöglich, sich irgend etwas hinzugeben; das gilt nicht nur für einen spirituellen Pfad, der ein Ideal verkörpert. Sich nicht hingeben können bedeutet mangelnde Liebe; Hingabe ist gleichbedeutend mit sich selbst verschenken, sich aufgeben. Oftmals haben wir Angst, uns dem Falschen hinzugeben und enttäuscht zu werden. Im Fall einer spirituellen Lehre, die als die Grundlage von Wahrheit erkannt ist, die man also vernunftmäßig bestätigen kann, sollte diese Hingabe möglich sein.

Wem es nicht schwerfällt, zu lieben, dem fällt es auch nicht so schwer, Vertrauen zu fassen. Vertrauen ist nicht blinder Glaube, sondern geht nur so weit, daß man gewillt ist, alles auszuprobieren und die Wahrheit selbst zu prüfen. Vertrauen kommt auf, wenn wir ein Ideal gefunden haben, dem wir nachstreben können, weil es höher und größer als die menschliche Ebene ist, als das, was wir uns erdenken und nur rein logisch erkennen können. Es eröffnet uns die Hoffnung und gibt ein Versprechen, daß wir die menschliche Ebene transzendieren können. Das ist das Ideal der Spiritualität, und so etwas in der heutigen Zeit zu finden, ist schwierig genug. Wir haben oft Scheinideale, die für einige Menschen Vorbild sind, so wie Filmstars, Rock-and-Roll-Stars, Sportler oder Wissenschaftler, die eine gewisse Ausstrahlung haben. Alle diese Ideale sind im schlechtesten Fall Trugbilder, im besten Fall sind sie abhängig von einem anderen Menschen. Das Ideal einer spirituellen Lehre bedeutet, daß wir diese in uns selbst verinnerlichen können, daß sie so in uns Fuß faßt, daß wir sie dann selbst sind.

Der Buddha hat gesagt: «Wer mich sieht, sieht *Dhamma*, wer *Dhamma* sieht, sieht mich.» Es ist klar, daß wir heute den leibhaften Buddha nicht sehen können, denn er ist vor zweieinhalbtausend Jahren gestorben. Aber das Wichtige ist der *Dhamma*, seine Lehre. Wenn wir die Lehre in uns selbst sehen, sehen wir den Buddha, denn «Buddha» bedeutet nichts anderes als «Erleuchtung». Es bezieht sich nicht auf den Menschen, auf einen Persönlichkeitskult, sondern auf vollkommene Reinheit und Weisheit. Den *Dhamma* in sich selbst verwirklichen zu können, dazu gehört Arbeit, aber wir sind ans Arbeiten gewöhnt. Nur, im allgemeinen ist unsere Arbeit auf weltliche Ziele gerichtet, hier gilt sie überweltlichen Zwekken. Ein solches Ziel könnte genauso verlockend sein wie das weltliche – oder noch verlockender.

Die Arbeit, die uns bevorsteht, ist erst einmal, die Lehre zu hören oder zu lesen, sie irgendwie einmal in uns aufzunehmen, und zweitens, uns daran zu erinnern. Obwohl sich das selbstverständlich und einfach anhört, ist da doch eine große Schwierigkeit, denn wir sind vergeßlich. Das Vergessen der Lehre ist gerade das, was uns immer wieder auf die weltliche Ebene zurücktreibt. Ein Hilfsmittel, das in Klöstern viel benutzt wird, ist Auswendiglernen, dann ist es jederzeit abrufbar. Wenn man sich erst einmal erinnert hat und sich die wesentlichen Dinge, die das Leben verändern können, gemerkt hat, dann heißt es, diese Dinge auch im täglichen Leben zu praktizieren. Denn das tägliche Leben ist ja unser Werdegang. Ein Meditationskurs ist nur eine ganz besondere Zeit, die aus dem Alltag herausgenommen wurde. Wenn wir an einem Kurs teilnehmen und dann, sobald wir nach Hause kommen, alles wieder vergessen, haben wir uns selbst nicht in die richtigen Bahnen gelenkt. Die Praxis findet im Alltag statt, und der Alltag ist tagtäglich, von morgens bis abends. Wenn wir das praktizieren, was wir von der Lehre gehört und wozu wir Vertrauen gefaßt haben, woran wir uns erinnern können und uns selbst dabei beobachten, erscheint es uns als unser eigener *Dhamma*. Obwohl er natürlich auf den Worten des Buddha beruht, ist er dennoch unser eigen, wenn wir ihn selbst verwirklicht haben.

Die Lehre ist dadurch unser eigen geworden, daß wir sie in uns verspürt haben. Das bedeutet *erkanntes Erleben*. Wenn wir also zuerst Vertrauen fassen, dann die Lehre erlernen und uns erinnern und dann praktizieren, werden wir eines Tages nicht nur um den *Dhamma* wissen, sondern der *Dhamma* sein, so daß der spirituelle Pfad für uns Wahrheit geworden ist. Das Vertrauen, der zweite Schritt in der Überweltlichen Kette Bedingten Entstehens, ist unersetzlich. Ohne Vertrauen fehlt die Kraft der Überzeugung, und man wird nach etwas Einfacherem, weniger Zeitraubendem, für andere Annehmbarerem, weniger Fremdartigem suchen. Ohne Vertrauen haben wir kein vollständiges spirituelles Leben, in dem wir völlig aufgehen können. Das spirituelle Leben bleibt dann eine Art Hobby, das uns nur nebenbei beschäftigt. Dann ist nach wie vor das weltliche Leben die Hauptsache, und *Dukkha* bleibt ein Ärgernis. Solange unser weltliches Leben uns wichtiger erscheint als das spirituelle, so lange glauben wir immer noch, alles hier auf der Welt in Ordnung bringen zu können.

Wenn das spirituelle Leben unser Hauptanliegen ist, bedeutet das nicht, daß wir uns deswegen von unserer Wohnung, Familie und Arbeit entfernen müssen. Im Gegenteil, es bedeutet, all diese Dinge im Lichte des *Dhamma* erkennen zu können, als vergänglich, leidenthaltend (nicht-zufriedenstellend) und substanzlos. Diese drei Merkmale sind allem zu eigen, sei es Geschäft, Familie, Häuser, Geld, Eigentum oder Wissen. Wenn wir diese Einsicht immer in uns beherbergen, hat das weltliche Leben nicht mehr einen so starken Einfluß auf uns, obwohl wir vollkommen drinstehen können und unseren Pflichten so nachkommen, wie wir es immer getan haben. Äußerlich braucht sich nichts zu ändern; die innerlichen Reaktionen sind ganz anders, denn wir erkennen klar, daß die weltliche Ebene nicht die Wichtigkeit hat, die wir ihr bisher beigemessen haben und uns daher nicht so stark berühren kann, wie es bis jetzt der Fall gewesen ist.

Wenn sich Vertrauen in uns bildet, bedeutet dies auch, daß andere uns nicht mehr so leicht negativ beeinflussen können. Wenn das Vertrauen vollständig ist, kann nichts an unserer Praxis etwas ändern. Vertrauen läßt sich nicht erzwingen. Entweder es kommt als ein Gefühl der Liebe, Zuneigung, Hingabe an ein Ideal, an das innere Wachstum, oder aber es ist noch nicht die rechte Zeit dazu. Vertrauen ist eine der *fünf spirituellen Fähigkeiten*, die zu den *fünf spirituellen Kräften* werden, wenn wir sie vervollkommnen. Das bedeutet: Wir alle haben die Fähigkeit des Vertrauens, der Hingabe, der Liebe in uns und können sie kultivieren und ausarbeiten, so daß sie unsere spirituellen Kräfte werden. Starke innere Kraft kann uns zum Erlebnis der Erlösung führen, denn innere Überzeugung hat eine tragende Qualität. Das Vertrauen, von dem der Buddha spricht, soll immer mit Weisheit gepaart sein, denn sie gehören zusammen, so wie Herz und Geist in uns nicht trennbar sind. Wir alle haben auch die spirituelle Fähigkeit der Weisheit in uns, die eine innere Kraft wird und damit ein Faktor der Erleuchtung, wenn sie genügend kultiviert wird. Alle diese Eigenschaften ruhen in uns, und wir sollten erkennen, wie wichtig und wertvoll sie sind, so daß wir uns bemühen, sie auszubilden und zur Vervollkommnung zu bringen.

Es gibt Menschen, die mehr Haß in sich tragen, und solche, die mehr Gier haben; alle nicht erleuchteten Menschen sind von beidem heimgesucht. Denjenigen, die viel Haß in sich haben, fällt es leichter, den spirituellen Pfad zu gehen, während diejenigen mit mehr Gier leichter Vertrauen fassen. Der Grund, warum diejenigen, die viel Haß in sich haben, sich leichter dem spirituellen Leben verschreiben, liegt darin, daß ihr Innenleben so unangenehm ist, daß sie beinahe gezwungen sind, etwas zu unternehmen. Außerdem fühlen sich andere abgestoßen von Menschen, die Haß, Ärger, Zynismus oder Ironie ausstrahlen. Dagegen bekommen Menschen mit viel Gier, wenn sie gutes *Karma* haben, eine Menge angenehmer Sinneskontakte und denken daher in ihrer Verblendung: «Es ist doch ganz schön hier auf der Welt. Was soll mir die ganze Arbeit mit dem *Dukkha*?» Daher haben sie es zwar viel besser auf der Welt, aber sie haben einen viel längeren Weg auf der spirituellen Ebene. Vertrauen fällt ihnen jedoch leichter, weil sie es auch einfacher finden, zu lieben, denn dem Haßbezogenen fallen Lieben und vertrauensvolle Hingabe natürlich sehr schwer. Man kann auf beiden Seiten Vor- und Nachteile erkennen, und da wir alle aus beidem bestehen, haben wir auch alle Vor- und Nachteile, nur in verschiedenenen Proportionen.

Wenn es uns schwerfällt zu lieben, wird es uns auch schwerfallen, Vertrauen zu fassen. Denn dieses ist unter anderem darauf gebaut, daß wir uns nicht gefährdet fühlen. Wenn wir uns von anderen leicht angegriffen fühlen und Angst haben, wir könnten uns hingeben und dann nicht anerkannt werden, so wird es uns schwerfallen, Vertrauen zu fassen. In Hinsicht auf den spirituellen Pfad sind all diese Ängste vollkommen unnötig. Es handelt sich doch nur darum, sich dem eigenen Innenleben hinzugeben und zu erkennen, daß es in Wirklichkeit nach nichts anderem strebt und nach nichts anderem Sehnsucht hat als nach innerem Frieden, innerem Glück, innerer Harmonie sowie vollkommener Liebe, in der es aufgehen kann. Wenn man akzeptiert hat, daß dies der tiefe innere Wunsch ist, so ist es leichter, Vertrauen in das höchste Ideal zu fassen. Wir brauchen die innere Kraft der Überzeugung, des Unbeirrtseins, um den Weg der spirituellen Befreiung und Emanzipation verstehen und beschreiten zu können.

Frage und Antwort

F: Was ist das Wichtigste, was man sich unbedingt merken sollte?

A: Das Wichtigste von dem, worüber ich bis jetzt gesprochen

habe, ist, daß die Läuterung der Emotionen, die eine tägliche Praxis ist, die Klarheit des Denkens bringt. Wenn wir unsere Achtsamkeit auf unsere Emotionen und den Inhalt unserer Gedanken lenken, das Unheilsame stets durch das Heilsame ersetzen und das nie vergessen, dann ist unser inneres Wachstum garantiert.

3. FREUDE ÜBER DEN SPIRITUELLEN PFAD
(Dritter Schritt)

Zwei Richtungen – *Ruhe* und *Klarblick* – müssen in der Meditation verfolgt werden. Es gibt viele Methoden, aber Methoden sind nichts weiter als Methoden und können weder die Ruhe noch der Klarblick sein; sie sind daher nur so lange wichtig, wie wir sie benötigen. Wir brauchen nie an einer bestimmten Methode festzuhalten; wenn sie nicht funktioniert, können wir eine andere benutzen. Ruhe und Klarblick sind die beiden Richtungen, um die es in der Meditation geht, um nichts anderes. Ruhe ist das Mittel, und Klarblick ist der Zweck. Daß wir dieses Mittel brauchen, erklärt sich daraus, daß Klarblick eine außergewöhnliche Geisteshaltung ist. Es bedeutet, daß wir gegen den Strom geschwommen und der Quelle zumindest schon näher gekommen sind.

Um dies zu erreichen, müssen wir eine außergewöhnliche Eigenschaft des Geistes benutzen. Wir können nicht erwarten oder hoffen, daß wir mit dem gewöhnlichen Geist, mit dem wir einkaufen gehen, unsere Geschäfte erledigen, unser Haus säubern, unsere Kinder erziehen, Bücher schreiben und sonstiges tun, eine außergewöhnliche Geisteshaltung erleben können, die uns einmal die tiefste Wahrheit zeigen kann. Es ist nicht möglich, daß der Alltagsgeist die tiefsten Erkenntnisse wahrnehmen kann, denn er beschäftigt sich mit alltäglichen Dingen, und es fehlen ihm Festigkeit und Einspitzigkeit. Diese Eigenschaften, die ihn zu einem außergewöhnlichen Geist machen, der das Alltägliche nicht mehr als Mittelpunkt des Lebens ansieht, sind nur durch die Ruhe-Meditation erreichbar. Das ist der Weg, den der Buddha selber gegangen ist und auch gelehrt hat.

Leider ist uns im Laufe der Jahrhunderte viel von dieser Anleitung und der Fähigkeit, sie zu praktizieren, verlorengegangen. Wir können sie uns aber jederzeit wieder zu eigen machen, denn das ist der natürliche Wunsch und die natürliche Richtung des menschlichen Geistes. Es gibt wohl niemanden, der nicht Ruhe, Frieden, Harmonie und Verzücktheit erleben möchte. Der menschliche Geist ist dazu in der Lage, vor allem, wenn er etwas Anleitung und Richtlinien bekommt. Die Schärfe, die er durch Einspitzigkeit (d. h. bei dem Meditationsobjekt verweilen), verbunden mit der Energie, die die Ruhe-Meditation bringt, erlangt, ermöglicht es dem Geist, Klarheit zu schaffen, so daß wir aus dem «Ich»-Traum erwachen können. Der Geist braucht viel Kraft, um diese Illusion zu durchbrechen, denn sie ist leider nicht wie ein Schleier, sondern im allgemeinen mehr wie eine feste Mauer. Einspitzigkeit ist das Werkzeug, das dieses Durchbrechen ermöglicht. Solange unser Geist weder Einspitzigkeit noch Ruhe kennengelernt hat, kann er wohl kleine Einsichten erlangen, aber die Mauer der Illusion kann er nicht durchbrechen.

Der denkende Geist ist von morgens bis abends beschäftigt und träumt von abends bis morgens. Er ist sogar überbeschäftigt und hat deshalb nicht die Fähigkeit, in die Tiefe zu gehen, weil ihm Zeit und Energie fehlen, außer wenn er einmal mit dieser Überbeschäftigung aufhört. Wenn unser Körper nie zur Ruhe käme, sondern ständig laufen, rennen, arbeiten, springen, graben würde und keine Nacht schliefe, hätte er wohl nach zwei, drei Tagen jegliche Energie verloren. Genauso behandeln wir unseren Geist. Wir lassen ihn laufen und springen, urteilen und verurteilen, wünschen, ablehnen und aussuchen und sind ständig dabei, ihm neue Arbeit zu verschaffen, wenn er die alte dann endlich erledigt hat, statt ihm Ruhe zu gönnen. Wie kann er genügend Energie aufbringen, um absolute Wahrheit zu erkennen, die unser ganzes Universum einschließt? Der Geist, der zur Ruhe, zum Nicht-Denken gekommen ist, weiß, was für ein neues, großartiges Erlebnis dies ist, da damit sofort ein Glücksgefühl auftaucht. Nicht-Denken bedeutet nicht, daß wir vollkommen leer und bewußtlos sind, nichts verstehen oder erkennen können. Es ist ein tief innerliches Erleben, anders geartet als unsere sonstigen Gefühle. Die Möglichkeit dazu ist nur in der Meditation gegeben, denn der normale menschliche Geist sucht ständig nach Neuem, oder er schläft ein.

Die Ruhe in der Meditation hat aber noch ein anderes Resultat, nämlich das der Läuterung. Wenn wir vollkommen konzentriert ohne jegliches Denken sind, legen wir alle Hindernisse, die wir in uns tragen, vorübergehend ab. Vollkommene Konzentration bringt vollkommene Läuterung; ein Moment der Konzentration ist ein Moment der Läuterung. Diese Läuterung, die wir natürlich im täglichen Leben immer wieder unterstützen müssen, ist in der Meditation automatisch. Wir können sagen, daß die Konzentration eine automatische Waschmaschine darstellt, mit der unser Geist gereinigt wird, und nichts braucht Reinigung nötiger als unser Geist. Jeder, der meditiert, weiß das aus eigenem Erleben. Diese automatische Reinigungsmöglichkeit ist eine der eingebauten Eigenschaften der Meditation. Es ist daher nicht vorstellbar, daß man ohne Meditation die Lehren des Buddha nachvollziehen kann.

Der nächste Schritt in der Überweltlichen Kette Bedingten Entstehens, der nach dem *Vertrauen* kommt, ist von großer Wichtigkeit, denn es ist der Schritt der *Freude*, die hochkommt, wenn wir Vertrauen gefaßt und erkannt haben, daß hier ein spiritueller Pfad existiert, der uns nicht nur Verständnis bringt, sondern den wir auch lieben können. Diese innere Freude erleichtert uns, den Pfad zu gehen, und hilft uns über Schwierigkeiten hinweg. Gegen den Strom schwimmen und uns selbst erziehen ist kein einfaches Unternehmen, und wenn man keine Freude daran empfinden könnte, wäre kaum anzunehmen, daß sich je ein Mensch wirklich weiter damit beschäftigen würde. Freude ermöglicht uns, diesen Weg beizubehalten und uns nicht nur ab und zu dafür zu interessieren. So wird der spirituelle Pfad zum eigenen Leben, in dem wir nicht mehr unsere Befriedigung in den Vergnügungen der

Sinneskontakte suchen, sondern einer tiefen inneren Freude nahegekommen sind, die sich als ein Gefühl der Verbundenheit mit dem höchsten Ideal auswirkt. Diese Freude ist durch nichts zu beirren, wenn wir volles Vertrauen gefaßt haben, und wird dadurch ein Ausgangspunkt für die Meditation.

Der Buddha hat gesagt, daß man sich in Körper und Geist wohl fühlen muß, um erfolgreich meditieren zu können. Das ist der Grund, warum es empfehlenswert ist, jede Meditation mit liebender Zuwendung zu uns selbst zu beginnen, denn dies bringt ein Gefühl des Wohlbefindens in den Geist. Wenn wir uns ärgern, Probleme wälzen, ablehnend sind oder Zweifel haben, können wir kaum zu einer Bewußtseinsänderung in der Meditation kommen. Nur ein Geist, der sich darüber freut, daß er nun die Möglichkeit hat, zu wachsen und einem Ideal näherzukommen, kann Konzentration erlangen. Jeder Moment der Meditation – ob Ruhe oder Einsicht – ist ein Moment möglichen Wachstums. Freude läßt in unserem Inneren ein Gefühl der Leichtigkeit entstehen, so daß auch der Alltag davon durchdrungen ist, trotz all seiner Ansprüche und Verpflichtungen und der vielen Dinge, die jeder Alltag mit sich bringt. Unser Innenleben ist ausschlaggebend für unser Empfinden und unsere Reaktionen.

Wenn uns der spirituelle Pfad als das Wichtigste und Schönste im Leben erscheint, viel schöner als alle Sinnesgenüsse oder weltlichen Dinge, dann wird nicht nur unser spirituelles Bemühen einfacher, sondern gleichzeitig auch unser Alltag. Die drei Vorbedingungen dafür, daß die Meditation auf den richtigen Weg kommt, sind das Erkennen unseres *Dukkha*, das darauf folgende Vertrauen in eine spirituelle Lehre und die Freude, die sich daraus entwickelt.

Fragen und Antworten

F: Die automatische Läuterung durch die Meditation ist mir nicht ganz klar. Ist damit gemeint, daß man in der Zeit, wo

man meditiert, die Tugendregeln nicht verletzt, zum Beispiel?
A: Nein. Es handelt sich leider nicht um die Zeit des Meditierens, sondern nur um die Zeit des Konzentrierens. Ein Moment der Konzentration ist ein Moment der Läuterung, weil der Geist nicht zweifach engagiert sein kann. Wenn Konzentration anwesend ist, kann keines der *fünf Hindernisse* aufkommen; daher ist es eine automatische Läuterung. Wenn man sitzt und denkt, ist das allerdings nicht der Fall, da man beim Denken natürlich Tugendregeln verletzen kann. Wenn man die meditativen Vertiefungen praktiziert, kann die Läuterung einschneidend sein, denn dafür muß man sehr konzentriert sein, vor allem, wenn die Vertiefung längere Zeit anhält. Längere Konzentration ist eine längere Zeit der Läuterung. Es ist kein Entwurzeln der Hindernisse, sondern vergleichbar mit dem Herunterschneiden von Unkraut im Garten. Wenn wir das Unkraut unserer fünf Hindernisse, das wir in unserem Geist herumtragen, einfach wuchern lassen, wird es immer größer und kräftiger und überschattet alle Blumen und schönen Gewächse, die wir auch in uns haben. Es nimmt aus unserem geistigen Nährboden alle Nahrung weg und verdunkelt die Sonne, die die guten Gewächse benötigen. Wenn wir durch die Konzentration diese Unkräuter herunterschneiden, machen wir sie viel schwächer; wir nehmen ihnen die Möglichkeit, den ganzen Nährboden zu beanspruchen und dem Guten, das in uns wächst, die Sonne wegzunehmen. Wenn die Unkräuter schwach genug geworden sind, können wir sie auch entwurzeln. Solange sie ungehindert wuchern, ist eine Entwurzelung so schwierig, daß sie kaum durchführbar ist. Wir müssen im täglichen Leben dieser Läuterung nachhelfen, aber ohne die Unterstützung durch Meditation ist das ein mühsames und nicht sehr erfreuliches Unternehmen.
F: Was sind die *fünf Hindernisse?*
A: Sinnliche Begierde, Böswilligkeit, Müdigkeit und Trägheit, Rastlosigkeit und Erregtheit sowie skeptischer Zweifel.

4. FÜNF FAKTOREN DER MEDITATIVEN VERTIEFUNG UND FÜNF HINDERNISSE

Es steht für uns alle sicher ganz außer Frage, daß wir alle Glück empfinden möchten, und das ist auch ganz richtig so. Aber was uns vielleicht nicht so klar ist, ist, daß wir selbst unsere eigenen Hindernisse aufbauen und deshalb kein tiefes inneres Glück erleben können. Wir wollen ja nicht nur oberflächliches Vergnügen, eine Art Freude, die kommt und geht, sondern tiefe innere Freude und Wohlbefinden, auf die wir uns verlassen können. Der Buddha hat diese selbst aufgebauten Blockaden *die fünf Hindernisse* genannt; wir tragen sie alle in uns, können ihnen aber entgegenarbeiten. Diese Arbeit ist natürlich mühsam und basiert vor allem darauf, daß wir die Hindernisse auch durch genügende Achtsamkeit erkennen. Wenn wir sie voll erkennen, wissen wir auch, daß sie unserem tiefen Glück im Weg stehen. Er ist nicht immer einfach, diese Hindernisse klar zu erkennen und zu wissen, daß es Blockaden sind, zumal es bei manchen von ihnen um Dinge geht, die in unserer Gesellschaft höchst geachtet sind und die allgemein praktiziert werden. Wenn wir einen spirituellen Pfad der Läuterung gehen wollen, müssen wir sie jedoch als Blokkaden erkennen und uns damit auseinandersetzen.

Wir haben in der Meditation ein enormes Hilfsmittel, womit wir diese Unreinheiten in uns läutern und sie niederhalten können, so daß sie uns nicht überwuchern. Durch die Meditation vermögen wir auch zu erkennen, daß wir diese Hindernisse eines Tages ganz werden beseitigen können. Die automatische Läuterung durch die Meditation ist eine der größten Unterstützungen, die wir auf dem spirituellen Pfad finden können. Deshalb waren die Instruktionen des Buddha auch immer auf ein Zusammenwirken von Studium und Praxis angelegt. Wenn wir allein die Lehrreden des Buddha studieren, wissen wir zwar, worum es dem Buddha ging, aber der Läuterungsprozeß kann nicht weit gedeihen. Was sich an Läuterung erreichen läßt, ist dann mit großer Mühe und wenig Freude verbunden. Wenn wir nur praktizieren, also nur meditieren, dann haben wir keine Richtlinien und verstehen nicht, wohin die Meditation zielt. Wir haben wohl das Erleben, aber das Erkennen wird uns fehlen, denn fast alle Menschen brauchen dazu Anweisungen durch einen großen Meister, wie der Buddha es war.

Die erste meditative Vertiefung, die ich im Zusammenhang mit dem Entzücken schon ansprach, hat fünf Faktoren, die alle mithelfen, die fünf Hindernisse aus dem Weg zu räumen. Da sich dies automatisch vollzieht, weil man sich in der ersten Vertiefung natürlich nicht um Hindernisse kümmern kann, sondern ganz vom Gefühl des Entzückens eingenommen ist, hat man hiermit eine mühelose, angenehme Praxis, die zwar allein nicht genügt, um zur vollen Erlösung zu kommen, die uns aber den Weg bahnt, was sehr wichtig ist. Häufig ist unser Verständnis für das spirituelle Leben von soviel Gestrüpp und Unkraut in Form von innerer Negativität überwachsen, daß viele Menschen den Weg gar nicht erkennen können. Wenn wir trotzdem den Pfad beschreiten wollen, muß da etwas geschehen, denn es ist klar, daß ein Weg mit so vielen Hindernissen schwer begehbar ist.

Die ersten beiden Faktoren der meditativen Vertiefung heißen auf Pāli *Vitakka-Vicāra*. Das erste bedeutet «sich dem Meditationsobjekt zuwenden». Das ist etwas, was wir aus jeder Meditation kennen. Je mehr wir praktiziert haben und je ruhiger unser Geist schon ist, desto leichter fällt es uns, uns dem Meditationsobjekt zuzuwenden. Dieses Zuwenden ist der erste Schritt, und er vollzieht sich auch in der ersten Vertiefung, denn wenn man sich dem Objekt nicht zuwendet, ist ja keine Wahrnehmung davon vorhanden. Durch Zuwendung vermögen wir unsere *Müdigkeit und Trägheit* (das dritte der fünf Hindernisse) zeitweilig zu überwinden. Müdigkeit und Trägheit im Geist sind das, was die Konzentration so schwer macht. Die Trägheit des Geistes zeigt sich in wiederholtem, unnötigem Denken, und die Müdigkeit macht sich oft körperlich bemerkbar und ist einfach ein geistiges Sichgehenlassen. Wenn es sich darum handelt, unsere Geschäfte zu erledigen, Geld zu verdienen und Pflichten nachzukommen, sind wir sehr häufig viel eher in der Lage, uns nicht geistig gehenzulassen, weil wir diese Dinge aus Überlebensdrang tun. Bei der Meditation scheint der Überlebensdrang keine Rolle zu spielen. Das scheint aber nur so. Unser Körper überlebt natürlich nicht, aber unser Geist trägt die *Karma*-Resultate in sich. Es ist also viel wichtiger, den Geist bei der Meditation zu konzentrieren, ihn nicht träge werden zu lassen und zu läutern, als das bei all unseren täglichen Handlungen der Fall ist.

Dennoch ist dies im allgemeinen schwieriger für uns. Wenn wir uns aber dem Meditationsobjekt immer wieder zuwenden, so gehen wir ständig gegen die Trägheit an. Mattigkeit ist nicht nur in der Meditation ein großes Hindernis und kann die Meditation ganz verhindern, sondern sie erschwert natürlich auch den Alltag. Wenn Mattigkeit in der Meditation überhandnimmt, führt sie manchmal zu Träumerei, Dösen oder irgendwelchen Gedankenspielen, die nicht aufhören. Man hat nicht die Willenskraft, den Geist zum Objekt der Meditation hinzuzuziehen. Je öfter wir es aber versuchen, desto weniger träge wird der Geist; er wird gestärkt, so daß dieses Hindernis schon teilweise überwunden ist.

Der Buddha verglich dieses Hindernis mit der Situation eines Menschen, der im Gefängnis sitzt, in einer kleinen Zelle, aus der er nicht heraus kann, bis jemand die Tür für ihn öffnet. Das heißt also, daß wir von unserer eigenen Müdigkeit und Trägheit eingekerkert sind. Oft hängt damit ein Gefühl zusammen, daß wir uns nicht bemühen wollen, sondern nur das Nötigste tun – eine Geisteshaltung, die negativ und freudlos ist. Der erste Schritt, der darin besteht, sich dem

Meditationsobjekt immer wieder zuzuwenden, kann daran schon sehr viel ändern.

Der zweite Schritt, *Vicāra*, heißt «an dem Meditationsobjekt festhalten». *Vicāra* wird mit dem Fortklingen einer Glocke nach dem Anschlag verglichen. Der Anschlag ist die Zuwendung zum Meditationsobjekt, das Klingen der Glocke bedeutet fortlaufend dabeibleiben. Dieser Schritt bekämpft erfolgreich unser fünftes Hindernis, den *skeptischen Zweifel*. Der Buddha hat skeptischen Zweifel mit Menschen verglichen, die ohne Landkarte und ohne Proviant durch die Wüste wandern, immer im Kreis zur selben Stelle zurückkehren und am Ende von Räubern überwältigt werden. Ein zweites Gleichnis dafür ist ein Wassertümpel, der so schlammig ist, daß er unser Gesicht nicht mehr widerspiegeln kann. Außer der Meditation empfahl der Buddha als Gegenmittel dafür, mehr über die Lehre zu lernen und sich mit reifen Menschen zu umgeben, die einem zu weisem Nachdenken verhelfen.

Skeptischer Zweifel ist jedem Menschen eigen, der noch nicht selbst die Erfahrung gemacht hat, daß die Lehren stimmen und wirklich zu den angegebenen Resultaten führen. Wenn wir die meditativen Vertiefungen praktizieren, ist die Möglichkeit gegeben, dies zu erkennen. Der Beweis dafür ist geliefert, daß der Geist etwas kann, was er bis dahin nicht vermochte. Bis zu dem Moment, wo wir anhaltende Konzentration erreicht haben, hat er sich stets in viele Gedankengänge verwickelt. Der skeptische Zweifel, der bis dahin als Störenfried auftauchte und sich zu Denkweisen wie «Ist das wirklich möglich? Werde ich mich je konzentrieren können? Kann das überhaupt irgendein Mensch! Vielleicht ist es nur eine Wahnidee. Ist das überhaupt nötig?» hinreißen ließ, ist nun zur Ruhe gekommen.

Zweifelsucht arbeitet auch gegen das Selbstvertrauen, welches eine wichtige Eigenschaft auf dem spirituellen Pfad ist. Selbstvertrauen bedeutet, daß man sich zutraut, die hohen Ideale der Spiritualität zu verwirklichen, so daß sie nicht nur herrliche Ideen und wunderbare Worte bleiben, sondern wir sie in uns selbst nachvollziehen können. Wenn wir erst einmal eine der Schwierigkeiten gemeistert haben und konzentriert bei dem Meditationsobjekt geblieben sind, können wir daraus folgern, daß wir auch viele der anderen förderlichen Eigenschaften des Geistes entwickeln können. Zweifel an sich selbst und Zweifel an der Möglichkeit der Verwirklichung der höchsten Wahrheit fallen fort. Vertrauen kann sich daher ausbreiten und stärker werden und wird dadurch ein wirksamer Helfer. Skeptischer Zweifel resultiert daraus, daß es uns so schwerfällt, uns hinzugeben, und kann nur durch persönliches Erleben ausgemerzt werden.

Das Resultat dieser beiden ersten Schritte ist *Pīti* («Wohlbefinden», «Entzücken», «Wonne», «Interesse»), ein äußerst angenehmes Körpergefühl, der Eintritt in die Vertiefungen. Dieses innere geistige Entzücken arbeitet gegen die *Böswilligkeit*, die wir als unser zweites Hindernis in uns tragen. Wenn wir uns sehr gut fühlen, ist es schwer, böswillige Gedanken zu hegen. Böswilligkeit ist eines der fünf Merkmale, unter denen wir alle leiden und die unserem Glück im Weg stehen. Böswilligkeit fühlt sich höchst unangenehm an. Gegenmittel gegen Böswilligkeit sind bedingungslose Liebe und die Liebende-Güte-Meditation. Daran müssen wir uns ständig wieder erinnern und damit arbeiten, um Resultate zu erzielen. Ist es einmal zu dem Moment des Entzückens gekommen, haben wir ein wirkungsvolles Hilfsmittel.

Unseren Haß und Ärger hat der Buddha mit einer Gallenkrankheit verglichen, bei der sich der Kranke natürlich unwohl fühlt. Der Wassertümpel kann unser Gesicht nicht spiegeln, weil er kocht und dampft; das Kochen unserer Emotionen verbirgt uns die Wahrheit unseres Innenlebens. Während der Meditation ist natürlich keinerlei Böswilligkeit möglich, und allein schon die Sicherheit, daß wir jederzeit wieder zum entzückten Geist zurückkehren können, macht es uns viel einfacher, anderen liebevoll zu begegnen. Auch Mitgefühl für andere entsteht leichter, wenn wir uns vor Augen führen, daß diese noch nicht die Möglichkeit haben, meditatives Glück zu erleben. Was der Buddha als Meditationspraxis gelehrt hat, ist also eine unerläßliche Hilfe, wenn wir unseren Hindernissen entgegenarbeiten wollen. Ohne diese Hilfe ist es schwierig, den ganzen spirituellen Weg zu beschreiten. Selbstverständlich verstehen wir alle, daß Haß und Böswilligkeit keine guten Eigenschaften sind und es besser wäre, sie nicht in sich zu tragen. Aber sie dann wirklich loszuwerden, so daß der Geist positiv und liebevoll bleiben kann, das ist schwierig, nicht nur in großen und schwerwiegenden Fällen, sondern vor allem in jeder Kleinigkeit, die einem im Leben über den Weg läuft.

Diese Schwierigkeit, die unserem Glück massiv im Weg steht, kann nur erfolgreich ausgeräumt werden, wenn wir die Möglichkeit haben, den automatischen meditativen Läuterungsprozeß zu verwirklichen. Bei diesem Vorgang erleben wir nichts als Freude, er macht uns keine Mühe, verursacht keinerlei Schmerzen und bedarf nicht des Nachdenkens, was vielleicht das Wichtigste daran ist. Wenn es uns einmal gelungen ist, Entzücken zu empfinden und auch dabeibleiben zu können, so ist es nicht mehr nötig, darüber nachzudenken, ob wir anderen Menschen liebevoll gegenüberstehen wollen. Es wird zur Selbstverständlichkeit.

Der vierte Faktor der ersten Vertiefung ist Freude, die gleichzeitig mit dem Entzücken aufsteigt. Sie ist zwar bei ihrem Auftauchen noch von der Verzückung überschattet, aber gleichzeitig damit vorhanden. Innere Freude ermöglicht uns, *Rastlosigkeit und Sorgen* (unser viertes Hindernis) loszuwerden, die damit zu tun haben, daß wir uns über die Zukunft wenn wir Unzufriedenheit empfinden. Der Buddha hat einen Menschen voller Rastlosigkeit und Sorgen mit einem Sklaven verglichen, der nicht die Freiheit der ungetrübten Gedankenwelt besitzt, sondern unter der Herrschaft dieser beiden Tyrannen leidet. – Er hat das Bild des Wassertümpels benutzt, dessen Oberfläche von starkem Wind aufgewühlt wird, so daß wir kein Spiegelbild sehen können. Auch hier hat er als Hilfsmittel außer der Meditation noch empfohlen, sich mit weisen Menschen zu umgeben und möglichst viel von der Lehre in sich aufzunehmen.

Solange wir innere Freude erleben, sind beide Schwierigkeiten natürlich nicht vorhanden. Dann sind wir zufrieden mit dem, was gerade ist, denn genau das haben wir ja gesucht, und über die Zukunft können wir in diesem Zustand nicht nachdenken, da wir sonst die Gegenwart nicht erleben würden. Durch die Erfahrung dieses Glücksgefühls machen wir einen wichtigen Schritt in die Gegenwart und lassen auch einmal von dem Ändernwollen los, das immer der Grund für unser *Dukkha* ist.

Während der Meditation sind unsere Hindernisse beiseite gestellt, und wenn wir die Vertiefungen immer wieder praktizieren, bedeutet das eine stetige Verminderung unserer Schwierigkeiten. Wir lassen sie nicht ungehindert wuchern, wie sie es ohne diese Praxis tun können. Oft lehnen wir irgendeinen Menschen oder eine Situation ab, empfinden also Böswilligkeit oder Haß. Wir geben uns selbst oft Gelegenheit, in die Zukunft zu träumen und mit der Gegenwart unzufrieden zu sein. Wir zweifeln oft an dem, was uns eigentlich ganz klar sein sollte, und ergreifen auch die Möglichkeit der Flucht in die Geistesträgheit. Wenn wir die meditativen Vertiefungen aber Schritt für Schritt durchlaufen und sie täglich praktizieren, machen wir immer weniger Gebrauch von diesen negativen Haltungen.

Der fünfte Faktor des Vertiefungserlebens ist die *Einspitzigkeit*, ohne die es keine Vertiefung gibt. Einspitzigkeit in der Meditation macht den *sinnlichen Begierden* (dem ersten der fünf Hindernisse) ein Ende. Um überhaupt erst einmal in die Vertiefung zu kommen, müssen wir von sinnlichen Begierden absehen. Die Lehrreden, die von den meditativen Vertiefungen handeln, beginnen oft mit den Worten «In der Abgeschiedenheit». Das bedeutet aber nicht, daß man sich körperlich in die Abgeschiedenheit begeben, sondern daß man die sinnlichen Begierden einmal fallenlassen soll.

Das Gleichnis, das der Buddha für unsere sinnlichen Begierden gegeben hat, ist ein Schuldner sein, der ständig seine Schulden mit Zinsen abzahlen muß, aber nie zum Ende damit kommt. Da unsere Begierden immer wieder aufsteigen, ist unabsehbar, wann wir unsere Energie für andere Zwecke verwenden können. Zinsen bezahlen wir, weil die Gewohnheit der sinnlichen Befriedigung uns immer mehr in diesen Strudel hineinzieht. Der Buddha sprach hier von einem Wassertümpel, in den viele Farben hineingeworfen wurden, so daß er wohl verlockend aussieht, man sein Spiegelbild aber nicht sehen kann.

Sind wir einspitzig konzentriert, dann können wir uns keine neuen Annehmlichkeiten für unsere Sinne ausdenken. Wenn der Geist nicht konzentriert ist, dann möchten wir zum Beispiel komfortabler sitzen, endlich zu Mittag essen oder uns hinlegen, vielleicht in die Sonne hinausgehen oder uns mit Freunden unterhalten – alles ganz unschuldige Sinnesfreuden. Sie kommen ganz natürlich hoch, wenn wir dem Geist erlauben, das zu machen, was er will. Er kann entweder einspitzig sein oder Wünsche haben.

Die sinnlichen Begierden sind das am schwersten erkennbare Hindernis, weil wir durch sie Annehmlichkeiten bekommen. Wünsche und Begierden sind in unserer Gesellschaft nichts Ungebührliches, sie werden sogar gepriesen. Wenn man statt eines Autos zwei hat, statt eines Hauses vielleicht drei, statt eines Bankkontos mehrere und viele Reisen machen kann, so wird dies als Zeichen von Erfolg angesehen und anerkannt. Daher ist es schwierig zu erkennen, daß es ein Hindernis für unseren spirituellen Fortschritt ist, diesen Dingen nachzulaufen, denn man tut ja niemandem etwas Böses und hat auch noch Vergnügen daran. Es ist viel einfacher zu erkennen, daß Haß,Böswilligkeit und Ärger etwas Schlechtes sind, und sie werden auch in unserer Gesellschaft getadelt. Niemand ist gern mit Menschen zusammen, die haßerfüllt auf uns einreden, sich ärgerlich zeigen oder zynische Bemerkungen machen. Doch jemand, der seinen sinnlichen Begierden nachgeht und sie auch erfüllen kann, ist im allgemeinen ein ganz angesehener Mitbürger, weil er meist freundlich und zuvorkommend ist.

Wir müssen uns aber darüber klarwerden, daß die Befriedigung der sinnlichen Begierden ein Lebensinhalt sein kann, der uns völlig einnimmt, weil jede Befriedigung immer wieder verlorengeht und daher die Wünsche neu entstehen – zur wiederholten Erfüllung. Unsere Zeit und Energie werden damit aufgebraucht, und wir haften an den Annehmlichkeiten, die uns scheinbar gehören. Dies bringt uns immer wieder in die Situation, Ängste davor zu haben, daß wir verlieren könnten, was uns lieb ist, und dann einer Tragödie gegenüberzustehen.

Die sinnliche Begierde ist keineswegs ein geringeres Hindernis als der Haß, sondern nur schwerer zu erkennen und daher schwerer auszumerzen. Unsere Begierden nehmen uns vollkommen in Anspruch und machen es uns schwer, die Wahrheit der Unbeständigkeit, Leidhaftigkeit und Substanzlosigkeit zu erfahren. Trotzdem sind wir oft der Ansicht, daß sie etwas Natürliches und daher Gutes sind. Jeder, der nicht erleuchtet ist, glaubt ja, daß Begierden zu erfüllen Substanz hat, daß es wichtig ist und Inhalt hat. Den Inhalt wollen wir dann festhalten, obwohl wir merken müßten, daß dies wegen der Unbeständigkeit der Gefühle unmöglich ist.

Da es schwer ist, unseren sinnlichen Begierden entgegenzuarbeiten, ist die Einspitzigkeit in der Vertiefung der Weg, der uns dieses um vieles erleichtert. Die Möglichkeit, immer wieder zur Vertiefung zurückzukehren, macht das, was in der Welt zu haben ist, um vieles weniger verlockend. Diese Dinge sehen nicht mehr ganz so leuchtend und herrlich aus wie früher. Materielle Dinge und Sinnesbefriedigungen haben viel von ihrer Anziehungskraft verloren, denn wir haben etwas gefunden, was viel befriedigender ist. In dieser Weise haben die fünf Faktoren der ersten Vertiefung einen sehr starken Einfluß auf die fünf Hindernisse, die unser tiefes, inneres Glück immer wieder in Frage stellen.

Die erste meditative Vertiefung ist der Einstieg und der Weg, auf dem wir zu den weiteren Vertiefungen gelangen. Hat man erst einmal das erste Zimmer eines Hauses betreten, steht dem nichts im Weg, auch in die anderen Zimmer einzutreten. Sie sind alle im selben Haus unseres Geistes und haben keine verschlossenen Türen, sondern sind Teil eines Ganzen. Um den fünf Hindernissen entgegenzuarbeiten, müssen wir natürlich regelmäßig meditieren, denn auch die Hindernisse haben ihre Regelmäßigkeit. Oft fehlt uns einfach die klare Sicht für das, was für uns das Beste ist. Wir sehen nur die Oberfläche und sind nicht in der Lage, das für uns Allerwichtigste zu erkennen. Wenn wir genauso regelmäßig meditieren, wie wir essen, und zumindest die erste Vertiefung praktizieren, erleben wir nicht nur einen Läuterungsprozeß, der von größter Wichtigkeit ist, uns das Leben um vieles erleichtert und innere Harmonie ermöglicht, sondern wir haben auch eine Zuflucht in uns selbst gefunden. Eine Zuflucht in der Welt zu finden ist unmöglich, es gibt dort keinen sicheren Ort. Aber eine Zuflucht in sich selbst zu finden, ist möglich und hängt von nichts anderem ab als von einspitziger Konzentration. Dies ist jedem Menschen möglich, denn jeder Geist sucht ja diesen Weg.

Ist unser Geist einmal vollkommen zur Ruhe gekommen, vermag er die Vergänglichkeit viel besser zu erkennen. Die Tatsache der Vergänglichkeit ist uns ja absolut klar, aber kaum jemand bezieht sie wirklich in sein Denken ein. Jeder weiß es, aber niemand handelt danach. In der Vertiefung ist der Geist unbeschwert und frei von äußeren Dingen und hat daher die Kraft, in die Tiefe zu gehen. Wenn er dann die Vergänglichkeit erkennt, erkennt er sie nicht nur oberflächlich, sondern als Teil seiner selbst.

F: Wenn man in die Vertiefungen kommen will, ist dann das Gefühl das Meditationsobjekt?
A: Jede Methode kann benutzt werden. Die Methode kann der Atem sein oder Gefühlsbetrachtung, oder ein Wort. Es geht hier nur um die Konzentration. Die Methode, die am besten funktioniert, sollte geübt werden.
F: Wenn jemand nicht in die Vertiefungen kommen kann, liegt das dann vielleicht auch daran, daß es für denjenigen nicht die Zeit ist, da hinzukommen?
A: Im allgemeinen liegt es daran, daß geeignete Instruktionen und Richtlinien fehlen. Aber es ist natürlich auch möglich, daß der Geist eines Menschen so im Denken festgefahren ist, daß er sich schwer davon lösen kann.
F: Ich habe noch etwas Schwierigkeiten mit dem Gefühl als Meditationsobjekt.
A: Das Gefühl, das als Vertiefungsobjekt erscheint, ist so anders als alle uns bekannten Gefühle, daß keinerlei Zweifel aufkommen kann, was es ist. Die Vertiefung beruht nicht nur auf Konzentration, sondern auch auf Loslassen von der Ichbezogenheit, so daß der unterschwellige Gedanke «Ich meditiere» einmal in Vergessenheit gerät. Die Ichbezogenheit, die immer wieder von den nach außen gerichteten Gedanken unterstützt wird und auch von der mentalen Beziehung zum Hören, muß uninteressant werden, damit wir etwas viel Interessanteres erleben können. Wir müssen nach innen hineinspüren und uns entspannen, so daß eine meditative Haltung des Geistes aufkommen kann. Eine starke Entschlußkraft, gegründet auf das Erkennen des eigenen *Dukkha*, ist hilfreich. *Loslassen, entspannen und konzentrieren* sind die drei Bestandteile des meditativen Geistes.

5. DIE FEINKÖRPERLICHEN VERTIEFUNGEN

A) VERZÜCKUNG
(Vierter Schritt)

Der nächste Schritt in dieser Kette von Ursache und Wirkung ist der erste meditative Schritt. Es handelt sich nicht mehr um eine Methode, denn solange wir diese noch benutzen, so lange können wir noch nicht in die Vertiefung eintreten. Die Meditationsmethode ist der Schlüssel, den wir fest und lange genug in der Hand halten müssen, um ihn in das Schlüsselloch einpassen zu können. Solange der Schlüssel noch hin und her wankt, der Geist also noch nicht stetig genug ist, so lange können wir das Schlüsselloch nicht entdecken. Wenn aber Schlüssel und Schlüsselloch zusammenpassen, können wir die Tür aufschließen und einen Palast mit acht Gemächern betreten. Die Überweltliche Kette Bedingten Entstehens führt uns, wie der Buddha sagt, zum vollen Klarblick und zur Erlösung. Daraus ist zu erkennen, daß diese meditativen Schritte notwendig sind, wenn wir den Weg erfolgreich gehen wollen. Es wird öfters versucht, ohne die meditativen Vertiefungen auszukommen. Da jeder Mensch sich diese aber bewußt oder unbewußt wünscht, ist es ziemlich unverständlich, warum wir ohne sie auskommen sollten. Der Buddha sagte von den Vertiefungen: «Dies ist ein Vergnügen, das ich mir erlaube.»

Der erste konzentrierte Meditationsschritt heißt auf Pāli, der Sprache des Buddha, *Pīti*. Das wird mit verschiedenen Wörtern übersetzt; eines davon ist «Entzücken» oder «Verzückung», ein anderes ist «Wonne», noch ein anderes ist «Interesse». Es bedeutet im Prinzip ein äußerst angenehmes Körpergefühl. Dieses angenehme Körpergefühl ist der erste Schritt in den Palast der acht Gemächer, der acht meditativen Vertiefungen. Wenn *Pīti* zum erstenmal eintritt, ist der Meditierende meistens höchst überrascht, und durch die Überraschung verliert er die Konzentration. Wenn wir aber wiederholt praktizieren, ist es möglich, konzentriert bei dem Gefühl zu bleiben, ohne jegliche Überraschung oder Erstaunen, denn es wird allmählich mehr oder weniger selbstverständlich. Meditationsmethoden sind sehr hilfreich um diesen Schritt zu machen; sie bleiben aber immer nur Anlaufsmöglichkeiten, denn es geht hier einzig und allein um die Konzentrationsfähigkeit, die Einspitzigkeit.

Auch anderes spielt hier mit, nämlich das Loslassen von der Ichbezogenheit, von dem «Ich will»-Denken. Wir sind unser selbst nur bewußt, solange wir denken. Vorübergehend von der Ichbezogenheit loszulassen hilft uns, den Weg klarer zu erkennen. Wenn dieser erste Schritt des angenehmen Gefühls getan worden ist, steigt selbstverständlich Interesse auf. Das ist im allgemeinen die beste Möglichkeit, das Praktizieren der Meditation beizubehalten; die meisten Menschen, die nicht zu diesem Punkt kommen, hören wieder damit auf. Es gibt immer einige, die trotzdem weitermeditieren, denen geziemt volle Bewunderung, denn wenn nichts vorgeht, was angenehm, interessant und vielversprechend ist, braucht man schon besondere Willenskraft, um dabeizubleiben.

Eine der einschneidenden Erkenntnisse dieses Meditationserlebnisses ist, daß man trotz aller bisherigen Sinneskontakte und Sinnesfreuden noch nie diese Art Annehmlichkeit erfahren hat. Als zweites steigt die Erkenntnis auf, daß wir, wenn die Meditation uns dies bietet, ja auf die äußeren Sinneskontakte nicht mehr so angewiesen sind. Wir haben also einen Weg gefunden, von den äußeren Umständen, in denen wir uns befinden, unabhängig zu werden. Es gibt nichts Befreienderes als diese Unabhängigkeit. Obwohl wir in der wohlhabenden westlichen Welt viele Annehmlichkeiten haben können, sind sie doch nicht hundertprozentig verläßlich, müssen immer wieder neu herbeigeholt werden; wir müssen uns anstrengen, sie zu bekommen, und sie sind außerdem kurzlebig und von anderen abhängig. Nur, wenn alles so geschieht, wie wir es wollen und gern haben, sind wir zufrieden. Da dies selbst unter den günstigsten Bedingungen nicht möglich ist, wird uns hierbei klar, daß wir eine Möglichkeit gefunden haben, unabhängig zu sein von äußeren Umständen, auf die wir uns nicht verlassen können, und nur auf innere Umstände zu vertrauen.

Der innere Umstand ist die Konzentration, was immer noch eine Bedingung ist, aber letztendlich eine, die wir selbst in den Griff bekommen können. Die Außenwelt kann gut oder schlecht sein, es macht für unser Innenleben keinen Unterschied. Wir verstehen nun, daß das, was uns die Welt bis jetzt geboten hat und auch weiter bieten wird, unvergleichlich viel weniger ist als das, was wir in uns selber tragen. Es ist ein Juwel, das sich durch Läuterung und Konzentration in allen Facetten unseres Lebens spiegeln und uns von innen den Glanz des Glücks verleihen kann.

Die dritte Hilfe, die uns zuteil wird, ist ein Erkennen, daß wir – ganz egal, wie der Alltag sich gestaltet, wie die äußeren Umstände auf uns einwirken – die Möglichkeit haben, mit unserem Geist geborgen nach Hause zu gehen. Bis jetzt ist nur unser Körper nach Hause gegangen. Er hat ein Heim mit einem Dach über dem Kopf, angenehme Sessel, um sich auszuruhen, gutes Essen, ein schönes Bett, aber der Geist ist gezwungen, weiterhin zu denken. Manchmal denkt er negativ, ablehnend, ärgerlich, manchmal auch positiv. Aber er hat keine richtige Bleibe, nirgends, wo er sich vollkommen sicher fühlt. Sobald die meditativen Vertiefungen erreicht sind, haben wir ein Heim für den Geist. Was immer sich am Tag abspielt oder was andere sagen oder tun: Wir wissen, der Geist kann, sobald die Zeit dafür gekommen ist, wieder in sich gehen, wo er vollkommen geschützt ist, Glück und Freude erlebt und die Außenwelt ihn nicht mehr tangieren kann. Dieses Gefühl der Sicherheit im Alltag mit sich zu führen, hilft uns, den Alltag viel besser zu bestehen, uns viel einfacher in ihm zurechtzufinden. Alle unsere üblichen

Schwierigkeiten sind dann auch nicht mehr so bedrückend. Wenn wir nicht wüßten, daß wir abends aus dem Geschäft nach Hause gehen können in ein angenehmes und komfortables Heim, sondern auf der Straße bleiben müßten, würden wir uns wohl sehr unbehaglich fühlen und würden von allen Unbilden des Wetters heimgesucht werden. Wir wissen aber, daß ein geschütztes Heim auf uns wartet, und jetzt haben wir ein solches auch für den Geist gefunden.

Die angenehmen Körpergefühle der ersten Vertiefung können verschiedenster Art sein. Das einzige, was sie alle gemeinsam haben, ist, daß sie äußerst angenehm sind. Man muß sich nicht erst überlegen, ob sie nun angenehm sind oder nicht, es besteht kein Zweifel, denn der Geist ist entzückt. Verzücken ist eine Geistesqualität, der Körper kann nicht entzückt sein. Der Körper hat sich auch nicht in irgendeiner Weise geändert, sondern wir sind unserem ungetrübten Innenleben nahegekommen. Wenn das Denken unser Innenleben einmal nicht überschattet, kommen wir zu der inneren Reinheit, deren Erfahrung Entzücken oder Verzückung ist.

Weil wir das tief innerlich wissen, sehnen wir uns danach, auch wenn wir es noch gar nicht kennen. Auch wenn wir nicht meditieren, besteht diese Sehnsucht, und wir versuchen, uns auf irgendeine Weise dieses Glück zu verschaffen. Das tun wir, indem wir zum Beispiel in der Natur spazierengehen, einen Sonnenuntergang beobachten, Vögeln zuhören, Meereswellen anschauen, uns verlieben, in eine Kathedrale gehen, schöne Gemälde ansehen, Musik hören; mit all diesen Dingen sucht der Geist, seine Sehnsucht nach dem inneren Glück zu stillen.

Einige von diesen Erlebnissen bringen auch ein momentanes Ausschalten des Denkens, wenn man sich genügend konzentriert, so daß in dem Moment ein Gefühl des Friedens oder des Glücks aufsteigt. Wenn man die Meditation noch nicht kennt, glaubt man dann, es läge an dem Sonnenuntergang, an der Musik oder an dem Gemälde. Nichts davon ist der Fall. Sie waren Auslöser, die dem Geist die Möglichkeit gaben, momentan das Denken auszuschalten, so daß er dem vollkommen lauteren Innenleben nahekam.

Wenn man noch glaubt, das Glück komme von außen, versucht man natürlich, solche Erlebnisse zu wiederholen. Durch die Meditation aber erkennen wir, daß wir inneres Glück und Zufriedenheit, wonach wir uns sehnen, ja in uns tragen und keine äußeren Auslöser brauchen. Wir können uns ja sowieso nicht darauf verlassen, daß diese Erfahrungen immer vorhanden sein werden, und auch nicht darauf, daß sie uns immer Glück bringen werden. Wenn wir Meditation gelernt, praktiziert und stets geübt haben, bestehen keine Schwierigkeiten, dem inneren Glück nahezukommen, denn es liegt ja nur an uns. Wir kommen dann zu dem Moment, wo der Schlüssel (die Methode) überhaupt nicht mehr gebraucht wird. Die Tür ist schon so oft geöffnet worden, daß sie eines Tages offen bleibt. Es genügt, sich hinzusetzen und den Geist nach innen zu richten. Solange wir die Methode brauchen, werden wir sie benutzen. Wir wissen selbst, ob wir sie benötigen oder nicht.

Wenn das Gefühl des Entzückens aufsteigt, kommt damit das Erkennen, daß die Meditation das ist, wonach der Geist sich gesehnt hat. Von dem Moment an sieht das Verständnis für die Außenwelt ganz anders aus. Auch die eigene Innenwelt erscheint in einem anderen Licht. Es wird klar, daß die beiden nicht voneinander abhängig sind, sondern daß wir uns einzig und allein auf unsere inneren Fähigkeiten berufen können. Die Leichtigkeit, die Harmonie, die wir in der Meditation in uns selbst finden, wird natürlich auch ein Teil des täglichen Lebens.

Wenn die Meditation zu Ende oder das angenehme Gefühl abgeflaut ist, ist es unumgänglich, die Vergänglichkeit zu betrachten. Daß alles vergänglich ist, ist selbstverständlich. Aber in dem Moment, wo der Geist sich wirklich einmal vertieft hat, hat er eine andere Qualität angenommen als die, mit der er einkaufen geht oder mit der er nachdenkt. Der Geist, der in der Vertiefung gewesen ist und dann die Vergänglichkeit dieser Annehmlichkeit erkennt, kann dies zu einem einschneidenden Erleben machen. Das bedeutet mehr als nur eine oberflächliche Reaktion von: «Auch das ist wieder zu Ende. Ob ich es wohl wiederholen kann?» Das wäre Anhaften.

Eine Betrachtung in der Tiefe muß erkennen können, daß alles, was entsteht, auch vergeht, daß alles, was ich behalten will, verschwindet. Ein ewiges Fließen, in dem nichts stillsteht. Dies kann zu dem durch Ruhe hervorgerufenen Klarblick werden, der einen tiefen Eindruck macht und unvergeßlich bleibt. Jedesmal, wenn die Meditation vorbei ist, können wir das ewige Fließen neu erkennen, was uns der absoluten Wahrheit immer näher bringt. Denn dies ist das Naturgesetz, in dem wir alle unsere Existenz haben.

Der zweite wichtige Schritt am Ende der Meditation, bevor wir die Augen öffnen, ist ein Rekapitulieren des Weges, den wir meditativ gegangen sind, so daß wir ihn jederzeit wiederholen können. Meditative Erfahrungen dieser Art sollen keine Glückssache sein, die, einmal gehabt, nie wiederkommen. Das ist vollkommen unnötig. Eine Rekapitulation bedeutet, sich genau daran zu erinnern, was vom Moment des Hinsetzens an geschehen ist, bis zum Ende der Konzentration. Jeder menschliche Geist ist fähig, diese Ruhe- und Glückszustände in sich zu erleben, jedoch braucht jeder kleine individuelle Auslöser, die ihm helfen. Das heißt also, wir müssen ganz klar rekapitulieren, ob wir anders gesessen, gedacht oder gegessen haben, vielleicht uns vorher ausgeruht haben oder spazierengegangen sind, eventuell Dankbarkeit, Liebe oder Freude verspürt haben. Wir können feststellen, ob wir irgend etwas anders gemacht haben als sonst. Es gibt die seltsamsten Kleinigkeiten, die uns helfen können. Sie sind alle individuell verschieden, und alle sind brauchbar, wenn sie Resultate bringen.

Wir müssen uns diesen Weg einmal so klar bahnen, daß wir ihn sozusagen im Dunkeln gehen können, daß unsere Meditation nie mehr eine Anstrengung ist, sondern ein vollkommen klarer Weg, auf dem wir jeden Schritt kennen. Nur dann ist die Meditation verläßlich. Glücklicherweise haben wir alle den gleichen Geist, wenn er sich auch unterschiedlich manifestiert, weil wir uns zu verschiedenen Zeiten positiv oder negativ, intelligent oder dumm zeigen. Aber auf der spirituellen Ebene, bezüglich der Schulung des Geistes, gehen wir alle den gleichen Weg, und nur darum ist es auch möglich, vielen die Meditation beizubringen und sich allgemeine Erklärungen zunutze zu machen.

Entzücken ist nicht nur der erste meditative Schritt in der Überweltlichen Kette Bedingten Entstehens, sondern auch einer der sieben Faktoren der Erleuchtung. Wenn wir das diskursive und spekulative Denken aufgeben und beginnen, unser Innenerleben zu kultivieren, transzendieren wir sogleich die Weltliche Entstehungskette. Wir erreichen eine Bewußtseinsebene, die sich von der gewöhnlichen gewaltig unterscheidet, und dies ist der notwendige Schritt, das heilsame Mittel, um der Erlösung näher zu kommen. Es ist uns nicht gegeben, vom Fußboden an die Decke springen zu können, sondern wir können immer nur kleine Schritte machen, wie auf einer Leiter Sprosse um Sprosse erklimmen. Diese Leiter der überweltlichen Bewußtseinsebenen fängt in dem Moment an, wo das Denken ausgeschaltet ist und das Gefühl erlebt wird.

Es ist noch zu betonen, daß die Achtsamkeit, obwohl das Gefühl körperlich bedingt und manifestiert ist, nicht auf den Körper, sondern auf das Gefühl gerichtet ist. Jedem, der es erlebt, ist dies ohne weiteres klar, denn das Erleben hat nichts mit dem Körper zu tun. Es ist eine Erscheinung, die durch Konzentration und momentane Läuterung des Geistes hervorgerufen wird und als körperliches Empfinden erscheint, aber das Gefühl ist das Meditationsobjekt.

F: Du hast davon gesprochen, daß man die Meditation nicht mit der Methode verwechseln soll. Ich meine, die Erfahrung gemacht zu haben, daß auch die Methode einige segensreiche Nebenprodukte abwirft. Man kann, wenn man eine bestimmte Methode ergreift, einen Wandel spüren im Garten seines eigenen Lebens. Da ist bei mir einiges Unkraut gejätet worden, und es gibt schon hin und wieder Leute, die sich in diesem Garten wohl fühlen, was vorher nicht der Fall gewesen ist.

Ich möchte auch ein weiteres Problem anschneiden, und zwar das der Geisteshaltung. Ist es nicht denkbar, daß man die alltägliche Geisteshaltung mit einer neuen Qualität versehen kann, bestimmte Dinge sozusagen zu meditativen Methoden werden lassen kann? Es gibt die berühmte Geschichte von dem Zen-Meister, der gefragt wurde, was man bei Zen lerne, und der gesagt hat: «Tee trinken.» Das heißt also, Achtsamkeit, angewandt auf Kleinigkeiten des Lebens, bringt doch schon eine gewisse neue Geistesqualität mit sich. Oder ist das nicht so?

A: Die Methode soll nicht mit der Meditation verwechselt werden, da viele sich an Methoden festhalten: «Das ist *meine* Methode, und *mein* Lehrer sagt, nur so darf es gemacht werden.» Methoden sind jedoch unbedingt nötig, wir können ohne sie nicht auskommen. Durch langes Meditieren mit einer Methode gewinnen wir natürlich Innenschau und Klarblick in Hinsicht auf uns selbst. Selbst wenn die Ruhe nicht kommt, so hilft einem der Klarblick schon beim Jäten des Unkrauts.

Tee trinken beim Teetrinken oder Geschirr waschen beim Geschirrwaschen. *Achtsamkeit* ist die zentrale Geisteshaltung, die uns die Möglichkeiten verschafft zu erkennen, was in uns und um uns herum vorgeht, und uns mit unserer eigenen täglichen Läuterung zu beschäftigen. Aber Achtsamkeit ist nicht die Änderung der Bewußtseinsebene, die den Vertiefungen nahekommt, sondern ein Aufmerken. Sie hilft uns vor allen Dingen, gutes *Karma* zu machen. Achtsamkeit ist der Kernpunkt der Meditation und der Lehre, der alles andere in die Wege leitet.

B) FREUDE ALS STUFE MEDITATIVER VERTIEFUNG
(Fünfter Schritt)

Die zweite Vertiefung ist das folgerichtige Resultat der ersten, die, wie erwähnt, fünf Faktoren hat. Zwei dieser Faktoren fallen nun weg, und zwar *sich dem Meditationsobjekt zuwenden* und *konzentriert* dabeibleiben. In der ersten Vertiefungsstufe ist *Verzückung* begleitet von *Freude*, die gleichzeitig entsteht. Konzentration gehört selbstverständlich dazu. Jetzt ist dem Geist aber klar, daß wir nicht wegen angenehmer Körpergefühle meditieren, und so sucht er sich ein Meditationsobjekt, das subtiler ist als Verzückung. Da Freude bereits unterschwellig existiert, kann zu der Zeit das Körpergefühl in den Hintergrund der Achtsamkeit treten und die Freude als Hauptobjekt der Meditation benutzt werden.

Die ersten vier Vertiefungen werden *Rūpa-Jhāna* genannt. *Jhāna* ist die «meditative Vertiefung»; *Rūpa* bedeutet «Körper» oder «Materie». *Rūpa-Jhāna* wird mit «feinkörperliche Vertiefungen» übersetzt. Wir kennen ähnliche Zustände in einer nicht nur qualitativ, sondern auch quantitativ viel weniger ausgeprägten Form aus dem täglichen Leben. Es ist nicht möglich, durchs Leben zu gehen, ohne angenehme Körpergefühle kennenzulernen. Auch Freude haben wir schon erlebt, aber weder quantitativ noch qualitativ in der Art und Weise, wie es in der Meditation möglich ist. Dazu kommt, daß wir dieses Erleben sonst nur in Abhängigkeit von äußeren Umständen erfahren, was gleichzeitiges Denken hervorruft. Daher mangelt es diesen Erlebnissen, die wir im täglichen Leben haben können, an Reinheit, so daß sie in ihrem Ausmaß beschränkt sind.

Wenn wir uns über etwas Angenehmes freuen, das uns im Alltag widerfährt, so ist der Gedankenapparat dabei auch tätig und sagt: «Das ist aber nett, es freut mich, so etwas Hübsches geschenkt zu bekommen», oder: «Wie schön es ist, hier zu sein.» Das ist in der Meditation aber nicht der Fall, denn da passiert ja nichts, was uns erfreut, sondern wir haben lediglich die Reinheit des Herzens berührt. Freude steigt in einer Art und Weise auf, daß sie uns, wie der Buddha sagt, «durchtränkt». Er hat dafür ein Gleichnis von einem See gegeben, dessen kühlendes Wasser aus einer inneren Quelle kommt und sich über den ganzen See verbreitet, was bedeuten soll, daß wir und die Freude eins werden. Untrennbar mit etwas Neuem vereint sein, setzt ein Loslassen von dem voraus, was wir bis dahin für uns selbst gehalten hatten. Dies sind natürliche Vorgänge in den meditativen Vertiefungsstufen. Auch wenn die Meditation noch nicht einspitzig geworden ist, ist es dennoch hilfreich, diese Schritte für die Zukunft klar im Auge zu haben.

Solange die Gedanken in der Meditation kommen und gehen, ist damit eine natürliche Egobestätigung gegeben. «Ich sitze und meditiere jetzt», oder «Heute meditiere ich aber sehr schlecht», oder «Ich muß das verbessern» – das sind alles ichbezogene Ideen, die uns davon abhalten, in irgendeine Vertiefung zu kommen. Momentane Konzentration, die ja jedem möglich sein sollte, kann schon zeigen, daß es in einem Moment der Konzentration nicht möglich ist, das «Ich» zu unterstützen. In diesem einen Moment hat man sich selbst losgelassen. Für die Vertiefungen ist dieses Loslassen eine Vorbedingung, und so kann man sich dies vielleicht immer wieder ins Gedächtnis rufen.

Zu Beginn der Meditation können wir uns vornehmen, einmal alles, was mit uns selbst zu tun hat, fallenzulassen. Das scheint schwierig zu sein, denn es sieht wie ein Paradox aus, da wir ja selbst die Früchte der Meditation ernten möchten. Wir können aber nichts bekommen, solange wir denken: «Ich möchte dies haben.» Wenn der Gedanke auch noch so subtil ist, er bringt eine Blockade mit sich. In dem Moment, wo wir in der Lage gewesen sind, uns selbst einmal zu vergessen, und daher die Resultate der Konzentration erleben können, wissen wir, daß Fallenlassen die erste Notwendigkeit war. Wir können uns also am Anfang der Meditation vielleicht vornehmen: «Ich möchte nicht an mich selbst denken, nichts für mich selbst wollen, ich möchte mich selbst aufgeben, möchte loslassen von allem, woran ich gewöhnt bin, allem, was ich sonst denke.» Ein solcher Vorsatz kann nur gute Folgen haben, selbst wenn die Vertiefung nicht kommt, denn der einzige Störenfried in unserem Leben ist unser «Ich». Wenn wir das auch nur eine Sekunde loslassen, haben wir eine Sekunde ohne Störung gelebt.

Die Freude, die wir in der zweiten Vertiefung erfahren, bringt uns starkes Selbstvertrauen. Das kommt einerseits daher, daß wir ohne erneute Anstrengung des Konzentrierens von der ersten zur zweiten Vertiefung übergehen konnten. Außerdem wissen wir, daß wir den Geist wenigstens schon etwas unter Kontrolle haben, und auch das stärkt unser Selbstvertrauen. Das ist ein Punkt, der denjenigen, die noch nicht zu den Vertiefungen gekommen sind, oft Schwierigkeiten macht. Sie haben Angst, die Kontrolle zu verlieren. Niemand, der den Geist nicht nach Wahl dorthin richten kann, wo er ihn haben will, hat seinen Geist unter Kontrolle. Im Gegenteil: Wer noch nicht oder nur minimal in die Vertiefungen gehen kann, hat einen unkontrollierten Geist. Der springende Punkt ist nicht, Kontrolle zu haben, sondern die Egobezogenheit momentan loszulassen.

Kontrolle kommt erst, wenn wir den Geist dort hinlenken können, wo wir ihn haben wollen, und ihn dort lassen können, solange wir wollen. Ein Mensch, der den Geist unter Kontrolle hat, wird nie unglücklich, denn es wäre ja absurd, sich freiwillig unglücklich zu machen. Nur wer den Geist nicht unter Kontrolle hat, kann unglücklich werden. Zu glauben, daß wir durch ständiges Denken die Kontrolle behalten können, ist bloße Einbildung. Das ständige Denken ist ja im Prinzip nichts anderes als eine ganz ungewollte Aktivität. Haben wir die zweite Vertiefung einmal ermöglicht und innere

Freude erlebt, dann entwickelt sich unser Selbstvertrauen, weil wir wissen, daß wir unseren unruhigen Geist wenigstens teilweise bezwungen haben.

Selbstvertrauen kommt weiterhin dadurch, daß wir anfangen, uns unabhängig zu fühlen. Die Freude, die wir in der zweiten Vertiefung kennenlernen, ist andersgeartet und von viel größerer Bedeutung als jede Freude, die wir bis dahin erleben konnten. Man kann sie überhaupt nicht mit der gewöhnlichen Freude vergleichen; unsere Sprache hat jedoch kein anderes Wort dafür. Durch das persönliche Erlebnis der verinnerlichten Glücksempfindung erkennen wir, daß wir nicht mehr von freudigen Erlebnissen, die äußerliche Ursachen haben, abhängig sind oder sogar von anderen Leuten, die ihre Gesinnung oft ändern. Ein Abhängigkeitsverhältnis schafft auch immer eine Angstsituation, denn es liegt ja in dem Fall nicht an uns selbst, ob wir glücklich sind oder nicht, sondern an Menschen und Situationen, die wir kaum beeinflussen können. Dazu kommt auch, daß die versuchte Beeinflussung es uns oft unmöglich macht, ehrlich zu uns selbst zu sein.

Es wird uns vollkommen klar, daß alles, was in der Welt zu haben ist, nur von relativer Wichtigkeit ist, so daß wir in der Lage sind, allmählich immer mehr davon loszulassen. Das bedeutet nicht, daß wir nie mehr etwas Gutes essen oder etwas Schönes sehen, etwas Angenehmes hören oder vielleicht nicht einmal erkennen, ob Dinge schön, angenehm oder gut sind – das wäre ja absurd. Es bedeutet nur, daß wir nichts Derartiges mehr suchen, um Vergnügen zu erleben. Diese Dinge existieren, und da sie entstanden sind, müssen sie auch wieder vergehen. Dadurch, daß wir die Sucht und die Suche nach angenehmen Sinneskontakten aufgeben, haben wir unsere Energien für eine ganz andere Suche freigelegt, die uns in die Tiefe führt, zur absoluten Wahrheit, zur Erlösung von allem Leid. Die freigelegten Energien werden durch die meditativen Vertiefungen immer wieder aufs neue gestärkt.

Es gibt keine stärkere Energiezufuhr, als wenn wir den Geist einmal ausruhen lassen und ihm die Möglichkeit geben, innere Freude auf eine Art zu erleben, wie es sonst nirgends auf der weltlichen Ebene möglich ist. Wir tragen alle Fähigkeiten in uns, denn sonst gäbe es keine Erleuchtung, keine Heiligkeit. Es ist nur oft der Fall, daß wir dieser inneren Kraft nicht nahekommen. Hier haben wir diese Möglichkeit. Häufig wird ein großes Geheimnis oder auch eine große Schwierigkeit daraus gemacht, aber jeder, der bereit ist, sich hinzugeben, kann der inneren Kraft nahekommen. Von der überstarken Egobezogenheit loslassen ist die Basis des Sich-hingeben-Könnens; ohne dies sind die Vertiefungen nicht möglich.

In vielen Lehrreden hat der Buddha gesagt, Sinnesfreuden seien grob und roh, aber die Freuden der Vertiefung gönne er sich, denn sie erleichterten den Pfad der Selbsterziehung. Wenn die innere Freude der meditativen Vertiefung aufgetaucht ist, verstärkt sie auch die Freude, die sich durch das Vertrauen in die Lehre gebildet hat. Wenn wir unsere innere Kraft und Reinheit erleben, können wir nicht anders als glücklich sein, diesen Pfad zu gehen, wodurch unser Vertrauen sich ebenfalls vertieft. Wir haben ja selbst beweisen können, daß die Lehre des Buddha korrekt ist und uns schrittweise zur Erfüllung führt.

Wir könnten vielleicht glauben, daß jemand, der in der meditativen Vertiefung Freude erlebt, nun kein *Dukkha* mehr hat. Das ist aber nicht der Fall, das hat der Buddha uns klar und deutlich gelehrt, und dennoch gibt es oft Mißverständnisse. Zur Zeit des Buddha war seine Lehre neu und einmalig, und heute, wo der Meister nicht mehr da ist, wird manchmal geglaubt, *Dukkha* sei das einzig Wichtige an dem Pfad. Was der Buddha uns gelehrt und selbst praktiziert hat, sind die acht meditativen Vertiefungen, bei denen die Vergänglichkeit dieser angenehmen Gefühle tief innerlich erkannt werden kann, so daß uns echte Einsicht die Wahrheit offenbart. Das ist der Grund, warum es absolut nötig ist, am

Ende jeder Meditationserfahrung die Vergänglichkeit der erreichten Bewußtseinsebene festzustellen. Die Erkenntnis des Buddha, die zur Erleuchtung führte, war, daß wohl während der Vertiefungsmeditation alles *Dukkha* verschwunden ist, daß danach aber die Tatsache von Verfall, Krankheit, Tod und «alles, was mein und mir lieb ist, sich ändern und verschwinden muß» genauso ihre Berechtigung hat wie vor der Meditation. Daraus ist schon vor langer Zeit das Mißverständnis entstanden, Einsicht sei das einzige, was der Buddha gelehrt hat, und es handle sich nur darum, dem *Dukkha* zu entgehen, indem man die drei Merkmale Unbeständigkeit, Leidhaftigkeit und Substanzlosigkeit in sich selber erkenne.

Das ist wahrhaftig der Endzweck, aber der Weg führt über die Vertiefungen. Damit wir das Substanzlose am «Ich» erkennen, bedarf es einer Tiefe des Verstehens und Erlebens, die so weit führt, daß die ganze Persönlichkeit verändert wird. Dazu brauchen wir einen Geist, der sich vertiefen kann, und überdies wollen wir ja auch vom Alltagsbewußtsein fort. Das ist ja der eigentliche Grund, warum die meisten Menschen überhaupt erst einmal zur Meditation kommen. Sie möchten etwas Ruhe und Glück erleben. Wenn ihnen das nicht gelingt, sind sie enttäuscht. Jeder, der praktiziert und fleißig dabeibleibt, kann in die Vertiefungen kommen. Es ist nichts Besonderes dazu nötig, denn der menschliche Geist ist entsprechend beschaffen.

Wenn wir innere Freude erleben, bedeutet dies, daß wir die Emotionen in uns läutern. Während wir diese Freude erfahren, können wir nichts Negatives empfinden; die Freude ist so stark, daß sie gar nichts anderes zuläßt, sie durchdringt und erfüllt uns vollkommen, so daß es zu einer automatischen Läuterung kommt. Was für ein wunderbares Geschenk ist die Meditation! Natürlich müssen wir im Alltag weiter unsere Emotionen läutern. Das ist oft schwere Arbeit und kann uns dazu verführen, uns selbst zu tadeln, was aber sinnlos ist. Wenn wir schon negativ empfinden, uns dann aber dafür auch noch tadeln, sind wir mit doppelter Negativität behaftet. Läuterung im Alltag sollte nichts weiter sein als: *Erkennen, nicht tadeln, ändern.*

Die Hilfe, die wir in den Vertiefungen bekommen, ist so enorm, daß uns von da an alles viel leichter fällt. Wir werden feinfühliger, können uns selbst besser nachspüren und uns deutlicher erkennen, auch wenn subtile Regungen in uns hochkommen. Wer nicht meditiert, merkt wohl, wenn er ärgerlich oder wütend wird, aber oft erst, wenn er schon losgeschrien hat. Wenn wir die Vertiefungen üben, sind wir gezwungen, unser Innenleben mit seinen subtilen Emotionen zu erkennen, und das erleichtert es uns, das gleiche auch im Alltag zu tun.

Situationen, in denen wir spüren, daß eine negative Reaktion in uns aufsteigt, können wir meistern, indem wir das Negative durch etwas Positives ersetzen. Diese Feinfühligkeit läßt uns auch klar sehen, daß das *Dukkha* durchaus nicht aufgehört hat, nur weil wir angenehme Meditationszustände erfahren haben. Wir wissen, daß das *Dukkha* im Leben genauso weitergeht, daß wir aber in der Lage sind, *Dukkha* mehr universell als individuell anzusehen und daher nicht so darunter zu leiden. Unser Leid entschwindet erst vollkommen, wenn vollkommene Einsicht eingezogen ist. Auch dann entschwindet *Dukkha* nicht, aber derjenige, der es empfindet, ist verschwunden – nicht durch den Tod, sondern durch das Ende der Illusion, daß hier jemand ist, der leiden muß. Soll das geschehen, brauchen wir Richtlinien, so daß der Weg selbst uns Freude macht. Ohne Freude ist es ja, als wollten wir uns selber bestrafen – wozu sollte das gut sein? Wir könnten dann wohl auch niemanden überzeugen, daß dies ein guter Weg für ihn wäre.

Die Freude der zweiten Vertiefung bleibt natürlich nicht in vollem Umfang bestehen, wenn die Meditation zu Ende ist. Sie bleibt aber als innere Freude und Heiterkeit, so daß wir mit *Dukkha* umgehen können, ohne uns überwältigen zu lassen, und unser Leben sich immer wieder auf ein beruhigtes Innenleben stützen kann. Unser Innenleben *muß* sich ändern, wenn wir täglich meditieren. Wenn wir immer wieder das Erlebnis einer unabhängigen Freude haben, die uns völlig durchtränkt, können wir unmöglich die gleichen bleiben. Unsere Emotionen sind das, was wir «erleben» und daher unser «Leben». Wir versuchen zwar ständig, alles zu erdenken, aber damit kommen wir nicht sehr weit. Jeder, der sein Leben erdenken will, wird eines Tages merken, daß das nicht funktioniert. Leben muß erlebt und gelebt werden. Jegliches markante Erleben verändert uns, und das Erleben von Freude ermöglicht uns, die täglichen Schwierigkeiten anders zu bewerten und leichter zu bewältigen.

Diese Veränderung geht schließlich so weit, daß wir die Unannehmlichkeiten, denen jeder Mensch ausgesetzt ist, gar nicht mehr als Schwierigkeiten ansehen. Es ist alles einfach so, wie es ist. Der Geist, der sich der Freude hingeben kann, sie als seine Heimat erlebt, nichts von außen sucht und sich ständig der Vergänglichkeit bewußt ist, hat eine ganz andere Substanz als ein Geist, der nur nach außen geht. Solch ein Geist muß unruhig sein, denn er weiß ja nie genau, ob er Vergnügen finden kann, und er wird leicht aggressiv und ärgerlich, denn es geht ja oft nicht so, wie er gern möchte. Je mehr Aggressivität und Ärger wir in uns tragen, desto schwieriger ist unser Leben. Nicht, daß wir es so wollten, aber ohne das Erleben der Reinheit unseres Herzens ist es beinahe unmöglich, diesen Unreinheiten zu entkommen. Darum sind die Vertiefungen nicht nur angenehm, sondern notwendig. Wenn wir die innere Freude in der zweiten Vertiefung als etwas erkannt haben, das immer noch etwas Erregendes hat – auch wenn sie nicht so übersprudelnd ist wie zum Beispiel Lustigkeit im täglichen Leben –, so sucht der Geist sich eine feinere, subtilere Haltung, um dem Ideal der tiefen inneren Ruhe immer näher zu kommen.

F: Ist der reine Geist also ständig da und nur durch unsere Unreinheiten verdunkelt?
A: Das kann man so sagen, und das können wir auch erleben, wenn wir die Verdunklung durch unser Denken vorübergehend ablegen und die reine Natur unseres Geistes erkennen.
F: Das ist also eine Ebene, die ständig vorhanden ist?
A: Ja. Immer vorhanden, aber oft blockiert.
F: Ich erlebe manchmal im Alltag plötzlich Zustände von Freude und Frieden, wo ich dann hinterher nicht weiß, ob es durch einen äußeren Anlaß kam. Kann es sein, daß eine Sekunde lang der Geist irgendwie unbefleckt oder geläutert war?
A: Es ist sogar möglich, daß der Geist sich eine Sekunde in die meditative Vertiefung versenkt und Freude erlebt hat.
F: Ich erlebe das, aber es ist mir nicht bewußt, daß ich es mache?
A: Es ist auch möglich für Menschen, die es noch nicht in der Meditation gelernt haben. Diese glauben dann, es läge an einem Sonnenuntergang oder einer Symphonie, oder am Wellenschlag im Ozean. Aber es war nichts anderes, als daß in dem Moment nicht gedacht, sondern nur erlebt wurde.
F: Sind diese Zustände der Vertiefung letzten Endes dann auch das Ziel solcher Übungen wie der Übung der reinen Betrachtung? Oder geht es bei denen nur darum, sozusagen das «Ich» zwischen dem Auge und dem Geschauten auszuschalten?
A: Das ist eine Übung des Klarblicks und nicht der Vertiefung. Wenn wir ohne geistige Reaktion auf das Geschaute bleiben, dann erkennen wir die *Khandha* (die fünf Gruppen, aus denen wir bestehen; hier ist Sinnesbewußtsein gemeint) in uns, was zum Klarblick führt. Aber die Übung der Vertiefung bezieht sich immer auf die einspitzige Konzentration auf ein neutrales Meditationsobjekt.

C) ZUFRIEDENHEIT
(Sechster Schritt)

Um tieferer Ruhe näher zu kommen, ist es nötig, auch die Freude und das Glücksgefühl loszulassen und noch weiter in das innere Erleben vorzudringen. Ein Geist, der Freude ausgekostet hat, kann zufrieden sein, denn er ist zeitweilig wunschlos glücklich. Es gibt also im Moment keinerlei *Dukkha*, das ja durch Wünschen – also Haben- oder Loswerdenwollen – bedingt ist. Es scheint, daß der Geist eine neue Ebene der Tiefe berührt und zum Frieden kommt.

Die ersten beiden Stufen der Vertiefung sind, obwohl sie nach innen gerichtet sind, von Erleben erfüllt. Erreichen wir die Stufe der *Zufriedenheit*, so kann der Geist sich zum erstenmal zur Ruhe setzen. Er erreicht einen Zustand, der uns nicht vollkommen fremd ist. Wir kennen Zufriedenheit, wenn wir einmal das bekommen, was wir wollen, und es sogar eine Weile behalten können. Hier aber ist eine Zufriedenheit entstanden, die tiefer und unerschütterlich ist, weil sie von äußeren Geschehnissen unabhängig ist. Wir wollen nichts bekommen, sondern sind auf Loslassen ausgerichtet. Sogar von der Freude konnten wir loslassen, und sie ist ein Punkt besonders starken Anhaftens. Am Anfang des Praktizierens der Vertiefungen ist dieses Erlebnis der Freude etwas so Neues und Wünschenswertes, daß wir es unbedingt behalten wollen. Durch ständige Wiederholung ist es schließlich nicht mehr so wichtig, auch weil wir wissen, daß wir dieses Erleben jederzeit herbeiführen können, und weil wir die Vergänglichkeit schon besser durchschaut haben. Zufriedenheit birgt eine Tiefe in sich, die sich wie ein Fels anfühlt, der in sich selbst ruht.

Dies ist im Prinzip das, was der Mensch sucht. Wir wissen vielleicht gar nicht recht, wie wir diesen Wunsch realisieren können, aber unterschwellig oder bewußt sucht unser Herz die innere Ruhe und Unerschütterlichkeit, der unsere Emotionen und Gedanken nichts mehr anhaben können.

Die ersten drei Vertiefungen, das Entzücken, die Freude und die Zufriedenheit, sind eine selbstverständliche Folge der Konzentration, und es steht ihnen nichts im Weg, wenn wir erst einmal den Zugang zur Vertiefung gefunden haben. Es ist wichtig, mit der daraus resultierenden Feinfühligkeit nicht nur unser eigenes *Dukkha*, sondern auch das universelle *Dukkha* zu erkennen, das uns sonst sicherlich nicht so klar würde. Wir könnten andernfalls glauben, daß diese Meditationserlebnisse allein schon der Zweck der spirituellen Praxis sind.

Menschen, die vernünftig denken können, ist jedoch ganz klar, daß sie mit Verwirklichung dieser meditativen Stufen, auch wenn sie genau das sind, was sie gesucht haben, *Dukkha* noch nicht überwunden haben. Im Gegenteil. Unbeständigkeit und Veränderlichkeit werden immer klarer und deutlicher, denn der Geist ist ja durch die Meditation geschult, die Vertiefungszustände immer wieder als unbeständig zu erkennen – es ist unmöglich, das zu übersehen. Daher ist es dann auch im Leben viel leichter, alle Annehmlichkeiten als unbeständig zu akzeptieren und *Dukkha* als Phänomen der Existenz zu erkennen. Es handelt sich nicht nur um das Vergehen des Angenehmen, sondern auch um die Angst, die mit dem Verlust verbunden ist, und die ständige Möglichkeit, daß das Unangenehme uns heimsuchen wird. Der geschulte Geist, der sich einspitzig konzentrieren und vertiefen kann, ist in der Lage, dies wirklich zu verstehen. Um *Dhamma* leben zu können, müssen wir unser Bewußtsein umstrukturieren. Im allgemeinen sind wir nicht auf *Dhamma* ausgerichtet, sondern weltlich orientiert. Aber hier sind wir mit der Überweltlichen Kette Bedingten Entstehens beschäftigt, die nach der anfänglichen Erkenntnis von *Dukkha* Schritt für Schritt zur vollkommenen Erlösung führt. Wenn wir erst einmal begonnen haben, uns diesem Pfad hinzugeben, ist die Entwicklung nicht aufzuhalten, denn unsere natürliche Stärke, Sehnsucht und meditative Fähigkeit helfen uns immer weiter dabei, den Geist tiefer zu versenken und ungehindert zu erweitern.

Da der Buddha selbst die meditativen Vertiefungen praktiziert, all seine Jünger dazu angehalten und sie immer wieder als einen Teil des Weges erwähnt hat, besteht auch heute die wunderbare Möglichkeit, uns auf diesen gleichen Weg der Verinnerlichung zu begeben.

Fragen und Antworten

F: Obwohl der Geist einspitzig geworden ist, beobachtet trotzdem jemand. Wo sitzt denn der Beobachter?
A: Wenn das Erkennen der Freude nicht wäre, würden wir Schlaf, Traum oder Trance erleben. Es ist ein Empfinden der Freude und auch ein Wissen der Freude, das bedeutet *erkanntes Erleben*. Der Moment, wo der Beobachter und das Beobachtete eins werden, ist eine andere Erfahrung. Hier vollzieht sich die Erfahrung von Beobachter und Beobachtetem wohl auf einer meditativen Basis, aber dennoch ist das «Ich» nicht ausgemerzt.
F: Ist der Beobachter nicht das Bewußtsein?
A: Ja, so könnte man es ausdrücken. Aber trotzdem sagen wir, nachdem die Meditation vorbei ist: «*Ich* habe große Freude erlebt.»
F: Das ist doch aber nur so, weil es der Sprachgebrauch ist?
A: Nein. Wenn dieses Freude-Erlebnis etwas anderes wäre, dann würde man versuchen, es anders auszudrücken. Aber die Freude- und Zufriedenheitserlebnisse sind keine «Nicht-Ich»-Erfahrungen. In den nichtkörperlichen Vertiefungen ist es möglich, andere Beschreibungen zu finden.
F: Wenn man fragt: «Wo ist der Beobachter?», dann ist gar keiner da, nur Bewußtsein?
A: Ja, es ist Bewußtsein, aber immer noch mit der Ich-Illusion verbunden.
F: Wie kann man denn diese Illusion loswerden?
A: Die Illusion wird erst durch einen Moment des Erlebens ohne «Ich» erschüttert. Bis zu dem Moment wird sich das

«Ich» immer freuen, wenn es etwas Gutes gemacht hat, was auf jeden Fall besser ist, als wenn es sich ärgert. Wenn wir weitermeditieren, entstehen die Möglichkeiten des Erkennens immer öfter. Wir können nicht über unseren eigenen Schatten springen, sondern nur langsam voranschreiten. Das «Ich» kann sich so lange freuen, bis wir ihm auf die Schliche gekommen sind.

D) RUHE
(Siebter Schritt)

Der nächste Schritt der Überweltlichen Kette Bedingten Entstehens und gleichzeitig der meditativen Vertiefungen ist die absolute Ruhe, die im *Edlen Achtfachen Pfad* «rechte Konzentration» (*sammā-samādhi*) genannt wird. Bis dahin haben wir also nur die Anfangsstadien erlebt, obwohl auch diese uns schon auf andere Bewußtseinsebenen bringen. Es ist schwieriger, die vierte Vertiefung zu erreichen als die ersten drei, denn hier ist es nötig, sich selbst zeitweilig vollkommen aufzugeben. In den ersten drei Vertiefungen erleben wir Annehmlichkeiten, an denen sich das «Ich» erfreuen kann. In der vierten Vertiefung gibt es weder angenehme noch unangenehme Gefühle. Sie heißt daher auch die Stufe des *Gleichmuts*.

Wollen wir fundamentalen Gleichmut in uns tragen, so ist dies ein nötiger Schritt, der dann durch Erkenntnis noch verstärkt werden muß. Auf jeden Fall erleben wir aber in der vierten Vertiefung, was Gleichmut eigentlich bedeutet. Um tiefe Ruhe in dieser Vertiefung zu erfahren, müssen wir jegliche Erwartungen und Wünsche aufgeben und damit unsere Ichbezogenheit. Natürlich geschieht dies nur vorübergehend, denn wenn die Meditation beendet ist, erscheint das «Ich» wieder in voller Stärke.

Man kann das, was auf dieser Vertiefungsstufe vorgeht, als eine Bereitschaft zu ertrinken beschreiben oder als vollkommene Hingabe an die meditative Sammlung, in der zeitweilig nichts anderes mehr existiert. Das ist nicht so erregend wie der Zustand der Freude oder Verzückung, aber die tiefe Ruhe bringt große Kraft mit sich. Sie ermöglicht dem Geist, sich zu regenerieren, denn auf dieser Ebene ist vollkommene Einspitzigkeit und vollkommener Gleichmut. Dies gibt dem Geist eine Energiezufuhr, die er nirgendwo anders bekommen kann.

Diese Stufe der Vertiefung muß länger praktiziert werden

als die ersten drei. Der Geist hat auch immer wieder die Tendenz, aus der Ruhe herauszukommen: Hier ist der Beobachter nämlich fast vollkommen ausgeschaltet, so daß die Ichbestätigung kaum wahrnehmbar ist. Daher ist ein Geist, der das «Ich» noch empfindet, gar nicht so leicht damit zufriedenzustellen. Haben wir aber diese Stufe einmal erreicht, können wir nachträglich den großen Gewinn davon erkennen. Wir haben uns in einer inneren Ruhe und Sammlung befunden, die mit keiner Ruhe, die wir je erlebt haben, vergleichbar ist. Wir denken oft: «Ich möchte mich ausruhen», und im allgemeinen ruhen wir dann den Körper aus oder schlafen sogar ein. Diese Möglichkeiten haben nichts mit der meditativen Ruhe gemein, die tief innerlich empfunden und erlebt wird und uns zeigt, daß wir all das, was wir uns erwünschen, bereits in uns tragen.

Es ist hier also von einem Erleben der Ruhe die Rede, das uns sonst nicht faßbar ist, da wir sonst Ruhe nur als Dösen, Träumen oder Schlafen kennen. Unser Erleben entwickelt sich nachträglich zum Erkennen, sobald das Erlebnis beendet ist. Obwohl es sich so anhören mag, als ob es gleichzeitig vonstatten ginge, müssen wir erst etwas erleben, um es dann zu verstehen. Wir können nicht zwei Faktoren zusammen im Geist aktivieren. Erleben und Erkennen sind beide nötig, wenn wir den spirituellen Pfad beschreiten und wirklichen Gewinn davon haben möchten. Erkennen ist der vernunftbetonte, intellektuelle Geisteszustand; Erleben beruht auf den Gefühlen. Da wir aus Vernunft und Gefühl, aus Herz und Geist bestehen, müssen wir uns ganz dem spirituellen Pfad verschreiben und alle unsere Fähigkeiten dafür einsetzen, wenn wir *Dukkha* eines Tages hinter uns lassen wollen.

Erkennen fällt uns leichter, wenn wir mit den Richtlinien vertraut sind, und Erleben fällt uns leichter, wenn wir uns hingeben können. Sich hingeben bedeutet sich aufgeben können, das «Ich», wenn auch nur für kurze Zeit, in den Hintergrund stellen. Die Liebe, die wir durch unser Vertrauen in die

Lehre entwickelt haben, können wir hier auf beglückende Weise benutzen, um das Individuelle im Universellen aufgehen zu lassen. Solange wir uns selbst immer wieder in den Mittelpunkt stellen, sind uns natürlich Grenzen gesetzt. Eben aus diesem Grund ist es nicht einfach, in die vierte Vertiefung zu kommen. Der Mangel an Hingabe und Ichvergessenheit und der Glaube an unsere individuelle, körperliche, geistige und emotionelle Existenz machen es uns schwer, tiefe Ruhe zu erleben.

Der Geist weiß, ohne es gesagt zu bekommen, daß jedes dieser meditativen Erlebnisse sicherlich nicht das endgültige Ziel ist, sondern daß es noch verfeinertere Zustände geben muß. Daher sind wir auch in der Lage, immer wieder die vorhergegangene Stufe aufzugeben, um dort nicht stehenzubleiben. Im Innersten wissen wir ganz klar, daß es einen weiteren Schritt geben muß. Unsere Hoffnung und unser Drang nach dem Höchsten ermöglichen es uns, jede noch so angenehme Erfahrung loszulassen, so daß wir den nächsten Schritt erleben können. Loslassen ist im Prinzip eine absichtliche Handlung. Wenn wir genügend Übung haben, fließt das Bewußtsein ohne Schwierigkeit von einer Stufe zur nächsten. Am Anfang der Praxis ist es jedoch nötig, jede Ebene absichtlich loszulassen, um es dem Geist zu ermöglichen, tiefer zu gehen. Obwohl das natürlich kein physischer Prozeß ist, hat es dennoch den Anschein, als würde der Geist sukzessive in tiefer gelegene Regionen eindringen.

Loslassen ist eine Aktivität des Geistes und kein Zufall. Es geschieht nicht von allein. Wenn ich etwas in der Hand halte und es loslassen will, muß ich die Hand öffnen. Hier muß ich den Geist öffnen, und dazu brauche ich Absicht und Entschlußkraft. Die letztere sollte nicht mit Erwartungshaltung verwechselt werden, denn die ist schädlich. Wenn sich eine Erwartungshaltung im Geist verankert, ist es unmöglich, sich zu konzentrieren. Entschlußkraft hilft uns, Erwartungshaltung behindert uns. Wir können das leicht auseinanderhalten, wenn wir in uns gehen. Je länger und öfter wir meditieren, desto besser lernen wir uns selbst kennen. Da wir beim Meditieren kaum etwas anderes zu tun haben als aufzupassen, lernen wir dabei, auf uns selbst aufzupassen.

Der Geist ist an Gewohnheiten orientiert. Wenn er daran gewöhnt ist, Tag für Tag zu denken, zu urteilen, zu planen und zu wünschen, fühlt er sich darin zu Hause. Wenn er aber daran gewöhnt ist, sich schon beim Hinsetzen zu konzentrieren, macht er das dann leicht und schnell. Wenn wir dem Geist neue Möglichkeiten eröffnen, nimmt er langsam neue Gewohnheiten an. Es ist gerade dieser Gleiswechsel des Geistes, was wir durch die Meditation lernen können und müssen. Dann werden alle unsere Gedanken, Reaktionen und Bewußtseinserlebnisse in neue und spirituelle Bahnen gelenkt.

Fragen und Antworten

F: Wir sollen den Geist unter Kontrolle bringen. Aber ich verstehe nicht, unter wessen Kontrolle wir ihn bringen können?

A: Unter die Kontrolle der Konzentration. Sobald der Geist sich konzentrieren kann, hat er die Kraft, sich zu wenden, wohin er will, und auch dort zu verharren. Diese Kontrolle ist dann auch im täglichen Leben möglich, so daß man das denkt, was heilsam ist, und nie mehr Unglück in sich aufkommen zu lassen braucht.

F: Das ist also eine andere Form von «Ich»?

A: Das kommt auf unsere Einsicht an. Wenn wir glauben, daß «Ich denke», dann ist es «Ich». Wenn das Bewußtsein weiß, es ist nur Geist, dann ist es Geist. Körper und Geist des Erleuchteten bestehen aus den gleichen Komponenten wie die des Unerleuchteten. Die Bewußtseinsebene ist eine andere.

F: Darf ich bitten, das noch etwas klarer zu machen? Es wurde heute schon einmal nach der Instanz gefragt, die da irgend etwas tut. Einerseits geht es also um das Nicht-Selbst (*anattā*),

und doch wird darauf hingewiesen, daß der Geist unter Kontrolle gebracht werden soll. Da ist scheinbar ein Subjekt mit einbezogen, das mitdenkt. Das ist eine Frage, die mich manchmal piesackt.
A: Es sind diese beiden Gleise, die sich nie überschneiden. Solange «ich» glaube, daß «ich» denke, existiert hier ein Subjekt. Wenn aber das Bewußtsein der Erleuchtung erkennt, daß es nichts als Körper und Geist gibt, der Geist denkt und der Körper handelt, dann ist dies das Ende der Ich-Illusion. Der Geist des Erleuchteten denkt auch, aber derjenige, der glaubt, daß er als Individuum denkt, muß lernen, seinen Denkapparat unter Kontrolle zu bekommen. Ein Erleuchteter hat das schon erledigt.
F: Kann man diesen Meditationsweg auch ohne Lehrer gehen?
A: Ja, aber es ist schwieriger. Man kann; es dauert nur länger.
F: Wenn ich den meditativen Weg gehe und da auch Fortschritte mache, ist es trotzdem notwendig, nach den Tugendregeln zu leben?
A: Absolut notwendig. Jemand, der die Tugendregeln ständig bricht, kann nicht meditieren. Im allgemeinen merkt jeder, der meditiert, daß Verletzungen der Tugendregeln sogar noch aus der Vergangenheit hochkommen und ihn plagen und daß da erst einige Zeit vergehen muß, ehe diese karmischen Resultate wieder verschwinden. Es ist auch empfehlenswert, jeden Tag einmal die Meditationsmethode zur Läuterung* zu praktizieren. Sie hilft uns, den Niederschlag aller Negativitäten, die sich wieder neu gezeigt haben, aus dem Weg zu räumen. Natürlich sind die Vertiefungen selbst auch ein Weg der Läuterung, aber diese Achtsamkeitsmethode ist eine einfache und grundlegende Säuberung, die körperlich und emotionell hilfreich ist.

* siehe Seite 209

F: Wie kann ich am besten diese Achtsamkeitsmethode zur Läuterung praktizieren?
A: Es handelt sich um weiter nichts, als durch den Körper durchzugehen, die Empfindungen und Gefühle wahrzunehmen, fallenzulassen und weiterzugehen. Wir fangen oben am Kopf an und hören unten bei den Zehen auf. Es sind keinerlei besondere Regeln zu beachten. Vor allen Dingen ist dies für diejenigen hilfreich, deren Konzentration noch schwach ist, denn es kann die Einspitzigkeit fördern.
F: Du hast gesagt, daß die Läuterung und Erweiterung des Geistes und des Herzens zusammen praktiziert werden müssen. Die Läuterung und Erweiterung des Geistes geschieht ja in der Meditation. Kann die Läuterung und Erweiterung des Herzens genauso in der Meditation stattfinden?
A: Ja, vor allem durch die Liebende-Güte-Meditation.

Liebende-Güte-Meditation

Bitte lenkt die Achtsamkeit für ein paar Momente auf den Atem!

★

Wir wollen jetzt einmal all das Gute anerkennen, das wir im Leben schon getan haben – die Anstrengung der Meditation, den Eifer des Sitzens – und uns selbst wirklich loben für alle Reinheit, die in uns ist und mit der wir schon vieles bewerkstelligt haben.

★

Nun wollen wir denjenigen, der uns am nächsten sitzt, mit Lob und Anerkennung anfüllen für den Fleiß seiner Meditation, für das Gute, das er im Leben getan haben muß, damit er die Möglichkeit hatte zu meditieren, und ihn mit Lob und Anerkennung umhüllen, so daß er die Zuneigung spüren kann.

★

Und jetzt umhüllen wir alle, die mit uns meditieren, mit Lob und Anerkennung für den Fleiß ihrer Meditation, für das Gute, das sie im Leben getan haben müssen, um diese Möglichkeit der Meditation zu haben, so daß sie die Zuneigung fühlen können.

★

Jetzt wollen wir an unsere Eltern denken, ob sie noch am Leben sind oder nicht. Wir wollen sie mit Lob und Anerkennung anfüllen, durchtränken und umarmen für alles Gute, das sie getan haben, und alle Hilfe, die sie uns haben zukommen lassen.

*

Jetzt wollen wir an unsere liebsten und nächsten Menschen denken, sie mit Lob und Anerkennung anfüllen und umarmen, an all das Gute denken, das sie im Leben getan haben und womit sie uns schon beglückt haben.

*

Jetzt denken wir an unsere guten Freunde. Wir loben sie wirklich und erkennen alles Gute an, das wir von ihnen wissen. Wir sind dankbar für alles, was sie für uns getan haben, und umhüllen sie mit unserer Anerkennung, unserer Zuneigung und füllen sie damit an.

*

Nun denken wir an die Menschen, die wir gelegentlich treffen, Nachbarn, Arbeitskollegen, Menschen auf der Straße, in den Geschäften, auf Reisen. Wir loben sie und erkennen das Gute an, von dem wir annehmen, daß sie es getan haben, auch wenn wir es nicht wissen; wir füllen sie mit Lob und Anerkennung an und umhüllen sie damit, so daß sie unsere Zuneigung empfinden können.

*

Wir wollen nun an einen Menschen denken, den wir vielleicht nicht so gern haben, ihn für alles, was wir an Gutem von ihm wissen oder erdenken können, loben und es anerkennen. Wir füllen und umhüllen ihn mit Lob und Anerkennung, so daß auch dieser Mensch unsere Zuneigung spüren kann.

*

Wir denken an die Menschen in unserer Heimatstadt, loben sie und erkennen an, was wir an Gutem entweder von ihnen wissen oder glauben. Wir füllen und umhüllen sie damit, so daß auch diese Menschen unsere Liebe und Zuneigung spüren.

*

Und jetzt öffnen wir das Herz ganz weit und beziehen so viele Menschen mit ein, wie es uns möglich ist. Wir denken an all das Gute, das wir entweder von ihnen wissen oder glauben. Wir loben sie und erkennen sie an. Menschen nah und Menschen fern, solche, die wir kennen, und solche, die wir nicht kennen. Alles Gute, das in ihnen existiert und das sie schon gezeigt haben, loben wir innigst und erkennen es zutiefst an.

*

Jetzt lenken wir die Achtsamkeit wieder auf uns selbst, durchtränken uns mit Anerkennung und Lob für die rechte Anstrengung, die wir leisten, für das Gute, das jeder von uns schon getan hat, und umhüllen uns mit Zuneigung und Liebe.

*

Mögen alle Lebewesen glücklich sein.

*

6. FORMLOSE VERTIEFUNGEN

A) UNENDLICHER RAUM

Nach der vierten Vertiefungsstufe beginnen die *formlosen Vertiefungen*. Sie werden so genannt, weil sie Bewußtseinszustände enthalten, die uns vollkommen unbekannt sind und die auf unserer materiellen Ebene auch keinerlei Funktion haben. Sie basieren auf unerschütterlicher Konzentration und laufen auf eine Geisteserweiterung hinaus, die nichts mehr mit unseren gewöhnlichen Gefühlen und Erlebnissen zu tun hat. Sie können daher beim ersten Erleben vielleicht sogar erschreckend sein, und wenn die Wegweiser fehlen, dürften die Erlebnisse so fremdartig sein, daß wir nichts mit ihnen anfangen können. Das wäre dann ein Erleben ohne Erkennen. Das geschieht auch, wenn diese Erlebnisse spontan auftreten, ohne disziplinierte Meditationspraxis und ohne daß wir je davon gehört haben.

Die formlosen Vertiefungen haben ebenfalls vier Stufen. Sie sind den vier feinkörperlichen Vertiefungen vergleichbar, weil die erste der formlosen Sphären ebenfalls vom Körper auszugehen scheint. Bei der ersten feinkörperlichen Vertiefung schien das entzückende Gefühl ja auch auf dem Körper zu beruhen. Die fünfte Vertiefung, die erste der formlosen, hat den Effekt einer unbeschreiblichen Erweiterung. Es hat den Anschein, als verliere der Körper jegliche Grenzen und dehne sich derart aus, daß nichts mehr wahrzunehmen ist als unbegrenzter Raum, in dem kein persönlicher Körper oder irgendeine abgegrenzte Materie zu finden sind. In der vierten feinkörperlichen Vertiefung war der Beobachter fast ganz ausgeschaltet, aber jetzt kommt er wieder zur Geltung und erkennt, daß in dieser unendlichen Weite keinerlei Individuum existiert. Wenn der Geist die ersten Vertiefungen – Entzücken, Freude, Zufriedenheit und tiefe Ruhe – erlebt hat, ist er innerlich fest verankert und voller Gleichmut. Es ist dann ein leichtes, unendlichen Raum ohne Persönlichkeit zu akzeptieren.

Sollte solch ein Erlebnis allerdings spontan auftreten, hat der Geist Vorbehalte. Er befindet sich in einer vollkommen unbekannten Situation, ohne jegliche Vorbereitung, und die gewöhnlichen Ego-Identifikationen sind plötzlich aufgehoben. Das ist unter solchen Umständen ein erschreckender Moment. Daher ist es nötig, Stufe nach Stufe die Vertiefungen durchzugehen, wie der Buddha es uns gelehrt hat.

Das systematische Erleben der aufeinanderfolgenden Bewußtseinsebenen ermöglicht uns, jede der Stufen zu kennen und uns darin zu Hause zu fühlen, so daß wir jederzeit zu ihnen zurückkehren können. Wenn wir eines Tages Meister in den Vertiefungen (*jhāna*) werden, können wir von jeder beliebigen Stufe zu einer anderen hinüberspringen, in auf- oder absteigender Reihenfolge. Dazu müssen wir aber jede Ebene genau kennen und sie so fest im Geist verankert haben, daß sie jederzeit abrufbar ist. Ein Meister der *Jhānas* sein bedeutet auch, daß wir ohne Vorbereitung in jegliche Ebene eintreten können, so lange darin bleiben können, wie wir wollen, und zur gewünschten Zeit herauskommen können. Durch stete Übung wird der Geist allmählich auf dieses seltsame Erlebnis des unendlichen Raums vorbereitet, in dem keine Persönlichkeit mehr zu finden ist und das «Ich» momentan aufgehoben ist. Wenn der Geist sich auf angemessene Weise diesem Ereignis angenähert hat, freuen wir uns über den Verlust der Ego-Identifikation; wenn wir unvorbereitet darauf stoßen, könnte uns das erschrecken.

Der unendliche Raum ist ein Erleben der Totalität von allem, was existiert. Danach ist es viel einfacher und selbstverständlicher, sich als Teil des ganzen Alls zu fühlen. Wir sprechen oft davon, daß wir alle eins sind und alle zusammengehören. Doch erst, wenn wir etwas empfunden haben, wissen wir, was es bedeutet. Wenn uns jemand erklären will, wie eine Mango schmeckt, und sagt, sie sei sehr saftig, süß, weich und schmecke gut, könnte es auch ein Pfirsich sein. Erst wenn wir selbst hineingebissen haben, wissen wir, wie eine Mango schmeckt.

Durch das Erleben des unendlichen Raums, in dem keine persönliche Begrenzung existiert, lernen wir also, Teil einer Ganzheit zu sein, in der es nichts weiter gibt als Existenz. Wenn wir dann wieder zu unserer Begrenzung und Abgetrenntheit zurückkehren, können wir uns ohne Anstrengung mit allem, was es um uns herum gibt, eins fühlen. Wir fühlen uns von nichts gefährdet, nichts ist verschieden vom «Ich». Wir brauchen uns nicht mehr individuell abzusondern und abzusichern, denn das Erleben des unendlichen Raums zeigt uns, daß alle diese separaten Häufchen Mensch nichts weiter als illusorische Begrenzungen sind, die aus der physiologischen Zellteilung entstanden sind und in Wirklichkeit auf geistiger Basis keinerlei Berechtigung haben. Nichts steht allein und abgetrennt, alles gehört zusammen und ist ein Teil der gesamten Existenz.

B) UNENDLICHES BEWUSSTSEIN

Um unendlichen Raum erleben zu können, müssen wir natürlich ein vollkommen erweitertes, unendliches Bewußtsein haben. So wie sich in der ersten und zweiten der feinkörperlichen Vertiefungen das Freudegefühl gleichzeitig mit dem angenehmen Körpergefühl zeigt, weil man sich ja freuen muß, wenn man ein solches Gefühl des Entzückens verspürt, erscheint das unendliche Bewußtsein gleichzeitig mit dem unendlichen Raum, weil dieser ja auf andere Weise nicht wahrnehmbar ist. Um von der fünften Vertiefung in die sechste fortzuschreiten, brauchen wir nur unsere Achtsamkeit von der Beschaffenheit des unendlichen Raums – der unendlichen Weite – abzuwenden und der unendlichen Bewußtseinssphäre zuzuwenden.

Die Stufe der unendlichen Bewußtseinssphäre macht uns deutlich, daß wir kein persönliches Bewußtsein haben, sondern daß es ein total umfassendes Bewußtsein gibt und jeder von uns daran teilhat. Das bringt uns wiederum der Empfindung einen Schritt näher, daß die Ich-Illusion ja nichts weiter ist als eine in uns verankerte Idee, die sich durch nichts, das wir in der Meditation finden, erhärten läßt. Im Moment des Erlebens des unendlichen Bewußtseins ist die Ich-Illusion unhaltbar. Sie kann sich nicht behaupten, denn unser Erleben ist zu der Zeit ein ganz anderes. Nach Beendigung der Meditation kommt diese Idee des persönlichen «Ich» wieder hoch, aber diese Stadien des Erlebens sind die Schritte, die unumgänglich sind, wenn wir einmal zur kompletten Aufhebung der Illusion kommen wollen. Wenn wir nicht schon eine Ahnung haben, daß das «Ich» eine Fehlspekulation ist, schlagen wir uns mit einem Phänomen herum, das uns immer wieder große Schwierigkeiten machen wird und es bis jetzt ja auch getan hat.

Beide unkörperlichen Vertiefungen – unendlicher Raum und unendliches Bewußtsein – sind eine Erweiterung der vierten Vertiefung, die zwar nur als Ruhe erlebt wird, aber schon ein erweitertes Bewußtsein mit einbezieht, das die folgenden Erlebnisse ermöglicht. Unsere Fähigkeit, immer wieder in diese Vertiefungen zu gehen, bedeutet, daß wir uns auf eine Bewußtseinsebene begeben können, die von der weltlichen vollkommen abgehoben ist. Auf der weltlichen Bewußtseinsebene sind wir jeder ein separates «Ich» und fühlen uns oft auch gefährdet und bedroht von anderen «Ichs». Wir sehen die Illusion als Wirklichkeit an, und das ist die relative Wahrheit, in der wir leben.

Dies zu durchbrechen, um zur absoluten Wahrheit vorzudringen, ist eine Sache der Erfahrung. Wir können wohl darüber nachdenken, wir können zustimmen, es logisch verstehen, aber das ändert unsere Reaktionen und Ambitionen nicht. Wenn wir nicht in die Mango hineinbeißen, wissen wir nicht, wie sie schmeckt, auch wenn wir glauben, daß sie bestimmt gut schmeckt, und derjenige, der uns dies sagte, ein sehr verantwortungsvoller, glaubwürdiger Mensch ist. Es ist nötig, der Meditation soviel Platz im Leben einzuräumen, daß die Möglichkeiten der veränderten Bewußtseinsebene erfaßt werden können.

Unser weltliches Bewußtsein kennen wir alle. Es ist nicht nur begrenzt, sondern bewegt sich auch ständig in der Dualität von Gut und Böse, bekommen und loswerden, mein und dein, Zukunft und Vergangenheit, gern haben und nicht leiden mögen, angenehm und unangenehm, hin und her. In dieser Spannung können wir nie vollkommen zufrieden sein. Diese Unzufriedenheit fühlen wir oft wie eine Leere – einen Mangel – oder auch wie eine Reizung, die uns dazu ansporrnt, etwas anderes, Neues zu suchen. Wenn sich dieses Neue dann aber auch auf der weltlichen Ebene befindet, trägt es dieselbe Qualität der Dualität in sich. Wenn wir uns aber einmal lange genug hingeben können, um Konzentration zu bewirken, dann finden wir, was wir eigentlich immer gesucht haben. Wenn wir uns selbst aufgeben, kann das Höchste, das Überweltliche, in uns einziehen. Deshalb heißt es oft in spirituellen Lehren: «Wer sich selbst vollkommen aufgibt, dem wird alles gegeben.»

Erkennen wir, daß es Ruhe, Glück, Frieden und vollkommene Erfüllung nur geben kann, wenn das persönliche «Ich» nicht im Spiel ist, dann werden wir immer wieder angespornt, dem Loslassen der Ich-Illusion näher zu kommen. Wir haben durch die Meditation bereits gelernt, daß es sich um nichts anderes handelt, als unser Bewußtsein dorthin zu lenken, wo wir sein wollen. Ob Gut oder Böse, Leid oder Freude, ob begrenzt und weltlich oder überweltlich – alles spielt sich in unserem Bewußtsein ab. Wir wissen auch, daß wir unser Bewußtsein unter Kontrolle haben können, wenn wir uns genügend hingeben können.

Die Auflösung des persönlichen Körpers, der im unendlichen Raum nicht mehr existiert, und das Verschwinden des persönlichen Bewußtseins auf der Ebene des unendlichen Bewußtseins sind durchschlagende Erlebnisse, die uns klarmachen, daß es nichts Wichtigeres im Leben gibt, als diesen Pfad bis zum Ende zu verfolgen; von diesem Moment an empfinden wir alles andere nur als Zeitvertreib. Das soll nicht bedeuten, daß wir nun den ganzen Tag meditieren, aber wir erkennen die Priorität der spirituellen Ausrichtung in unserem Leben.

Wenn wir aus der Meditation herauskommen, ist der Raum nicht mehr unendlich, sondern begrenzt, und das unendliche Bewußtsein ist wieder verschwunden. Daran erkennen wir, daß ein jeglicher Bewußtseinszustand sich immer wieder ändert und vergänglich ist. Hier wird uns noch klarer, daß es in unserer Praxis nicht allein darum geht, andere Bewußtseinsebenen zu erleben, sondern daß ihr Kernpunkt darin liegt, über die Existenz hinauszugehen. Meditation hat bei jedem, der sie weiterverfolgt, tiefgehende Wirkungen. Wir müssen also von vornherein bereit sein, diese grundlegenden Änderungen auf uns zu nehmen. Die Vergänglichkeit aller Bewußtseinszustände, selbst der reinsten, ist ein weiterer Beweis für die Leidhaftigkeit aller Existenz, denn auch der fortgeschrittenste Bewußtseinszustand ist nicht permanent. Diese Erkenntnisse sind gerade in den unkörperlichen Vertiefungen besonders deutlich, weil diese Meditationsstadien, obwohl sie auf Ruhe basieren, auch die Geisteserweiterung mit sich bringen.

Wir können zwischen einem zusammengeschrumpften und einem erweiterten Geist unterscheiden. Es ist besonders beachtenswert, daß ein zusammengeschrumpfter Geist vollkommen auf das «Ich» bezogen ist und kaum etwas anderes sehen kann. Solch ein Geist weiß nur, was ihm selbst widerfährt. Menschen dieser Art sind häufig schwer zu ertragen, denn auch im täglichen Leben kennen sie nichts anderes als ihre eigenen Anliegen. Um dem Geist die Möglichkeit zu geben, zur absoluten Wahrheit vorzustoßen, muß man ihm auch die Möglichkeit geben, sich vollkommen auszudehnen, und dazu gehört die Läuterung der Emotionen. Die Erweiterung des Herzens geht Hand in Hand mit der Erweiterung des Geistes. In der Sprache des Buddha sind sowieso beide eins. Unermeßliche Liebe und unermeßliches Mitgefühl eröffnen dem Geist die Unendlichkeit der Existenz. Darum müssen wir immer beides praktizieren: die Erweiterung und Läuterung unseres Herzens ebenso wie die Geschmeidigkeit und Reinheit unseres Geistes. Die Läuterung der Emotionen bringt Klarheit des Geistes. Wenn wir nicht mehr von negativen Emotionen heimgesucht werden, wird dem Geist eine kristallene Klarheit zu eigen, mit der er sonst verborgene Tiefen durchschauen kann. Wir müssen daher immer auf der Ebene des Herzens und des Geistes Innenschau halten.

F: Gibt es auch eine Wahrnehmung ohne Erinnerung, so etwas wie reine Wahrnehmung, ohne daß man sich klarmacht: Ich sehe dies und jenes, sondern nur sieht?

A: Solange das «Ich» mitspielt, ist das Sinnesbewußtsein von der Wahrnehmung und ist diese vom Denken getrübt. Reines Sinnesbewußtsein ist reine Achtsamkeit; zum Beispiel: ein Blatt anschauen und nichts weiter sehen als grüne Farbe und die Form des Blattes und nicht die Wahrnehmung einschalten, die sagt: «Das ist ein Blatt», gefolgt von der Geistesformation, die sagt: «Das gefällt mir sehr gut» oder «Das interessiert mich nicht».

F: Was gehört denn alles zu den Geistesformationen?

A: Alles, was sich im Geist abspielt, außer den Sinneskontakten, Gefühlen und Wahrnehmungen. Alles andere gehört dazu.

F: Also auch die Einsichtsfähigkeit?

A: Ja, richtig. Auch Dummheit gehört dazu.

F: Ist irgendwo aufgezählt, was das alles ist?

A: Ja, im *Abhidhamma* sind 89 verschiedene Geistesformationen aufgezählt. Es gibt eine Geschichte vom Buddha, wo er mit seinen Mönchen im Wald spazierengeht, sich niederbeugt und eine Handvoll Blätter vom Boden aufhebt. Er zeigt sie den Mönchen und sagt: «Mönche, was glaubt ihr: Gibt es mehr Blätter an den Bäumen in diesem Wald oder mehr in meiner Hand?» Die Mönche antworten: «Herr, es sind unvergleichlich viel mehr Blätter an den Bäumen im Wald als in Eurer Hand.» Da sagt der Buddha: «Was ich euch gelehrt habe, ist verglichen mit dem, was ich weiß, wie die Blätter in meiner Hand. Aber es genügt zu eurer Erleuchtung.»

F: Sind die Vertiefungen das zweite Gleis, auf dem wir alles anders verstehen?

A: Nein, das ist nicht mit dem zweiten Gleis gemeint. Das gewöhnliche Gleis, auf dem wir uns befinden, ist: «Ich meditiere, ich werde täglich klüger, ich weiß Bescheid, ich muß mich anstrengen, ich kann es gut oder ich kann es nicht.» Auf dem anderen Gleis existiert nichts weiter als Körper und Geist. Die Vertiefungen sind das Mittel zum Zweck, um zu dem zweiten Gleis hinzukommen, auf dem wir erkennen, daß niemand hier sitzt und meditiert. Nur Körper und Geist.

F: Wenn in den Vertiefungen die Emotionen von Freude und Zufriedenheit aufkommen, kann man es so ausdrücken, daß sie durch das Bewußtsein entstehen, daß ich Geist bin?

A: Diese Gefühle entstehen durch die Konzentration, die gleichzeitig eine Läuterung ist, weil in Zeiten, wo wir konzentriert sind, die Unreinheiten nicht in uns aufsteigen können. Es ist aber auch eine nötige Vorbedingung für die Konzentration, daß schon eine gewisse Läuterung besteht. Die Konzentration ist also die Ursache dafür, daß wir dem eigenen Geist auf einer Ebene der Reinheit begegnen können, auf einer Ebene, die zwar immer existiert, die wir in uns tragen und die eine ständige Erfahrung sein könnte, die aber immer wieder durch unser Denken und Reagieren verdeckt wird. Wir begegnen uns selbst so, wie wir sind, und auch so, wie wir sein könnten. Wir können den Weg zur Wahrheit mit dem Schälen einer Zwiebel vergleichen. Wenn wir Haut nach Haut abgeschält haben, bleibt am Ende nichts übrig.

F: Hat ein Erleuchteter ständig das Bewußtsein der Vertiefungen?

A: Diese Stufen der Vertiefung, die wir besprochen haben, sind auch dem Erleuchteten nur in der Meditation zugänglich, nur wenn er seinen Geist dort hinwendet. Ein Mensch, dem Hände und Füße abgeschnitten worden sind, weiß dies auch nur, wenn er seine Aufmerksamkeit darauf richtet.

F: Aus eigenem Erleben Schlüsse zu ziehen, geschieht dann aber doch durch Denken?

A: In der Konzentration ist Denken natürlich ein Störfaktor, aber Einsicht kommt nur durch *erkanntes Erleben*. Erleben, das sind die Gefühle, Erkennen ist die Vernunft. «Weises Erwägen» (*yoniso manasikāra*) ist eine notwendige Vorbedingung, um überhaupt einen spirituellen Pfad zu beschreiten. Es ist dies ein wichtiger Faktor unserer Geistesformationen.

C) DAS «NICHTS», DIE «LEERE»

Es fehlen noch zwei weitere Stufen der Vertiefungen. Alle vier formlosen Vertiefungen sind eine Erweiterung und Ausdehnung der vierten feinkörperlichen Vertiefung, so daß sie in der Beschreibung der Vertiefungen auch ihren Platz finden müssen.

Nach der Stufe des unendlichen Bewußtseins kommt die Leerheit. Die dritte Stufe der feinkörperlichen Vertiefungen, die Zufriedenheit, ist vergleichbar mit der siebten Stufe der formlosen Vertiefungen, denn hier erlebt der Geist wieder einen wunschlosen Zustand. Diesmal ist er allerdings dadurch entstanden, daß die Leerheit aller Formen erlebt wird und es daher nichts zu wollen gibt. Es ist dies ein Zustand nicht nur des tiefen Gleichmuts, sondern auch des absoluten Erkennens, also in dieser Hinsicht viel weitergreifend als die dritte Stufe. Haben wir dies nicht erlebt, so sagt uns das Wort «Leere» recht wenig, und «Nichts» wird deshalb oft falsch verstanden. Es geht hier nicht um ein Erkennen, daß es überhaupt nichts gibt. Durch das Erleben des unendlichen Raums und des unendlichen Bewußtseins, das eine Voraussetzung dafür ist, wissen wir, daß in allem, was existiert, nichts von Substanz zu finden ist. Das bedeutet, daß nichts Solidität hat, daß alles sich bewegt und wieder vergeht. Nirgends im ganzen unendlichen Raum gibt es etwas, wo wir uns festhalten können und sagen: «Das ist mein Platz, der gehört mir, hier bin ich gesichert.» Wir erkennen auf dieser Stufe, daß es nichts als Entstehen und Vergehen gibt. Es ist schwer, dieses Erleben in Worte zu fassen. Auch das unendliche Bewußtsein ist schwer zu beschreiben, denn die Feststellung eines Bewußtseins, das sich in unendliche Weite gedehnt hat, enthält nichts anderes als eine Richtungsangabe. Da im unendlichen Bewußtsein aber nichts geschieht, was wir festhalten können, erkennen wir, daß überhaupt keinerlei Substanz auffindbar ist.

Unsere Wissenschaftler haben auf theoretischer Basis schon vor Jahren festgestellt, daß es im ganzen Universum nichts gibt, was als solider Bauklotz angesehen werden kann, sondern daß es nur Verdichtungen von Energie gibt, die ständig zusammenkommen und wieder auseinanderfallen. Das wäre auf materieller Ebene eine Beschreibung dessen, was die siebente Vertiefung uns zeigt. Die meditative Erfahrung schließt aber etwas ein, was die Wissenschaft nicht erwähnt, weil sie es nicht untersuchen kann: nämlich daß schon der unendliche körperliche Raum und das unbegrenzte geistige Bewußtsein kein «Ich» mehr enthalten, so daß auch das «Ich» nichts weiter ist als ein ständiges Entstehen und Vergehen.

Im Prinzip ist uns das bekannt. Wir wissen vom körperlichen Standpunkt aus, daß sich unsere Zellen andauernd verändern müssen, sonst kommt der Tod. Wenn wir nicht ständig im Aufbau und im Verfall wären, hätten wir einen leblosen Körper. Wir wissen, daß unsere Gedanken ständig entstehen und vergehen, aber wir beachten es nicht. Ein Geist, der sich noch nicht vertieft hat, kann dies auch nicht in einer Weise beobachten, die ein anderes Weltbild ermöglicht. Wenn die Vertiefungen uns aber eine neue Bewußtseinsstufe vermittelt haben, erkennen wir, daß im Weltall nichts zu finden ist, das nicht vollkommen durchlässig, beweglich und substanzlos wäre. Die Erweiterung des Geistes zur unendlichen Bewußtseinsebene ist die dazu nötige Vorarbeit, und ein derart vorbereiteter Geist empfindet die Leere nicht nur als eine annehmbare Tatsache, sondern versteht auch, daß damit alle Probleme, die je waren oder sein werden, gelöst sind. Wenn alles beweglich, durchlässig und substanzlos ist, so gilt dies auch für denjenigen, der glaubt, Probleme zu haben, und gleichzeitig für die Probleme selbst.

In der siebenten formlosen Vertiefung verspüren wir weder Körper noch Geist, sondern verschmelzen vollkommen mit der atmosphärischen Bewegung der Energieteilchen, die wir ansonsten als Materie erkennen. Im Zustand der Vertiefung aber ist es möglich, Geist und Materie derart in das Erleben des Alls eingehen zu lassen, daß nichts mehr außerhalb dieser beweglichen, durchlässigen, substanzlosen Ganzheit existiert. Das klärt nicht nur unsere Illusionen, sondern zeigt uns neben der Winzigkeit des Individuums auch die Zugehörigkeit zur allumfassenden Schöpfung.

Ein weiteres interessantes und einschneidendes Erlebnis in dieser Vertiefung ist das Erkennen, daß die Welt nur aus unseren eigenen Projektionen besteht. Wenn wir zum Beispiel einen Sonnenuntergang sehen, so können wir damit reagieren, daß wir denken: «Wie schön die Wolkenformationen doch aussehen.» Wir können aber auch nur die Farben Rosa und Blau sehen und diese bewundern. Wenn aber unser Geist schon geschult ist, können wir auch nur die Farben bemerken und sie nicht beurteilen, oder wir lassen das ganze Wechselspiel von Dämmerung zu Dunkelheit an uns vorbeiziehen, ohne aus dem Bewußtsein der Totalität auszutreten und dadurch überhaupt Notiz vom Sonnenuntergang zu nehmen. Alles, was wir erleben, geht in dieser Weise vor sich. Die Meditationserfahrung zeigt uns deutlich, daß die Welt aus unserem Bewußtsein entstanden ist und wir sie nach Belieben verschwinden lassen können, wenn wir Ruhe haben wollen.

Wenn wir aus dieser Tiefe des meditativen Erlebens wieder in das alltägliche Bewußtsein zurückkehren, verbleibt dennoch eine Stufe der Erkenntnis, die es uns nie wieder erlaubt, so zu denken wie zuvor! Unser Welt- und Ichbild haben sich grundlegend geändert. Was wir bis dahin individuell und problematisch, anhaftend und besitzergreifend angesehen haben, löst sich in universeller Allgemeinheit auf. Es ist wohl klar, daß dieses Verstehen uns unser Leben um vieles erleichtert. Unser ichbezogenes Denken wird durch dieses Erleben ständig in Frage gestellt, so daß es immer leichter wird, uns dem unendlichen Bewußtsein auch im Alltag zuzuwenden. Je öfter wir uns der Schöpfung hingeben, desto mehr verweilen wir gewohnheitsmäßig in der Universalität alles Geschehens.

Eine tiefe Dankbarkeit darüber, daß es uns möglich war, uns aus der allgemeinen, dualistischen und problematischen Denkweise herauszuarbeiten, entwickelt sich im Herzen. Gleichzeitig steigt starkes Mitgefühl auf mit dem Leiden, das alle Menschen heimsucht, und ein inniger Wunsch, Hilfe zu leisten. Es ist dabei völlig klar, daß wahre Hilfe nur auf dem meditativen, Einsicht spendenden Weg zu finden ist, da jede andere Unterstützung wieder auf Veränderlichkeit und Unbeständigkeit beruht. Wenn wir uns von der Illusion der Festigkeit und Beständigkeit entfernt haben, kommen wir zu einer Ruhe, die wir bis dahin nicht gekannt haben. Wir sind jetzt bereit, alles so zu akzeptieren, wie es ist, ohne unsere eigenen Wünsche und Hoffnungen dazwischenzuschieben. Wir geben also «Ich», «mein» und «mir» schon weitgehend auf, da wir sie als nur störend erkennen.

D) WEDER-WAHRNEHMUNG-NOCH-NICHT-WAHRNEHMUNG

Die achte Stufe der formlosen Vertiefungen ähnelt der vierten Stufe der feinkörperlichen Vertiefungen insofern, als beide Stufen tiefe Ruhe beinhalten; sie unterscheidet sich dadurch von dieser, daß Sinneswahrnehmungen jeglicher Art vorübergehend abwesend sind. Auch hier ist Ruhe eingekehrt. Nach dem Erkennen der «Nichtsheit» gibt es nichts mehr zu erledigen; alle Sinnesfähigkeiten können sich wahrhaftig zur Ruhe setzen. Das bedeutet, daß sich unser Wahrnehmungsvermögen zu der Zeit um so vieles verringert hat, daß es teilweise ausgeschaltet ist. Das Ruheerlebnis ist hier noch stärker als in der vierten Vertiefung, wo die Wahrnehmung der tiefen Ruhe noch ständig vorhanden war. Die ersten vier Vertiefungsstufen haben dem Geist die Möglichkeit gegeben, Energie und Kraft zu sammeln, die er auf andere Weise nicht bekommen kann, so daß die nächsten Stufen der formlosen Vertiefungen auch Stufen der Einsicht werden können.

Das Erleben einer anderen Wahrnehmung bringt ein Erkennen, das als eine Art Niederschlag im Geist verbleibt. Diese Erkenntnisse sind dann in unser tägliches Denken mit einzubauen; wenn wir das nicht tun, haben wir nichts weiter als Annehmlichkeiten oder interessante Zustände erlebt, ohne spirituellen Gewinn daraus zu ziehen. Der kommt erst dann, wenn wir zulassen, daß das Neue unsere Standpunkte und Meinungen verändert.

Vertiefungen können nur beibehalten werden, wenn wir sie ständig praktizieren. Es ist wie ein Ausdehnen des Geistes, vergleichbar mit dem Dehnen des Körpers bei Yoga-Übungen. Wenn wir mit den Yoga-Übungen aufhören, ziehen sich die Sehnen und Muskeln wieder zusammen, und wir müssen beinahe von vorne anfangen. Da wir schon wissen, wie es geht, ist es nicht mehr ganz so schwierig, aber die Muskeln sind wieder steif. Genauso wird der Geist wieder steif, wenn wir nicht praktizieren. Ein steifer Geist ist ein zusammengeschrumpfter Geist, der sich nicht erweitern und auch nicht in die Tiefe gehen kann. Er muß sich also ständig schulen, um dabeibleiben zu können.

Da der Alltag so anders aussieht als die meditativen Zustände, scheinen die spirituellen Dinge manchen Menschen nicht wichtig genug, um sich darum zu kümmern; der Alltag scheint ihnen das Wichtigste zu sein. Doch unsere Meditationserlebnisse lassen uns fragen: Ist das Alltägliche das Ausschlaggebende, ist das wirklich so wichtig? Was enthält unser Alltag? Geld verdienen, essen, Ablenkung, Vergnügung. Ist das etwa das Wichtigste? Oder gibt es andere Werte, die uns deutlich zeigen, daß wir weiterpraktizieren müssen? Wenn wir klar und vernünftig nachdenken, sehen wir, daß die acht Vertiefungsstufen sicherlich nicht das Ende des spirituellen Pfades sind, sondern das Mittel, das uns hilft, den Pfad freudig und interessiert zu beschreiten. Es ist individuell verschieden, was wir aus den Vertiefungen gewinnen können: vielleicht nicht mehr als eine angenehme Meditationsstunde, oder aber einen vollkommen veränderten Standpunkt uns selbst und der Welt gegenüber. Dieser kann uns dazu führen, den Inhalt dessen, was wir bis jetzt für selbstverständlich gehalten haben, zu ergründen.

Die erste Hälfte des Weges der Überweltlichen Kette Bedingten Entstehens ist der Weg der *Ruhe*, die zweite Hälfte ist der Weg der *Einsicht*. Die ganze Lehre des Buddha besteht aus diesen beiden Richtungen und nichts anderem. Idealerweise geht die Ruhe der Einsicht voran. Denn nur durch Ruhe kommt tiefes Verstehen. Es können auch vorher persönliche Einsichten auftreten, die sehr hilfreich fürs eigene Leben sein können. Wenn es sich aber nicht um universelle Einsichten handelt, sind sie sehr zerbrechlich, weil sie nicht den Kern der menschlichen Problematik berühren. Sie basieren, wie alle bisherigen Einsichten, auf der Ich-Illusion und sind daher nicht tief verankert. Das liegt daran, daß der Geist noch nicht die nötige Kraft und die Muskeln hat, in die Tiefe zu gehen und zur Ruhe zu kommen, um sich klarzumachen, wie Existenz wirklich aussieht.

Obwohl die Ruhe der Einsicht vorangehen sollte, ist das in der Praxis oft nicht der Fall. In der Regel müssen die meisten Menschen auf beiden Ebenen arbeiten, um Bewußtseinsveränderungen zu erleben. Das heißt, daß sie sich mit der Analyse sonst für selbstverständlich gehaltener Dinge befassen, so daß der Geist ruhiger wird und sich bei der Meditation nicht mit persönlichen Problemen beschäftigt, die als Manifestation des universellen *Dukkha* erkannt sind. Solange wir *Dukkha* als rein persönlich ansehen, ist es schwer zu ertragen. Wenn es universellen Charakter angenommen hat, ist es keine Tragödie mehr. Mit etwas mehr Einsicht, durch Analyse und Innenschau, kommt auch etwas mehr Ruhe, die wieder der Einsicht weiterhilft. So machen wir auf beiden Ebenen langsam Fortschritte.

Im Verlauf der Praxis der Überweltlichen Kette Bedingten Entstehens bekommen wir erst Verständnis für unser eigenes *Dukkha*, fassen dann Vertrauen in die Lehre, erwerben dadurch Freude am spirituellen Leben und praktizieren dann die Ruhe-Meditation. Sobald wir das erreicht haben, geht nichts weiter vor sich als eine ständige Untersuchung der Merkmale aller Geschehnisse innerhalb oder außerhalb der Meditation. Einsicht ergibt sich durch Kontemplation oder auch durch ein blitzartiges Aufmerken. Wann und wie Einsichten kommen, ist individuell verschieden, aber es ist immer hilfreich, die geistige Ruhe der Vertiefungen anschließend zu einer Kontemplation zu benutzen. Erst können wir die Ruhe des Geistes auskosten und dann die Vergänglichkeit der Ruhe nicht nur auf den Meditationszustand beziehen, sondern als universelle Eigenschaft aller Manifestationen erkennen. Zu der Zeit, wo der Geist ruhig ist, hat er ein verstärktes und erweitertes Erkenntnisvermögen.

Wenn der Geist beschäftigt ist, bleibt er an der Oberfläche.

Wenn er ruhig ist, sinkt er in die Tiefe; dort ist sein Erkenntnisvermögen von einer anderen Beschaffenheit. Dann sehen wir die Vergänglichkeit nicht nur in den angenehmen Meditationszuständen, sondern in allem, was wir «Ich» nennen. Der Buddha hat uns gelehrt, daß die Bestandteile des «Ich» Körper und Geist sind, wobei der Geist wiederum aus Gefühl, Wahrnehmung, Gedanken und Sinneskontakten besteht. Diese können wir als Kontemplationsobjekte verwenden, so daß uns auch die Vergänglichkeit dieser fünf Gruppen in einer Art und Weise klar wird, die dem Erkennen in der Tiefe der Leerheitsstufe nicht nachsteht.

Nicht nur daß der Geist sich ständig ändert, indem er andere Gedanken oder Gefühle hat, weil wir etwas Neues erleben, und der Körper sich verwandelt, weil er älter, dicker, dünner, schwächer oder stärker wird. Es geht hier vielmehr um die Vergänglichkeit, in der nichts Solides zu finden ist. Nur in der Ruhe des Geistes entsteht die Möglichkeit, diese zu untersuchen; ansonsten will der Geist davon nichts wissen, denn auf diese angebliche Solidität haben wir unser Leben und Streben gegründet. Wenn der Geist sich nicht in die Tiefe begeben hat, wo er Ruhe, Glück und Frieden erleben kann, will er nicht zugeben, daß unser Leben auf einer falschen Hypothese aufgebaut ist. Er möchte dann lieber in Ruhe gelassen werden. Wenn er aber sowieso wunschlos glücklich und zufrieden ist, ist er interessiert daran, herauszufinden, ob all unser Streben, Bessermachen-, Besserwissen- und Besserwerden-Wollen, unsere ewigen Anstrengungen eigentlich nötig sind.

Wollen wir Klarblick erlangen, so untersuchen wir immer eine von drei Eigenschaften: erstens die Unbeständigkeit oder Vergänglichkeit; zweitens die sich aus der Vergänglichkeit ergebende, nie vollkommen zufriedenstellende Qualität dessen, was sich ständig ändert; drittens die Substanzlosigkeit all dessen, was sich derart bewegt. Alle drei Einsichten sind miteinander verbunden. Im allgemeinen suchen wir uns das zur Analyse aus, was uns am meisten interessiert. Ein Mensch, der sehr viele Wünsche hat, die zudem oft unerfüllt bleiben, untersucht wahrscheinlich *Dukkha*, das Nicht-ganz-zufrieden-Sein. Er kennt dies ganz persönlich, und das Unerfülltsein und ständige Wünschen, dem oft Enttäuschungen folgen, macht es ihm möglich, *Dukkha* ins Auge zu sehen und es zu analysieren. Er würde dieses ständige Entstehen und Vergehen als *Dukkha* empfinden, was auch vollkommen richtig ist, und würde vielleicht daraus entnehmen, daß *Dukkha* entsteht, weil er die Dinge anders will, als sie sind. Auch das wird nur deutlich, wenn der Geist erst einmal zufrieden und ruhig war und daher gleichmütig beobachten kann. *Dukkha* existiert, weil alles sich verändert, nirgends etwas stetig Bleibendes zu finden ist und wir daher immer wieder neue Wünsche haben.

Ein analytisch veranlagter Mensch ist im allgemeinen mehr an der Substanzlosigkeit (*anattā*) interessiert. *An-attā* heißt wörtlich übersetzt «Nicht-Ich» (*attā* = «Ich», *an* = «nicht»). Der Begriff «Nicht-Ich» sagt uns aber gewöhnlich nicht viel, denn immer wieder glauben wir: «Aber ich bin doch derjenige, der das Nicht-Ich finden soll.» «Substanzlosigkeit» ist zwar nicht die wörtliche Übersetzung, verhilft uns aber zu besserem Verstehen. Es gibt keine Substanz, die wir mit irgendeinem Namen benennen können, weder «Ich» noch «Du», das alles sind nur Konventionen. Um die Substanzlosigkeit zu erkennen, müssen wir die Substanz untersuchen. Was nicht existiert, ist auch nicht erkennbar. Was wir jedoch als Substanz bezeichnen, können wir untersuchen, nämlich das, was wir als «Ich» ansehen, und zwar Körper und Geist. Weil diese sich nicht nur ständig verändern, sondern durch die Veränderung immer neues Wollen hervorbringen, sind sie die Basis für unser Leid (*Dukkha*).

Da die Unbeständigkeit am leichtesten erkennbar ist, sollte dies wohl die geringsten Schwierigkeiten machen. Die genannten drei universellen Eigenschaften bergen die Wahrheit in sich; sie ist aber so fern von dem, was wir im allgemeinen im Bewußtsein tragen, womit wir uns beschäftigen, was wir anstreben und was unser Ziel im Leben ist, daß es eine gewisse Zeit braucht, den Bewußtseinsinhalt zu ändern.

Die achte Stufe der formlosen Vertiefungen zeigt uns ganz klar, daß tiefe Ruhe, Aufgeben des «Ich» und vollkommener Frieden auf Nicht-Denken und Nicht-Wahrnehmen gegründet ist. In der Tiefe dieser Versenkung gibt es keinen Beobachter, der erkennt und erlebt; erst im nachhinein ist eine rationale Erklärung möglich. Während der Versenkung werden Geist und Herz zu einer radikalen Läuterung hingezogen, die uns wie «neugeboren» daraus hervorgehen läßt. Obwohl von dieser Vertiefung kaum etwas zu berichten ist, da sie keinen Wahrnehmungsgehalt hat, haben wir dennoch großen Nutzen davon, da wir uns selbst ganz verlieren und diese Fähigkeit weiterhin verwenden können und müssen. Wenn wir den Weg der Vertiefungen gehen können, ist uns der Weg der Einsicht gebahnt.

7. DIE DINGE SEHEN, WIE SIE WIRKLICH SIND
(Achter Schritt)

Bis jetzt sind zwei Ebenen der Überweltlichen Kette Bedingten Entstehens zur Sprache gekommen. Die erste Ebene war die der Vorbereitung auf die Meditation, die uns bis zur Freude über den spirituellen Pfad führt. Die zweite Ebene bilden die meditativen Vertiefungen, die unseren Geist zur Ruhe und inneren Festigkeit bringen, um ihm darauf folgend Einsicht in die absolute Wahrheit zu ermöglichen. Nun kommen wir zur dritten und endgültigen Ebene, die das Ziel all unserer Bemühungen ist. Nämlich die stufenweise, immer stärker werdende Erkenntnis der Welt, wie sie wirklich ist, die uns in einen neuen Menschen umwandeln kann.

Wörtlich übersetzt heißt diese Stufe «Wissen und Sehen der Dinge, wie sie wirklich sind». Wissen ist die Erkenntnis, und Sehen ist das innere Erleben des Herzens. Wenn wir die Wahrheit sehen, dann wissen wir, daß sie anders aussieht, als wir bis jetzt geglaubt haben. Nun sind wir vollkommen gefestigt auf dem Pfad, denn von dieser Stufe an sind wir nicht mehr mit halben Lösungen und momentaner Ruhe zufrieden, sondern wollen die volle Freiheit erreichen. Bis jetzt haben wir wahrscheinlich geglaubt, daß die Welt uns etwas zu bieten hat, daß die Geschehnisse und Dinge von Wichtigkeit sind, daß wir für uns selbst sorgen müssen, uns das Leben so einrichten sollten, daß es recht angenehm ist, und daß wir auf der weltlichen Ebene viele Erfahrungen machen können und sollten.

Wenn «Wissen und Sehen der Dinge, wie sie wirklich sind» eintritt, wird uns klar, daß alles auf der Welt nur Trugbilder sind. Durch weltliche Erfahrungen, Gegenstände, Erlebnisse oder andere Menschen zufriedengestellt zu sein ist nicht möglich, da sie alle vergänglich sind. Es fallen uns die Schuppen von den Augen, die uns davon abgehalten haben zu erkennen, daß Geist und Körper nicht die Substanz haben, die wir ihnen zugebilligt haben, daß nichts zu finden ist, das einen unveränderlichen Kern in sich birgt. Der Glanz der Welt, der unsere Sinne momentan befriedigt, hat uns immer wieder in Versuchung geführt, den Sinnesbefriedigungen nachzulaufen.

Erkennen wir entweder die Vergänglichkeit oder das Unerfülltsein oder die Substanzlosigkeit, so läßt uns das die weltlichen Dinge im rechten Licht sehen, so daß wir nun den Pfad des überweltlichen Verstehens allem anderen vorziehen. Das heißt nicht, daß wir sofort Körper und Geist aufgeben können oder sollen. Im Gegenteil, wir werden beide anders verwenden, da unser primäres Interesse nun auf einer anderen Ebene liegt. Das *erkannte Erleben* kann als die Vision des *Dhamma*, des Naturgesetzes, der Wahrheit bezeichnet werden, und es zeigt sich uns nicht nur in uns selbst, sondern überall um uns herum.

Sobald wir uns auf dieser Bewußtseinsebene befinden, sehen wir alles, was geschieht, im klaren Licht der Einsicht. Obwohl Blumen weiterhin schön aussehen, vergessen wir nie ihre Vergänglichkeit. Wenn wir Gedanken haben, die uns unglücklich machen, wissen wir, daß wir sie ändern können und unser Unglück nur auf unerfüllte Wünsche zurückzuführen ist. Die Natur um uns herum hat denselben Kreislauf von Geburt, Leben und Tod wie wir selbst, und wir sind im Einklang mit diesem Naturgesetz.

Wir können auch hier wieder erkennen, daß das «Ich», wenn es sich zu sehr breitmachen will, in Schwierigkeiten gerät. Wir haben vielleicht in der Meditation bereits das Glück erlebt, einmal für kurze Zeit ohne solch ein überall anstoßendes «Ich» zu sein. Das gibt uns den Ansporn, erfahren zu wollen, wie es sich anfühlt, auch im Alltag so zu sein, daß wir überhaupt nicht mehr anstoßen können, weil das «Ich» nicht mehr da ist. Je dicker ein Körper ist, desto leichter stößt er an den Möbeln oder am Türrahmen an. Je aufgeblasener das «Ich» ist, desto leichter stößt es an. Je kleiner wir es machen, desto weniger Schwierigkeiten haben wir.

Wir müssen dies selbst erleben, damit es zur Wahrheit wird. Dann allerdings gibt es keine Frage mehr, was das Wichtigste im Leben ist. Wir können die Vertiefungen dazu verwenden, ein ganz anderes Weltbild zu bekommen, welches uns deutlich macht, daß die Welt die Möglichkeit der vollkommenen Erfüllung, des reinen Glücks und des immerwährenden Friedens nicht in sich birgt und uns diese Zustände daher nicht bescheren kann, wie sehr wir uns auch darum bemühen. Das liegt daran, daß in der Welt alles vergänglich ist, und es bedarf tiefgehender Untersuchung, ob wir etwas finden können, was beständig ist.

Wenn wir erkennen, daß wir als Mensch in den weltlichen Kreislauf des ständigen Wandels gehören, dann wissen wir, daß in dieser Persönlichkeitsbezogenheit nicht unser Gral liegen kann, und beginnen, nach dem Ausschau zu halten, was sich nicht verändert. Das bedeutet, daß unsere Suche nicht mehr auf das Weltliche ausgerichtet ist, sondern auf das Überweltliche, sobald wir einmal die Vergänglichkeit tiefgehend erkannt haben und uns mit den Dingen, die ihr unterworfen sind, nicht mehr abgeben wollen. Wir sehen die weltlichen Bemühungen wie ein Kinderspiel an, in dem die Kinder ständig ihre Bauklötzchen aufbauen, umwerfen und wieder neu aufbauen.

Der Buddha hat uns mit Kindern verglichen, die in einem brennenden Haus spielen, aber ihre Spielsachen nicht loslassen wollen und sich daher nicht vor dem Brand retten können. Das brennende Haus ist diese Existenz, in der wir ständig mit einem Fuß am Abgrund stehen. Es ist jede Minute, jede Sekunde möglich, daß uns ein Unheil zustößt, wir sind nie sicher. Unsere Spielsachen sind unsere Autos, Computer, Bücher, Häuser, Partner und Kinder; alles ist uns viel zu wichtig, um es loszulassen. Aber von allen Dingen ist uns unser «Ich» das Wichtigste. So sitzen wir lieber in dem brennenden Haus und hoffen, daß der Brand nicht bis zu uns vordringt, und sollte es wirklich schlimm werden, daß die brennenden Holzbalken nicht auf uns herunterfallen. Aber in Wirklichkeit haben wir immer Angst, und zwar vor dem, was wir lieber gar nicht erst benennen, weil wir es nicht wahrhaben wollen. Es ist jedoch immer dieselbe Angst, die uns alle peinigt, die Angst vor Vernichtung. Diese Angst wird uns so lange das Leben vergällen, wie wir glauben, daß wir jemand sind, der vernichtet werden kann.

Von den meditativen Vertiefungen führt uns der nächste Schritt zur Untersuchung dessen, was wir als solides «Ich» bezeichnen. Erkennen ist immer wieder erschwert durch die Kontinuierlichkeit unserer Erinnerung: Ich war ja «Ich» vor zwanzig Jahren und bin es auch heute noch. Was ist es denn, das sich durch die Jahre hindurch behauptet hat? Ist es nur in unserem Bewußtsein? Auch unsere Sinnesvergnügungen vernebeln die Klarheit des Erkennens. Diese beiden weltlichen Geistesformationen – Erinnerung und Sinnesbefriedigung – erschweren es uns, die Wahrheit zu erkennen. Um Klarblick zu erlangen, brauchen wir die Konzentration der Meditation.

Wer viel Vertrauen in die Lehre hat, der untersucht jetzt noch einmal alle Phänomene in bezug auf deren Vergänglichkeit. Wer gute Konzentration hat, fühlt sich zu *Dukkha* hingezogen und versucht noch einmal zu erkennen, ob es etwas in der Welt gibt, das vollkommen zufriedenstellend ist. Ein Mensch, der sich besonders mit Einsicht beschäftigen will, wird automatisch die Substanzlosigkeit betrachten und überprüfen wollen.

Fragen und Antworten

F: Gehen Ruhe und Einsicht parallel?
A: Die Kette Bedingten Entstehens führt sie nacheinander auf. Das heißt, die Vertiefungen sind das Mittel und die Einsichten das Resultat eines ruhig gewordenen Geistes. In der Praxis ist es allerdings so, daß wir auch in den Vertiefungen immer wieder die Vergänglichkeit betrachten, so daß wir nie nur das eine praktizieren, sondern uns tatsächlich mit beiden Richtun-

gen beschäftigen. In den Lehrreden des Buddha werden aber immer erst die Vertiefungen und dann die Einsichten erwähnt.
F: Wie groß sind eigentlich die Hindernisse, die sich uns tagtäglich entgegenstellen? Es ist relativ einfach, zu Hause zu sitzen und seinen privaten Bereich abzusichern, und selbst in manchen Berufen hat man noch die Möglichkeit, mit der entsprechenden Distanz als ein Andersgesinnter akzeptiert zu werden. Aber das größte Hindernis sind für mich die alten Freunde, die das soziale Feld sind, in dem ich viele Jahrzehnte gewohnt habe, und die alle ein ganz besonderes Rollenverständnis von mir haben, dem ich auch immer entsprechen wollte. Und nun kommt auf einmal etwas Neues: «Was ist denn mit dir plötzlich los? Wo sind denn deine lustigen Geschichten? Wo sind deine Witze?» Das ist also ein Problem, das ich kenne. Ich möchte gern wissen, ob das möglicherweise ein Einzelfall ist, dann müßte ich da besonders hart an mir arbeiten.
A: Wenn wir den spirituellen Pfad ernst nehmen und gegen denStrom schwimmen und zur Quelle vordringen wollen, werden wir oft hören: «Du gehst ja in die falsche Richtung! Komm doch mit uns, wir machen es richtig, wir gehen doch alle den gleichen Weg – dahin, wo es angenehm ist.» Es gehört innere Courage dazu, anders zu sein; wenn dies mit liebender Güte und Geduld verbunden ist, kann es auf die Freunde einen guten Einfluß haben. Es kann aber auch mit Ablehnung zur Kenntnis genommen werden. Das müssen wir in Kauf nehmen. Es ist eine bekannte Erfahrung der meisten Menschen, die zu meditieren anfangen, daß sie einen ganz neuen Freundeskreis bekommen. An dem alten festhalten ist Anhaften. Unsere Freunde weiterlieben ist unsere Herzensaufgabe; ob aber die Freunde uns zurücklieben, das ist deren Wahl und liegt in ihrer Fähigkeit.

Einer der wichtigsten Beiträge zu unserem spirituellen Bemühen sind *edle Freunde*, nämlich Menschen, die ebenfalls das Überweltliche suchen. Diese können uns hilfreich und unterstützend zur Seite stehen, anstatt uns zuzurufen: «Du gehst ja in die falsche Richtung! Komm doch mit uns.» Ein «edler Freund» heißt auf Pāli *Kalyāna-Mitta*. Das ist ein Freund, der unser spirituelles Leben durch Verständnis und Aufmunterung fördert, und wenn wir Glück haben, ist er uns auf dem Weg bereits vorangegangen und kann uns die Wegweiser erklären.

8. ERNÜCHTERUNG
(Neunter Schritt)

Wenn das «Wissen und Sehen der Dinge, wie sie wirklich sind» uns zur Gewohnheit geworden ist, sehen wir sehr häufig wirklich alles, was sich bietet, als vergänglich, nicht zufriedenstellend und substanzlos. Der *Dhamma* steht nun ständig im Vordergrund unseres Bewußtseins. Einsicht in die drei Merkmale der Existenz ist uns zur zweiten Natur geworden und damit zur automatischen und gewohnheitsmäßigen Reaktion auf alles, womit wir in Berührung kommen. Es ist nicht mehr möglich, diesen drei Merkmalen zu entgehen. Das soll nicht heißen, daß wir dann ständig *Dukkha* haben, sondern eher das Gegenteil. Da wir *Dukkha* als Merkmal der Existenz akzeptieren, verwandelt es sich nicht mehr in persönliches Leid.

Der nächste Schritt in dieser Kette der spirituellen Emanzipation ist eine Ernüchterung, die den Verlockungen der Welt gleichmütig gegenübersteht. Es folgt ein Sichabwenden von all dem, was nun kein Interesse mehr hervorruft. Da alles als unbeständig, substanzlos und unerfüllend erkannt ist, verlieren die alltäglichen Dinge ihre Wichtigkeit. Jetzt wenden wir uns vollkommen der Bedeutsamkeit des spirituellen Pfades zu. Weltliches Streben und Erreichen sowie Anerkennung – alles, was wir bis dahin für ausschlaggebend gehalten haben – haben keine Anziehungskraft mehr, es wirkt eher störend. Die innere Vision des *Dhamma* ist jetzt so gefestigt, daß ein Mensch in diesem Stadium nur noch einen Wunsch, ein Interesse hat, nämlich zur vollen Befreiung zu kommen.

Wir sehen jetzt klar, daß alles, was in uns und um uns herum existiert, aufgrund von Bedingungen entstanden ist. Daher haben alle diese Dinge die Eigenschaft, von Kausalitäten abhängig zu sein, die uns oft störend erscheinen. Wenn wir zum Beispiel konzentriert sein wollen, der Geist aber stattdessen denkt – das ist störend. Oder wenn wir gern gutes

Karma machen möchten, aber statt dessen etwas Negatives denken, sagen oder tun. Die Störungen, die von diesen Bedingungen herkommen, werden uns viel klarer, weil der Geist sich schon so weit entwickelt hat, daß er sich nicht mehr überrumpeln läßt. Er läßt sich nicht mehr so leicht von all den Versuchungen einfangen, mit denen die Welt ausgestattet ist. Auf Pāli heißt der Versucher *Māra*; wie immer er auch dargestellt wird, er sitzt letzten Endes nur im eigenen Herzen. Wir sind ständigen Versuchungen ausgesetzt, bis zu dem Moment, wo volle Erleuchtung eintritt.

Die störenden Eigenschaften alles Geformten sind nun erkannt; im Bereich der Materie zeigen sie sich als Verfall. Alles wird schmutzig, wird alt und geht kaputt, und es entsteht sofort die Notwendigkeit, etwas Neues anzuschaffen. Es tritt also ein Mangel auf, auf den wir mit Wünschen reagieren. Wir sehen hier einen klaren Grund für *Dukkha*. Dieser ganze Prozeß verzehrt Energie und ist mit materieller, weltlicher Ausrichtung der Gedanken verbunden. Wir geben allen Dingen einen Namen, ordnen sie ein und begrenzen sie zeitlich und räumlich, so daß wir sie «definitiv» machen können. Dadurch gehen sie in unser Gedankengut ein, und wir stellen eine Beziehung zu ihnen her. Diese lenkt uns von dem Bewußtsein ab, das sich auf der spirituellen Ebene bewegt.

Diese drei Eigenschaften – das Störende, das Vergängliche (daher mit Wünschen nach Erneuerung Behaftete) und das mit weltlichem Gedankengut Verbundene – machen uns klar, daß auf dieser Ebene Glück und Frieden nicht zu finden sind. Weil wir dies als nicht zufriedenstellend erkennen, als etwas, wovon wir fortmöchten, weil es uns ständig Schwierigkeiten macht, will der Geist dann zu nichts anderem hin als dem, was ihn befreien kann und was *Nibbāna* genannt wird. *Nibbāna* heißt wörtlich «nicht brennen»; es bedeutet die Erlösung und die Freiheit, das vollkommene Aufhören von allem Leid.

Obwohl der Wunsch entstanden ist, dort hinzukommen, weiß ein Mensch, der dort noch nicht gewesen ist, nicht, wie es sein könnte. Es ist fremdes Gebiet, von dem wir keine Vorstellung haben. Selbst wenn es uns erklärt wird, müssen wir es selbst erleben, um zu wissen, wie es ist. Darum hat der Buddha auch wenig über *Nibbāna* gesagt. Er hat es als das Todlose beschrieben, weil es keine Geburt beinhaltet, oder als das Wunschlose, weil es ohne Begierden ist. Er hat *Nibbāna* als das Bedingungslose erklärt.

Wenn der Wunsch aufsteigt, vollkommen befreit zu werden, können wir uns klarmachen, was es bedeutet, Bedingungen zu unterliegen, denn das ist uns bekannt. So bleibt uns auch, wenn wir das «Nicht-Ich» erfahren wollen, nichts anderes übrig, als das «Ich» zu untersuchen und kennenzulernen. Wir können nur mit dem arbeiten, was uns zugänglich ist. Wir können also jetzt noch einmal klar feststellen: Wie sieht all das aus, was von Bedingungen abhängig ist und das daher entsteht und vergeht? Das erste, was wir bestätigen, ist, daß es das Störende, das Mit-Wünschen-Behaftete und das mit Gedankengut Verbundene ist. Zweitens rekapitulieren wir noch einmal, ob auch wirklich alles, was uns bekannt ist, den drei Merkmalen des Universums unterliegt: der Unbeständigkeit, Leidhaftigkeit und Substanzlosigkeit. Wir wollen ganz sicher sein, daß das, was wir bis jetzt erkannt haben, auch wirklich so stimmt.

Wenn wir dies bestätigen können, steigt starker *Gleichmut* auf, eine Eigenschaft, die nun besonders hervortritt. Wenn wir das Stadium der Abwendung von den weltlichen Genüssen, Versuchungen und Annehmlichkeiten erreicht haben und unser Bewußtsein nur dem Überweltlichen zuwenden möchten, brauchen wir Gleichmut als Basis unserer Praxis. Wir können in uns selbst feststellen, daß Dinge, die uns früher erregt haben, uns nicht mehr berühren, Dinge, die uns früher angezogen haben, uns nicht mehr reizen, Dinge, die uns früher wichtig waren, keine Bedeutung mehr haben, Dinge, nach denen wir früher gestrebt haben, uns als nicht erstrebenswert erscheinen. Unsere Beziehung zu allem, was wir kennen, hat sich stark verändert. Wir sind nicht gleichgültig geworden, sondern gleichmütig. Gleichgültig werden hieße hart werden und sich mit einem Schutzwall umgeben. Das hätte keinen Sinn, denn es würde es uns unmöglich machen, in die Tiefe der Erkenntnis vorzudringen. Aber Gleichmut ist eine Reaktion der gleichbleibenden Stimmung, egal, ob wir uns angezogen oder abgestoßen fühlen. Das primäre Merkmal des Gleichmuts sind unsere alltäglichen Reaktionen.

Gleichmut kann erst zu seiner vollen Blüte kommen, wenn er auf Einsicht in die drei Merkmale der Existenz gegründet ist. Bis dahin müssen wir uns immer wieder neu um Gleichmut bemühen; das ist ein Bemühen, welches uns zum Fallenlassen auffordert. Im Stadium der Erkenntnis aber steigt überhaupt keine Erregung mehr auf. Der Unterschied ist gewaltig. Auf der einen Seite müssen wir immer wieder von Ansichten loslassen, die uns zu einer weltlichen Reaktion zwingen würden, auf der anderen Seite aber hat uns die Ernüchterung so durchdrungen, daß ein natürliches Sich-Abwenden entsteht, so daß unser Gleichmut nie gefährdet wird. Solange die Welt uns noch in ihren Armen hat, sind wir geneigt, Ausnahmen zu machen für das, was uns noch interessiert und erstrebenswert erscheint. Wir können sogar zeitweilig glauben, daß unsere eigene kleine, begrenzte Welt in Ordnung ist.

Steigt in uns aber ein starker und ganz deutlicher Wunsch auf, der Welt der Materie vollkommen zu entkommen und alles hinter uns zu lassen, was bedingt entstanden ist, dann muß sich unser Geist auf das Kausalitätslose konzentrieren, auf das, was nicht in Abhängigkeit von Bedingungen entstanden ist. Das heißt dann, daß wir uns von all dem abwenden, was wir kennen und was wir als bedingt entstanden bereits untersucht haben, und uns dem zuwenden, was neu, anders, unbeweglich, unveränderlich ist. Obwohl uns dieses Neue nicht bekannt ist, genügt es, sich von dem einen abzuwenden, um sich dem anderen zuzuwenden, denn das ist das

Letzte, wohin der Geist sich ausrichten kann. Sich von dem einen abwenden bedeutet also, sich dem anderen zuwenden.

Dieses Sichzuwenden ist eine tief verinnerlichte Haltung und wird am besten in der Meditation vollzogen. Es ist möglich, daß solch eine Reaktion spontan auch außerhalb der Meditation auftritt, aber dennoch nur in einem meditativen Geist. Ein Geist, der sich weltlichen Dingen zuwendet, kann unmöglich das Überweltliche erleben. Wir haben nur ein Bewußtsein in uns, welches viele Ebenen beherbergt, und wir suchen uns diejenige Ebene aus, in der wir uns am meisten zu Hause fühlen. Wir können nicht gleichzeitig auf zwei Ebenen wohnen.

Der meditative Geist, der in der Lage ist, in die Tiefe zu gehen, hat durch die Vertiefungen bereits seine Bewußtseinsebene geändert und hat es dadurch viel leichter, sich diesem Neuen zuzuwenden, weil er sich ja schon während der Vertiefungen nicht mit den weltlichen Dingen abgibt. Es ist nicht von Bedeutung, welche der Vertiefungsstufen wir zu der neuen Erkenntnis benutzen wollen, es kommt nur auf die Stärke der Konzentration an. Es ist möglich, in allen Vertiefungen zu verschiedenen Zeiten eine verschiedene Stärke von Konzentration zu haben. Dies tritt besonders deutlich auf der ersten und zweiten Stufe hervor. Wenn das meditative Gefühl nur seicht ist, so ist die Konzentration es auch; wenn anderseits das Gefühl stark erlebt wird, so liegt dies an starker Konzentration. Damit wir uns dem Bedingungslosen zuwenden können, muß starke Konzentration vorhanden sein, weil wir uns ja auf etwas einstellen, was wir noch nie erlebt haben. Dabei darf der Geist nicht ins Wanken kommen, sonst fehlt ihm die Einspitzigkeit, die nötig ist, um das Bekannte zu durchschauen und das Neue wahrzunehmen.

Bis jetzt haben wir die drei Merkmale der Existenz untersucht, die jedes ein eigenes Tor haben, das wir benutzen können, um Freiheit zu erlangen. Das Tor der Freiheit durch das Erkennen der Vergänglichkeit wird vom konzentrierten Geist als bar jeglicher Zeichen und Merkmale erlebt. Wenn alle Dinge ständig vergehen, dann haben sie nichts in sich, wodurch man irgendeine fundamentale Eigenschaft feststellen könnte. Sie haben also keine Wirklichkeit an sich, sondern sind von Bedingungen, Zuständen und dem Zusammenwirken verschiedener Faktoren abhängig. Wenn wir *Dukkha* als charakteristisches Merkmal unserer Existenz erkennen, durchschreiten wir das Tor der Wunschlosigkeit. *Dukkha* entsteht durch unsere Wünsche, und wir wollen diesen Schmerz nicht länger fortbestehen lassen. Das versetzt uns in die Lage, nichts mehr anders zu wünschen, als es ist, und auch keine Bestätigung mehr zu wollen, daß es so ist. Das Wollen und Wünschen fällt ab wie die alte Haut einer Schlange. Das Tor der Substanzlosigkeit durchschreiten bedeutet die Leere von allem, was existiert, sehen. Obwohl Formen und Erkennen (Geist und Materie, *Nāma-Rūpa*) existieren, beherbergen sie nichts, was von der Wirklichkeit einer absoluten Wahrheit wäre.

Die Untersuchung der drei Merkmale der Exisenz ist zu diesem Zeitpunkt bereits beendet, so daß es möglich wird, die Tore zur Freiheit zu öffnen. Jeder Geist sucht sich einen dieser drei Brennpunkte als persönliches Sprungbrett aus und weiß eindeutig, welches von den drei Sprungbrettern er braucht und benutzen kann. Der Sprung, den wir machen können, ist eine Geistesbewegung ins Unbekannte, der das volle Aufgeben der Persönlichkeitsidee zugrunde liegt. Ein Gleichnis mag diesen Vorgang veranschaulichen: Ein Mensch möchte von einem Ufer auf das andere, aber das ist so weit entfernt, daß er nicht einfach hinüberspringen kann. So schwingt er sich mit einem Seil, das am Ast eines Baumes am diesseitigen Ufer befestigt ist, über den Fluß und neigt sich dem anderen Ufer zu. Wenn er über der anderen Seite schwebt, läßt er sich fallen und landet mit Schwung auf dem anderen Ufer. Dort braucht er einen Moment, um sein Gleichgewicht wiederzugewinnen, aber dann kann er gerade stehen.

Um sich mit dem Seil über den Fluß hinüberschwingen zu

können, muß man einen kräftigen Anlauf nehmen. Dieser gewaltige Anlauf ist die Arbeit der spirituellen Praxis. Je stärker der Anlauf, desto leichter der Sprung. Haben wir nicht genug Anlauf genommen, kann uns der Sprung nicht ans andere Ufer bringen, und wir müssen am diesseitigen Ufer bleiben, bis zum nächsten Versuch. Wenn unser Anlauf genügt, so heißt das, daß wir auf der Ebene der Vertiefung und des Klarblicks die nötigen Kräfte gesammelt haben. Wir haben den inneren Schwung so gestärkt, daß der dringende Wunsch auftaucht, an das andere Ufer zu gelangen, denn wir haben die hiesige Seite als vollkommen unerfüllend erkannt.

Der Baum, an dem das Seil hängt, wird mit unserer Ich-Illusion verglichen, und das Seil selbst ist unser Anhaften daran. Das zur anderen Seite Hinüberschwingen ist der Wunsch, von dieser Ich-Illusion loszukommen. Ausschlaggebend ist das Fallenlassen. Wir können noch soviel Schwung aufbringen – wenn wir uns nicht fallenlassen, bleibt alles beim alten. Das Loslassen von unserem Anhaften bringt das größte Resultat. Sich fallenlassen bedeutet die Bereitschaft, sich von der Ich-Illusion zu trennen und sich selbst aufzugeben. Das ist nur in dem Moment möglich, wo wir erkannt haben, daß wir ohne dieses Aufgeben nicht zu wahrer Ruhe und Frieden kommen können. Solange wir am «Ich» haften, werden immer wieder Störungen auftreten, die Wünsche in uns hervorrufen, weil Vergängliches erneuert werden muß, und die daher unser Gedankengut beherrschen.

Erst wenn wir nicht mehr am diesseitigen Ufer bleiben wollen, werden wir gewillt sein, uns vorbehaltlos fallenzulassen. Durch das Aufgeben unserer Selbst-Identität ist derjenige, der sich wünschte, das zu tun, nicht derjenige, der das Resultat erhält. Der, der den Wunsch gehabt hat, ist ein «Weltling» (*puthujjana*), der sein *Dukkha* loswerden und Freiheit erleben möchte, aber noch mit der Welt verhaftet ist. Erst wenn der Weltling sich selbst aufgegeben und sich auf das andere Ufer fallengelassen hat, sind diese Wünsche erfüllt.

Auf dem anderen Ufer ist er jedoch kein Weltling mehr – er ist ein anderer geworden. Das Wissen darum ist im nachhinein eine Erlösung und eine Erleichterung, aber zuvor ist das Sichaufgeben das, was uns schwerfällt, und darum kommen wenige Menschen an das andere Ufer.

Daß es so schwer ist, sich selbst aufzugeben, zeigt uns, was für ein enormer Schritt dies sein muß. Dieses Geschehen wird «Stromeintritt» (*sotâpatti*) genannt und ist der Moment, wo der «Weltling» zu einem «Edlen» (*ariya*) wird. Natürlich lebt er weiter wie bisher, aber er hat ein vollkommen verändertes Gefühl sich und der Welt gegenüber. Er kann jetzt alles vom anderen Ufer aus betrachten, was eine neue Perspektive mit sich bringt: Alles ist etwas weiter entfernt und bewegt sich im Rahmen einer illusorischen Begrenzung, die er durchschauen kann.

Fragen und Antworten

F: Du hast gesagt, daß man die Welt anders sieht vom anderen Ufer. Heißt das, daß eine gefühlsmäßige Distanz da ist?

A: Ja, das ist richtig. Das Ufer, auf dem wir alle hin und her rennen, ist hier in der Welt. Das andere Ufer ist auf der überweltlichen Ebene und daher mit Gleichmut, Ruhe und Frieden durchtränkt.

F: Darf ich anderen von meinen eigenen meditativen Erfahrungen erzählen?

A: Es wäre nicht sehr weise, sie anderen mitzuteilen. Andere Menschen, die damit nichts zu tun haben, könnten darüber lachen, dir nicht glauben, Dinge sagen, die dich dann selbst zweifeln lassen. Es ist nicht angebracht, mit Menschen über etwas zu reden, an dem sie kein Interesse haben oder von dem sie überhaupt nichts verstehen. Wenn du einen *edlen Freund* hast, der auch diesen Pfad geht, dann kannst du schon mit ihm darüber sprechen.

F: Ist es möglich, auf jeder Bewußtseinsebene zu lieben?

A: Ja, sicherlich. Die erleuchtete Bewußtseinsebene ist die Ebene, wo die Liebe und das Mitgefühl vollkommen sind, wo sie er-leuchtet sind.

F: Ich habe manchmal das Gefühl, daß ich gar nicht lieben kann, aber ich fühle mich ganz wohl.

A: Das Nicht-lieben-Können muß nicht gleich in Haß umschlagen. Es kann Gleichgültigkeit sein, oder es kann starke Ichbezogenheit sein, es könnte sogar Gleichmut sein, obwohl Gleichmut immer liebende Güte mit einschließt. Gleichgültigkeit ist eine Ebene, auf der sich viele Menschen wohlfühlen, weil sie nicht zu sehr von ihren Mitmenschen berührt werden; zu lieben, würde hier Schwierigkeiten bereiten.

Wenn die Gefühle bei der Liebenden-Güte-Meditation nicht aufsteigen, so ist es trotzdem hilfreich, wenigstens diese Gedanken zu verfolgen. Auch das Denken ist ein Sinneskontakt, dem Gefühle folgen, wie bei allen Sinneswahrnehmungen.

F: Gab es immer schon buddhistische Nonnen?

A: Seit der Zeit des Buddha gibt es einen Nonnenorden.

F: Als es Mönche gab, gab es also auch schon Nonnen?

A: Ja.

F: Im Christentum hat man um das Jahr 1000 noch darüber nachgedacht, ob Frauen überhaupt eine Seele haben.

A: Das ist interessant. Die Stiefmutter des Buddha war die erste buddhistische Nonne, sozusagen die erste Äbtissin.

F: Es gab doch auch Diskussionen darüber, ob man Frauen zulassen soll?

A: Das stimmt, aber der Buddha hat dennoch die Gründung des Nonnenordens veranlaßt. Diskussionen gibt es wohl überall, wo Menschen zusammenkommen.

9. LEIDENSCHAFTSLOSIGKEIT
(Zehnter Schritt)

Wenn wir uns von den weltlichen Befriedigungen ab- und dem bedingungslosen Urgrund zuwenden wollen, den wir zwar noch nicht kennen, aber dennoch ahnen, dann kommt dadurch eine immer stärker werdende Leidenschaftslosigkeit zustande. Die Wünsche und Bestrebungen, die wir im allgemeinen in uns tragen, sind auf weltlich-bedingte Dinge, Erfahrungen, Situationen, Menschen ausgerichtet, und vor allem auf den eigenen Körper und Geist. Der Wunsch, uns selbst in Ordnung zu halten und das zu bekommen, was wir möchten, verbraucht eine Menge unserer Energie. Aber wenn wir erkannt haben, daß diese Wünsche insofern ständig Unfrieden in unser Herz bringen, als sie wiederholte Arbeit und Anstrengung verlangen, um etwas zu erreichen, dann werden unsere Leidenschaften weniger wichtig. Der Schritt des Sich-Abwendens, der die neue Zuwendung mit sich bringt, hat das Loslassen von Gier zur Folge, als Resultat unserer spirituellen Entwicklung. Das Wissen und Sehen, wie die Dinge wirklich sind, die Ernüchterung und die Gierlosigkeit sind alles Schritte der Einsicht, die einander in einer Ursache- und Wirkungskette folgen. Wenn wir dann einmal so weit kommen, daß wir von uns selber loslassen können, und genügend Anlauf genommen haben, dann ist es möglich, auf dem anderen Ufer zu landen.

Es wird von zwei Arten des Sprungs zum anderen Ufer gesprochen. Auf Pāli heißen sie *Ceto-Vimutti* und *Pañña-Vimutti. Vimutti* bedeutet «Erlösung, Befreiung»; *Ceto-Vimutti* ist die «Gemütsbefreiung» und *Pañña-Vimutti* die «Weisheitsbefreiung». Wenn wir das lesen, scheint es so, als gäbe es zwei gänzlich verschiedene Wege und Arten der Befreiung. Das ist aber nicht der Fall und auch logischerweise unmöglich. Denn wer durch Weisheit befreit wird, muß auch Gemütserlösung besitzen und umgekehrt. Gemüts- oder Geisteserlösung wird auch als der «Pfadmoment» der Erleuchtung beschrieben und Weisheitserlösung als der gleich darauf folgende «Fruchtmoment» des Erkennens. Die beiden Wege von Gemüts- und Weisheitsbefreiung gehen parallel zu Ruhe und Einsicht.

Auch wenn wir beides gleichzeitig praktizieren, bleibt dennoch individuell verschieden, was für ein Resultat wir bekommen. Es gibt Meditierende, die zur Ruhe kommen, auch ohne vorher tiefe Einsichten gehabt zu haben. Es gibt solche, die erst Einsichten erlangen müssen, um Ruhe-Meditation praktizieren zu können; viele machen auf beiden Ebenen gleichzeitig Fortschritte. Erst beim Praktizieren merken wir, auf welche Weise wir am besten vorankommen, und auch das bleibt nicht immer gleich. Es gibt Zeiten, zu denen Einsichten auf uns einstürmen, als würden wir von einem Regenguß überschüttet. Es gibt aber auch andere Zeiten, wo keine neuen Einsichten kommen und wir nur Ruhe-Meditation praktizieren. Wir müssen uns darüber klar sein, daß beide, Ruhe und Einsicht, absolut nötig sind, und bei der Meditation selbst müssen wir auch wissen, welche der beiden Richtungen wir einschlagen, so daß wir nicht im Dunkeln umherirren.

A) GEMÜTSERLÖSUNG

Die Gemütserlösung ist auf den «Vier Göttlichen Verweilungsstätten» (*brahmavihāra*) aufgebaut. Diese vier sind uns durch die Liebende-Güte-Meditation bekannt. Sie heißen: Liebende Güte (*mettā*), Mitgefühl (*karunā*), Mitfreude (*muditā*) und Gleichmut (*upekkhā*). Das Wort *Mettā* ist viel schöner als der Begriff «liebende Güte», denn letzterer klingt flach und macht keinen tiefen Eindruck auf uns, weil er ein konstruierter Begriff ist; er gehört eigentlich nicht zu unserem Wortschatz. Wir haben zwar das Wort «Liebe», aber da wir mit «Liebe» so viele persönliche Wünsche verbinden, die nichts mit *Mettā* zu tun haben, ist ein neuer Begriff geprägt worden, den wir aber doch oft durch das Wort «Liebe» ersetzen.

Diese vier Emotionen bringen eine Läuterung unseres Herzens mit sich, was uns zur Erlösung führen kann, wenn diese Läuterung mit Einsicht gepaart ist, oder zu einer Wiedergeburt auf den höchsten Bewußtseinsebenen, die der Buddha als die «göttlichen Gefilde» bezeichnet hat. Das Praktizieren und Läutern dieser vier Emotionen kann und sollte Hand in Hand mit tiefer Einsicht gehen. Wenn wir nur den Pfad von Einsicht und Klarblick praktizieren, ist dies schwierig und freudlos, da die Dürre der bloßen Einsicht oft Widerstand hervorruft. Ist uns aber die Weichheit dieser Emotionen behilflich, dann sind die Einsichten nicht mehr so unakzeptabel, sondern werden von unseren Empfindungen unterstützt.

Bei den ersten drei, Liebe, Mitgefühl, Mitfreude, handelt es sich um das Öffnen unseres Herzens, so daß die Herzensweite uns bei der endgültigen Erlösung hilfreich zur Seite steht. Ein grenzenloses Liebesgefühl verhilft uns dazu, die Begrenztheit des «Ich» aufzugeben, und zwar in einer Weise, die nicht nur annehmbar und angenehm ist, sondern geradezu ein Geschenk für uns selbst. Ansonsten scheint es oft, als wäre das Erkennen der Ich-Illusion ein Verlust, der zu betrauern sei. Ist es jedoch schon zu dieser unendlichen Herzensweite gekommen, so ist das «Ich» durch diesen Prozeß bereits dermaßen verkleinert, daß es leichter aufzugeben ist.

Wir versuchen also, die Grenzen unserer Zuneigung, Freundschaft und Liebe immer weiter auszudehnen, so daß wir unsere Herzenswärme letzten Endes nicht mehr nur bestimmten Personen zuteil werden lassen, sondern unsere Liebe bedingungslos dem Weltall und allen Wesen schenken. Wir verlieren dadurch nicht die Fähigkeit, zwischen Gut und Böse zu unterscheiden, aber wir verstehen die Notwendigkeit der Herzensöffnung auf dem spirituellen Pfad. Ob andere Lebewesen liebenswert sind, geliebt werden wollen, die Liebe zurückgeben, anerkennen oder überhaupt empfinden, hat damit nichts zu tun. Das eigene Herz wird geöffnet, auch denen gegenüber, bei denen uns das schwerfällt. Das heißt nicht nur, daß wir sie akzeptieren, sondern auch, daß wir ihr *Dukkha* erkennen und mit ihnen fühlen. Obwohl Akzeptieren der erste Schritt ist, ist das noch nicht die unendliche Herzenswärme, die zur Erlösung des Gemütes führt.

Mitgefühl muß bei uns selbst beginnen, indem wir unser eigenes *Dukkha* erkennen; dann sehen wir auch ein, daß jedes Wesen *Dukkha* hat. Mitgefühl für das *Dukkha* eines anderen hilft uns auch, die Menschen zu lieben, die nicht so liebenswert erscheinen. Menschen, die uns weniger annehmbar erscheinen, werden vielleicht von jemand anderem heiß und innig geliebt. Wir müssen uns immer erinnern, daß es keine absolute Wahrheit ist, wenn uns jemand nicht sehr liebenswert erscheint; es sind nur unsere eigenen Ansichten, die stets ichbezogen sind. Die Fähigkeit, das Herz grenzenlos auszuweiten, hilft uns auch, unseren egozentrischen Standpunkt zu beseitigen und uns daher von negativen Gemütsregungen zu befreien. Mitgefühl ist oft der erste Anstoß zur Herzensweite.

Mitfreude können wir in uns entwickeln, wenn wir erkannt haben, daß das Gute nicht nur uns selbst widerfahren muß, da wir ja alle Teil derselben Existenz sind. Es macht also keinen Unterschied, wem das Gute zuteil wird. Wenn wir die

Vertiefungen des unendlichen Raums und des unendlichen Bewußtseins schon erlebt haben, ist uns aus Erfahrung klar, daß es keine separaten Individuen gibt. Selbst ohne diese meditativen Erfahrungen ist es möglich, Neid, Eifersucht und Benachteiligung als falsche Ansichten zu erkennen und die Trennung zwischen uns und anderen durch Freude an deren Glück aufzuheben.

Wahrer Gleichmut kommt, wenn die Einsicht unerschütterlich geworden ist. Wir können jedoch Gleichmut immer wieder üben, indem wir uns an die Vergänglichkeit erinnern und unser Denken von diesem Wissen durchdringen lassen. Gleichmut darf nicht mit Gleichgültigkeit verwechselt werden. Letztere ist wie ein Panzer ums Herz, so daß uns nichts berührt und Liebe und Mitgefühl kaum entstehen können. Gleichmut ist die Krönung aller Emotionen und beinhaltet liebende Güte, Mitgefühl und Mitfreude; er entsteht durch die tiefe Einsicht in die Gleichheit und Zusammengehörigkeit aller Manifestationen. Dadurch ist der Weg zur Leidenschaftslosigkeit gebahnt, denn Gleichmut ist die Gemütsregung, die notwendig ist, um unseren Leidenschaften des Wollens und Nichtwollens einmal ein Ende zu machen. Unser starkes Verlangen, so oder anders zu sein, Dinge zu bekommen oder loszuwerden, ist der Grund unseres Hin- und Hergerissenseins zwischen dem, was wir möchten, und dem, was wir haben und sind. Die vier höchsten Emotionen helfen uns, zu Ruhe und Frieden zu kommen, so daß Gleichmut und Leidenschaftslosigkeit in uns herrschen.

Die Gemütserlösung schließt die meditativen Vertiefungen in sich ein. Das «Ich» kann während der Vertiefungen nicht zur Geltung kommen, so daß eine automatische Läuterung stattfindet. Dies mag der größte Wert der Vertiefungen sein: nicht nur daß unser Geist andere Bewußtseinsebenen kennenlernt, der zeitweilige Verlust der Ichbezogenheit nimmt uns auch einen Großteil der Arbeit schon ab. Die Anstrengung, die die eigene Läuterung erfordert, ist nicht zu unterschätzen.

Es macht viel Mühe, das Unkraut im Garten unseres Herzens zu entwurzeln. Auch wenn die Meditation in den Vertiefungen nicht zur Entwurzelung der Triebe führt, verringert sie die Ichbezogenheit doch so weit, daß die Entfernung der Wurzeln dann leichtfällt.

B) WEISHEITSERLÖSUNG

Die Weisheitserlösung (*pañña-vimutti*) bringt uns erst einmal dazu, die drei Merkmale der Existenz – Vergänglichkeit, Leidhaftigkeit, Substanzlosigkeit – zu erkennen, bevor der Geist zur tiefen Ruhe in der Meditation kommt. Wollen wir den Sprung ans andere Ufer machen, so brauchen wir beide Fähigkeiten: tiefe Konzentration und Klarblick. Sehen wir in der Meditation ganz klar, wie unbeständig, wie vergänglich alles in uns selbst ist, daß kein Gedanke oder Gefühl festzuhalten ist (außer man schreibt sie auf), daß es unmöglich ist, den Atem festzuhalten, da wir dann ja sterben würden, so bekommen wir ein Gefühl für die Vergänglichkeit und Durchlässigkeit unserer Person. Wir sind dann bereit zu akzeptieren, daß in dem, was vergänglich ist, keine Substanz zu finden ist, daß uns alles durch die Finger rinnt. Auch wenn wir uns noch so solide anfühlen, kann daher dennoch keine Substanz existieren.

Wir können auch in der Meditation feststellen – wenn wir zum Beispiel unsere Sitzhaltung nicht ändern –, daß Körper und Geist immer *Dukkha* haben. Gerade in der Ruhe der Meditation ist es möglich, einen tieferen Einblick in die Vergänglichkeit, Substanzlosigkeit und Leidhaftigkeit zu bekommen, weil äußere Eindrücke, mit denen wir sonst beschäftigt sind, zu der Zeit fehlen.

Substanzlosigkeit können wir auch dadurch erkennen, daß wir uns vor unserem geistigen Auge in unsere Bestandteile zerlegen. Auch das ist ein Weg zum Klarblick, eine Art der Meditation. Wir können zum Beispiel im Geist die Haut öffnen und alle Teile, die sich im Körper befinden, herausnehmen, sie vor uns hinlegen und uns dann fragen: «Welches von diesen Teilen bin ich denn? All das, was jetzt da vor mir liegt – Leber, Galle, Därme, Blut, Knochen –, bin ich das? Oder bin ich die Haut, die all das säuberlich umhüllt, oder bin ich nur die Zusammensetzung all dieser Teile? Und was geschieht, wenn eins davon kaputtgeht und ich ein Ersatzteil einsetzen muß? Welches von diesen Dingen bin ich dann?» Es ist sehr hilfreich, einmal diese Art der Meditation zu üben.

Diskursives Denken ist eine Zeitverschwendung. Wenn wir unseren Gedankenapparat dazu verwenden, uns selbst zu erkennen und zu analysieren, dann benutzen wir ihn richtig. Wir können uns in die vier physischen Elemente zerlegen: Erde, Wasser, Feuer und Luft oder Wind. Erde ist alles, was fest und kompakt ist. Wenn wir Fleisch oder Knochen anfassen, spüren wir Festigkeit. Das ist das Erdelement in uns. Wir bestehen zu ca. 80% aus Wasser, und wir können dies in Speichel, Urin, Schweiß und Blut feststellen. Wasser ist auch das Bindeelement. Wenn wir zu Mehl Wasser hinzufügen, bekommen wir Teig. Ohne das Wasserelement in uns blieben alle unsere Zellen separat, und wir würden etwas seltsam aussehen. Feuer ist die Temperatur, die wir leicht in uns verspüren können. Das Wind- oder Luftelement ist unser Atem, der lebensnotwendig ist. Ferner sind noch die Winde im Körper, und sie manifestieren sich auch in der ständigen Bewegung, die in Blut, Herz, Verdauung, Zellen zu finden ist.

Diese Elemente können wir auch in allem finden, was um uns herum existiert. Wir können einen Baum anfassen und Kompaktheit und Temperatur empfinden; wir wissen, daß der Saft im Baum hochsteigt, daß also Wasser- und Windelement ebenfalls vorhanden sind. Selbst in jedem einzelnen Element sind die drei anderen enthalten. Auch das zu erkennen, verhilft uns zum Klarblick, weil es die Illusion des separaten, begrenzten «Ich» verkleinert und wir uns eher als einen Teil des Ganzen empfinden können. Diese verschiedenen Möglichkeiten sind besonders dann hilfreich, wenn der Geist entweder nicht in die Vertiefungen gehen will oder schläfrig ist. Es ist dann viel besser, sich auf Klarblick zu konzentrieren.

Die Erlösung, zu der die Leidenschaftslosigkeit führt, vollzieht sich vor allen Dingen aufgrund unserer neuen Perspektive uns selbst gegenüber. Wir haben jetzt Abstand gewonnen und können unsere Achtsamkeit objektiv benutzen. Wir erkennen den spirituellen Weg in den alltäglichsten Verrichtungen und hüten uns vor Abwegen. Achtsamkeit ist zur Gewohnheit geworden, und wir spüren den unpersönlichen Vorgang in uns.

Wir haben nun genug Anlauf, um uns auf das andere Ufer hinüberschwingen und das «Ich» fallenlassen zu können. Dies ist ein meditativer Vertiefungsmoment, in dem Konzentration und Einspitzigkeit auf der transzendentalen Bewußtseinsebene zusammenkommen. Dieser Moment ist der «Pfadmoment» (*magga*), und er beruht auf Konzentration, kommt aber durch Einsicht zustande. Hier kommen also Gemüts- und Weisheitserlösung zu einer vollkommenen Ganzheit zusammen. Das ist das Ziel und der Zweck unserer Meditation und Läuterung.

Gleich nachdem wir den Schritt zur Befreiung getan haben, mag der Geist sich etwas fremd und unsicher vorkommen, und er braucht etwas Zeit, sich an die neue Heimat zu gewöhnen. Dies ist das erste Loslassen der Ich-Illusion. Da es nie ein «Ich» gegeben hat, können wir es auch nicht *verlieren*; wir verlieren vielmehr die Illusion, die wir bis jetzt in Bewußtsein und Gefühl mit uns getragen haben. Schon längst hatten wir gemerkt, daß unsere Ichbezogenheit eine Bürde war, aber doch nicht, wie schwerwiegend sie war, denn wir waren daran gewöhnt. In dem Moment, wo diese Schwere von uns abfällt, merken wir erst, was für einen Druck wir losgeworden sind.

Der Pfadmoment, der nur für einen Gedankenmoment anhält, hat den «Fruchtmoment» (*phala*) zur Folge. Das Gefühl der Leichtigkeit, des Befreitseins von Schwierigkeiten, die wir bis dahin als drückend, aber selbstverständlich angesehen hatten, und das Erkennen der getanen Arbeit sind der Inhalt des Fruchtmoments, der dem Pfadmoment unmittelbar folgt, denn die Freude über die erlangte Unbeschwertheit ist nicht aufzuhalten. Der Fruchtmoment zeigt uns, daß sich unsere

Mühe und Arbeit gelohnt haben, denn das Gefühl der Erleichterung, als hätten wir eine große Bürde von den Schultern abgeworfen, macht uns zu einem anderen Menschen.

Fragen und Antworten

F: Du hast von der Gierlosigkeit gesprochen. Die ist aber nur in dem Moment vorhanden, wo man das Seil losläßt, und dann hat man die Gier wieder. Habe ich das richtig verstanden?
A: Bei dem auf das Abwenden folgenden Schritt muß die Gier, also das Haben- und Nichthabenwollen, schon reduziert sein, damit wir das «Ich» fallenlassen können. Gier und Haß sind jedoch nicht ausgemerzt und steigen, wenn auch verkleinert, wieder auf. Daher müssen wir weiter an uns arbeiten.
F: Auf welche Schwierigkeiten muß man besonders aufpassen, wenn man praktiziert?
A: Eine der Fallen ist spiritueller Stolz: «Ich bin ja so spirituell, meine Freunde verstehen mich nicht.» Oder wir reden uns ein, viel weiter vorangeschritten zu sein, als wir sind. Auch daß wir uns selbst nicht genügend erkennen, ist eine Schwierigkeit. Wir sitzen und meditieren doch so schön jeden Morgen und Abend, aber erkennen nicht, daß Gier und Haß weiter in uns arbeiten. Fehlende Selbsterkenntnis ist wohl das größte Hindernis. Es ist immer leichter, den Splitter im Auge eines anderen zu erkennen, als den Baumstamm im eigenen». «Spiritueller Materialismus» hat Chögyam Trungpa das genannt.
F: Wenn wir *Dukkha* erkannt haben und nach etwas Neuem streben, dann wissen wir wohl, daß es etwas anderes gibt. Also müssen wir dies doch schon einmal gekannt haben. Warum sind wir da wieder herausgefallen?
A: Das ist eine der vier Fragen, die der Buddha nicht beantwortet, die Frage nach dem Anfang von all diesem Unglück,

warum es zu dem kommt, was er als «Unwissenheit» bezeichnet hat, der erste Schritt der Weltlichen Bedingten Enstehungskette. Er ist auch oft nach dem Anfang des Universums gefragt worden und warum wir überhaupt existieren. Er hat darauf geantwortet, das zu wissen helfe uns nicht zur Erlösung. Aber zu wissen, daß wir Weisheit erwerben sollten, kann sehr hilfreich sein.

F: Ist der Körper verdichteter Geist und auch als unpersönlich zu verstehen?

A: Ja, so kann man sagen. Der Körper ist vom Geist aufgrund von Begierde erschaffen. Hätten wir nicht die Begierde hierzusein, wäre kein Körper entstanden. Wenn in der meditativen Vertiefung des unendlichen Raums oder des unendlichen Bewußtseins die Körperwahrnehmung vollkommen verschwindet, so erkennen wir, daß die Begrenzungen, die wir uns auferlegen, vollkommen illusorisch sind, daß es wohl Bewußtsein und Raum gibt, aber nie ein *eigenes* Bewußtsein oder einen *eigenen* Körper. Es ist eine optische Täuschung, die uns separate Einheiten vorgaukelt. Das Ineinanderfließen und Sich-ineinander-Auflösen zeigt uns aber, daß Materielles existiert. Die acht Vertiefungsstufen, auch wenn sie erhabene Bewußtseinsstufen darstellen, sind alle noch in der Existenz verankert; allerdings stellen sie die persönliche Existenz in Frage. Auf das andere Ufer hinüberspringen und sich dort fallenlassen, das geht über die Existenz hinaus.

F: In den vier «Heimstätten der Götter» zu verweilen, macht mir in dem Augenblick Schwierigkeiten, wo es sich um Begegnungen mit pathologischen Fällen handelt. Manche Menschen reagieren in einer Weise, die fast ausschließlich zerstörerisch ist. Sich solchen Menschen zuzuwenden, ist enorm schwierig. In meinem Freundeskreis ist ein Alkoholkranker – das ist einfach die Hölle. Ich weiß nicht, was ich da machen soll.

A: Ja, das ist verständlich. Wir wenden uns denjenigen zu, bei denen uns das möglich ist. Können wir dies nicht, müssen wir akzeptieren, daß wir einer Situation nicht gewachsen sind, da mehr Unheil für uns erwachsen würde, als wir Heil spenden könnten. So lange wie möglich werden wir natürlich versuchen, zu lieben und zu geben. Haben wir aber erkannt, daß es nichts hilft, müssen wir uns abwenden. Sonst geraten wir in Gefahr, selbst neurotisch zu werden, denn wir sind leicht beeinflußbar. Wenn wir glauben, helfen zu können, kann das eventuell eine spirituelle Falle sein; es kann bedeuten, daß wir größere Kräfte in uns vermuten, als wir wirklich haben.

F: Ich hatte gestern abend Schwierigkeiten mit der Liebende-Güte-Meditation. Ich habe sie als Beweihräucherung oder Ich-Streicheleinheiten empfunden. Ich dachte, wir sollen das Ego abbauen?

A: Wir müssen das Ego erst einmal fest in der Hand haben, bevor wir es abbauen können. Es ist unmöglich, unser Ego abzubauen, wenn wir uns selbst nicht lieben, wenn wir das «Ich» nicht anerkennen und akzeptieren. Im Selbsthaß ist es nicht möglich, die Wichtigkeit der eigenen Person zu reduzieren. Wir brauchen uns nur an die Worte «Liebe deinen Nächsten wie dich selbst» zu erinnern und das Wort «selbst» zu untersuchen. Wie liebe ich mich? Genauso werde ich meinen Nächsten auch lieben. Dies wird häufig vergessen und auch falsch verstanden.

10. BEFREIUNG
ERKENNTNIS DER LÄUTERUNG
(VERNICHTUNG ALLER TRIEBE)
VIER STADIEN DER ERLEUCHTUNG
(Elfter und zwölfter Schritt)

Der nächste Schritt der Überweltlichen Kette Bedingten Entstehens ist die Befreiung, das Freisein von allen Illusionen und Projektionen, das Ende des Persönlichkeitsempfindens. Im Moment der Befreiung erkennen wir die *Vier Edlen Wahrheiten*, als stiege die Sonne über den Horizont, so daß es Licht wird und Dunkelheit und Kälte beseitigt werden. Wir sehen, daß alles Leid durch Wünsche herbeigeführt wird, und haben den *Achtfachen Pfad* in unserem Herzen so verankert, daß wir das leidlose, wunschlose, bedingungslose *Nibbāna* verwirklichen können.

Die Befreiung, deren Analogie der Sprung auf das andere Ufer ist, hat vier sukzessive Stadien, die jedesmal ein neues Resultat bringen. Der erste Sprung wird *Stromeintritt* genannt, denn wir sind nun unaufhaltbar in den zu *Nibbāna* führenden Strom eingetreten. Jedes der vier Stadien hat einen *Pfadmoment*, und die Pfadmomente werden immer einschneidender, weil jeder den vorausgegangenen als Sprungbrett nimmt. Der erste Sprung wird von einem Weltling gemacht, einem gewöhnlichen Menschen, der das andere Ufer noch nicht kennt und aufgrund der Stärke seiner Praxis den Sprung ins Unbekannte wagt. Später kann er aber seine bereits gemachte Erfahrung als Hilfsmittel benutzen. Das erste Resultat des Sprunges ist, daß das «Ich» nie mehr so angesehen wird wie zuvor. Das bedeutet nicht nur ein intellektuelles Verstehen dieser Illusion, sondern ein inneres Empfinden. Allerdings heißt das nicht, daß der in den Strom Eingetretene (*sotâpanna*) nun jederzeit ohne ein Ichgefühl existiert. Da dies das erste solche Erlebnis war, ist er noch nicht gesichert. Obwohl dies ein vollkommenes Erkennen ist, ist es dennoch kein vollkommenes Nachvollziehen. Die Vollkommenheit kommt erst mit dem vierten Schritt.

Der skeptische Zweifel, mit dem jeder Mensch behaftet ist, fällt jetzt weg. Wir alle zweifeln an unseren eigenen spirituellen Fähigkeiten oder auch an der absoluten Wahrheit der Lehre, an der Möglichkeit, Freiheit zu erreichen, daran, daß wir einschneidende Änderungen erleben können. Da wir jetzt aber selbst den Beweis in uns tragen, gibt es keinen Zweifel mehr.

Der Glaube an die Wirksamkeit von Riten und Ritualen geht beim Sprung zum anderen Ufer ebenfalls verloren. Auch im Westen sind wir, trotz unserer vielfach unreligiösen Haltung, mit vielen Gebräuchen und Meinungen behaftet, die die Form von Riten annehmen, weil wir fest an deren heilsame Wirkung glauben. Sie sind oft mit kulturellen, ästhetischen, gesellschaftlichen Normen verbunden oder auch mit dem Festhalten an eigenen oder importierten Gewohnheiten. Aber der in den Strom Eingetretene weiß aus eigener Erfahrung, daß sein Erleichterungsgefühl nichts mit irgendwelchen Normen oder Gebräuchen zu tun hatte, sondern im Gegenteil nur von der Bereitschaft abhing, von sich selbst und allem Existentiellen loszulassen. Vor allen Dingen ist er sich klar darüber, daß er sich zeitweilig von allen Gedankenformationen abgewendet hatte, weil er sie als *Dukkha* erkannt hatte. Um uns von den Gedankenformationen abwenden zu können, müssen wir uns einem stillen Punkt zuwenden. Wir brauchen Entschlußkraft, um uns diesem Stillpunkt nähern und ihn dann konzentriert erleben zu können. All dies ist Arbeit und Mühe gewesen, und oft mag der Anlauf nicht genügend Schwung enthalten haben, um ans andere Ufer hinüberzureichen.

Haben wir jedoch erfolgreich losgelassen, und sind dadurch Freude, Erleichterung und Glück entstanden, so wird der veränderte Standpunkt jetzt die Basis für unser Leben. Dieses Gefühl der Erleichterung und der neuen Einsicht müssen wir nun immer wieder in unserem Bewußtsein hervorbringen, denn dieses Erleben ist das Ausschlaggebendste, was wir je haben können, unvergleichbar mit allem bisher Erlebten. Daher sehnt sich jeder, der es einmal erlebt hat, dies zu wiederholen und beständig zu machen. Das ist vollkommen berechtigt, und es ist sehr hilfreich, immer wieder dieses Gefühl ins Leben zu rufen, denn in einem solchen Moment ist es möglich, das Loslassen des «Ich» wieder zu empfinden. Im täglichen Leben ist das noch nicht möglich, weil dieser innere Umbruch sich noch nicht tief genug verankert hat.

Der erste Schritt des Stromeintritts hat auch zur Folge, daß wir den Buddha als unseren Lehrer vollkommen akzeptieren und daß wir die fünf Tugendregeln nicht mehr brechen können. Dadurch gibt es keine Wiedergeburt in einer niederen Existenzform als der menschlichen. Es heißt auch, daß der Stromeingetretene nur noch siebenmal wiedergeboren werden muß, um zur Heiligkeit zu gelangen. Allerdings ist einem Menschen, der diesen ersten Schritt schon getan hat, sehr viel daran gelegen, diese Heiligkeit so schnell wie möglich zu verwirklichen, denn das scheint wie eine angefangene Arbeit, die er nicht unfertig liegenlassen will. Da das *Dukkha* ja auch immer wiederkommt, weil das Ichgefühl noch aufsteigt, ist der Entschluß sehr stark, endgültig zum Ende zu gelangen. Der erste überweltliche Schritt des Stromeintritts hat noch nicht Haß und Gier reduziert. Dennoch hat der in den Strom Eingetretene einen Moment der Leidenschaftslosigkeit und Gierlosigkeit erlebt, denn sonst ist es nicht möglich, vom «Ich» loszulassen. Daher weiß dieser Übende schon aus eigener Erfahrung, daß es nur ohne Gier wirkliche Ruhe und Glück gibt. Das Interesse, den Weg zu Ende zu gehen, wird daher immer stärker. Die fortschreitende Arbeit an weitgehender Einsicht und tiefer Vollendung wird ihm als Folge dieses Erlebens zur Selbstverständlichkeit.

Wer den ersten Sprung getan hat, weiß oder ahnt, daß dies noch nicht das Ende sein kann, fällt er doch immer wieder in den Ichzustand zurück. Er weiß jedoch, daß er ohne «Ich» viel glücklicher war. Der in den Strom Eintretende hat die beste Möglichkeit und auch die Sehnsucht, die innere Läuterung weiterzuführen. Nicht nur kann das Bewußtsein des ersten Schrittes wieder aktualisiert werden, sondern es besteht auch die unerschütterliche Absicht, den bedingungslosen Zustand nochmals zu erleben und das Loslassen zu vervollkommnen. Das heißt, sich wieder von den Gedankenformationen zu trennen und den Sprung zu wiederholen, was das zweitemal etwas einfacher ist, weil wir uns schon etwas besser auskennen.

Der *Fruchtmoment* des Glücks, der Erleichterung und des Verstehens zieht automatisch eine Rekapitulation nach sich, in der wir feststellen, welche Unreinheiten abgelegt sind und welche noch verbleiben. Es werden drei Dinge rekapituliert: erstens das Erlebnis, zweitens die Freude darüber und drittens die innere Änderung. Das letztere ist besonders wichtig, denn erst dann wissen wir, daß noch mehr zu tun ist, weil wir erkennen, daß noch nicht alle Hindernisse und unheilsamen Regungen ausgemerzt sind, die uns immer wieder *Dukkha* bringen.

Der zweite Schritt heißt «Einmalwiederkehrer» (*sakadāgāmī*), und er reduziert weiterhin Haß und Gier, löscht sie aber immer noch nicht aus. Wenn selbst beim zweiten Schritt der Befreiung Haß und Gier nur reduziert werden, können wir uns vorstellen, wie es mit Menschen steht, die nicht nur den ersten Schritt noch nicht getan haben, sondern überhaupt nicht meditieren. Die Ich-Illusion ist auch jetzt noch nicht ganz verschwunden, so daß das Ichgefühl oft wieder aufsteigt. Nur im Moment des Erlebens selbst und wenn wir unser Bewußtsein wieder dorthin lenken, können wir die unpersönliche innere Leere empfinden. Dies ist vor allem in Zeiten tiefer Stille möglich, wo der Verlust der Ich-Illusion etwas länger anhalten kann. Aber im täglichen Leben besteht das «Ich» weiter, mit dem dazugehörigen Wollen und Nichtwollen. Der zweite Sprung zum anderen Ufer kann so beschrieben werden, daß wir etwas weiter springen als beim erstenmal, weil wir schon geübter sind und auch eine bessere Absprungbasis haben. Da uns das neue Ufer bereits bekannt ist, landen wir ohne zu wanken, sondern stehen gleich fest auf den Füßen. Es heißt, daß ein Mensch, der auf dieser Stufe stirbt, zur vollen Erleuchtung nur noch ein Leben braucht.

Der nächste Schritt heißt «Nichtwiederkehrer» (*anāgāmī*). Ein erneutes Sichabwenden von allen Gedankenformationen hin zu dem stillen Punkt und das Loslassen von allem Anhaften, was durch tiefere Erkenntnis der Ich-Illusion unterstützt wird, bringen uns dazu, den Sprung zum drittenmal zu unternehmen. Da hier Haß und Gier vollkommen ausgemerzt werden, ist dies ein weitreichender Schritt, der viel innerer Kraft bedarf. Das Reagieren auf das Angenehme und das Unangenehme, Habenwollen und Nichthabenwollen verschwindet in der Erkenntnis der Substanzlosigkeit aller Manifestationen. Jedoch selbst einem Nichtwiederkehrer haftet die Ich-Illusion noch so an, wie der Duft einer Blume anhaftet. Wollen und Nichtwollen sind sehr subtil geworden und rufen keine äußeren Reaktionen mehr hervor. Von dem Nichtwiederkehrer heißt es, daß er in den Götterbereichen wiedergeboren wird, um dort zur Vollendung zu gelangen. Bis jetzt sind fünf Fesseln gesprengt: Der Glaube an ein «Ich» ist verloren; skeptischer Zweifel ist ausgemerzt; Riten und Rituale sind durchschaut; Haß und Gier sind ausgeschaltet. Jedoch weitere fünf Fesseln, die fallengelassen werden müssen, bevor man ein vollkommen Erlöster werden kann, halten den Nichtwiederkehrer noch umfangen.

Insgesamt zehn Fesseln behindern uns. Die letzten fünf Fesseln zu sprengen ist eine schwierige Arbeit. Sie sind so subtil, daß außerordentliche Konzentrationsstärke nötig ist, sie überhaupt zu erkennen, und enorme Entschlußkraft, ihnen ein Ende zu machen. Sie bestehen aus den Wünschen, entweder in den Deva- oder Götterbereichen wiedergeboren zu werden. Das bedeutet, daß das «Ich» nicht ganz aufgegeben wurde, sondern noch eine Wiedergeburt auf Ebenen, wo es nur Glück gibt, gewünscht wird. Dünkel ist die zweite noch vorhandene Fessel, wobei es sich um den Ichdünkel handelt, der immer noch anhaftet. Eine feine, subtile Unruhe ist auch noch vorhanden, da ja immer noch nicht die Totalität der Erlösung erreicht ist, und manifestiert sich auf geistiger Ebene. Unwissenheit ist die fünfte noch vorhandene Fessel; das bezieht sich auf den letzten Rest der Ich-Illusion.

Wer die restlichen fünf Fesseln sprengt, wird ein *Arahant* genannt. Das ist dasselbe Erleuchtungsstadium, wie das des Buddha, nur mit dem Unterschied, daß ein Buddha den Weg selbst findet, wogegen ein Arahant dem Weg des Buddha folgt. Die Möglichkeit, volle Erlösung zu erreichen, ist jedem Menschen gegeben, denn wir haben die Erleuchtung genauso in uns wie die Verblendung. Erleuchtung kann nicht von außen in uns herein, der Samen muß bereits in uns wohnen. Um an dieses «Licht» heranzukommen, müssen wir allen Schutt in uns wegräumen. Die Schwierigkeit, der wir gegenüberstehen, ist unser mangelndes Erkennen, was Schutt ist und was nicht. Aber je konzentrierter die Meditation wird, je öfter wir Gefühlserlebnisse ohne «Ich» haben, desto leichter fällt uns der Läuterungsprozeß. Wir können Schutt und Schlacke Schritt für Schritt abbauen und Konzentration und Weisheit langsam aufbauen. Daß nur wenige Menschen heutzutage sehr weit damit kommen, liegt an unserem Zeitgeist, der das spirituelle Leben nicht gerade fördert.

Uns einem Ideal hinzugeben, Ehrfurcht zu haben, Respekt zu bezeugen, das sind keine Bestandteile unserer Gedankenwelt mehr. Wir werden dazu angehalten, unsere individuellen Rechte zu wahren, aber nicht dazu, unsere Eigenwilligkeit aufzugeben. Um diesen Weg erfolgreich gehen zu können, müssen wir die Läuterung unserer Ego-Krankheit betreiben, und die obigen Tugenden helfen uns dabei. Wir leben in einer Zeit, die sich mit Wissenschaft, Technologie und Gleichberechtigung beschäftigt, aber es wird dabei vergessen, daß wir damit auch Verpflichtungen auf uns nehmen. Was zu Zeiten der spirituellen Meister noch selbstverständlich war, die Hingabe, das vollkommene Dienen, die Ehrfurcht, der Respekt, das ist heute doch wohl die Ausnahme. So ist es nicht verwunderlich, daß seit der Zeit des Buddha bis zum heutigen Tag immer weniger Menschen die spirituelle Emanzipation erreichen.

In den Kommentaren ist eine Prophezeiung zu finden, daß die Lehre des Buddha nach seinem Tod noch fünftausend Jahre existieren wird und dann die Worte *Anicca, Dukkha, Anattā* (Unbeständigkeit, Leidhaftigkeit, Substanzlosigkeit) nicht mehr gehört werden, bis Äonen später der nächste Buddha wieder erscheint. In diesen fünftausend Jahren wird es zu einem allmählichen Niedergang des moralischen Verhaltens kommen; als Folge werden sich auch Konzentration und Weisheit vermindern. Das sind die drei Pfeiler (*sīla, samādhi, paññā*), auf denen die Lehre des Buddha ruht.

Die Tugend, das moralische Verhalten, ist immer das Fundament, auf dem das Gebäude der Spiritualität aufgebaut werden kann. Je mehr Tugend als eine Selbstverständlichkeit in unser Leben integriert ist, desto leichter fällt uns die Konzentration, und im gleichen Maße erleichtern wir uns den Einblick, der zur Weisheit führt. Die vier Stadien der Heiligkeit sind jedem zugänglich, der sein Bewußtsein vollkommen von dem abwendet, was wir kennen und bis jetzt für wertvoll gehalten haben. Unsere Fähigkeiten basieren oft auf unseren karmischen Resultaten und auf unserer Entschlußkraft, aber auch darauf, wie wir mit uns selbst umgehen. Wenn dies liebevoll und anerkennend geschieht, ist es viel leichter, diesen Pfad freudig weiterzugehen, als wenn wir uns selbst tadelnd und abfällig gegenüberstehen.

Es ist wertvoll, öfter einmal zu rekapitulieren, wie weit uns unsere Praxis geführt hat. Wir können uns fragen: «Was ist in mir Unheilsames, Negatives zu finden? Was in mir ist heilsam? Wieweit habe ich mich schon geändert gegenüber dem, was ich früher von mir erkannt habe?» Der einzige, der dies wirklich weiß, sind wir selbst. Alle anderen Menschen haben eine Meinung, die von ihrem eigenen Ego gefärbt ist. Es gibt keine vollkommen richtige Ansicht. Nur der Erleuchtete sieht völlig klar, denn er hat kein Ego mehr. Die Arbeit an uns selbst ist ein zweispuriger Pfad, der neben der Meditation den Alltag mit einschließen muß.

Die Überweltliche Kette Bedingten Entstehens hat genau wie die Weltliche zwölf Glieder, aber im Gegensatz zur Weltlichen Kette Bedingten Entstehens, die einen Kreis bildet, führt sie in gerader Linie vom Leid (*dukkha*) zur vollkommenen Erlösung. Das ist das Versprechen des Buddha: «Ich lehre nur eins, und das ist Leid und wie es zu beenden ist.» Das bedeutet aber nicht, daß jegliches Leid auf der Welt aufhört, sondern daß das «Ich» aufhört und damit der Leidende. Derjenige, der kein «Ich» hat, macht auch kein *Karma*, und daher gibt es nichts mehr, was ein Lebenskontinuum darstellen könnte, und so auch keine Wiedergeburt. Das ist die Bedeutung von Erlösung, die schon zu Lebzeiten erreicht wird, dann aber durch das Fehlen der Ich-Illusion kein neues Existieren mehr ermöglicht. Wenn das Bewußtsein frei ist von individueller Persönlichkeit, gibt es nichts, was wiedergeboren werden kann. Begierde bringt individuelle Existenz hervor, was ohne «Ich» nicht geschehen kann.

Wenn wir erkennen, daß in dieser Existenz – selbst in den meditativen Vertiefungen – nie das Reinste und Höchste zu erleben ist, dann wird uns klar, daß wir über die Existenz hinausgehen müssen, um das endgültige All zu erkennen. Das spielt sich nicht mehr in den Vertiefungen ab, denn auch diese sind ein Teil unserer Existenz; allerdings berühren wir in den Vertiefungen den Urgrund unseres Seins. Um aber Vollkommenheit und totale Begierdelosigkeit erleben zu können, müssen wir fort von all dem, was «Sein» einschließt. Das ist dann das totale Loslassen vom Eigenwillen und davon, daß Existenz wünschenswert ist. Dann ist es möglich, sich jenseits der Existenz in das All, die Matrix, fallenzulassen, wo es keine Unterschiede oder Begrenzungen gibt. Das «Ich», das existieren will, ist aufgegeben, was uns nur gelingt, wenn wir *Dukkha* tiefstgehend erkannt haben, denn sonst hat die Welt immer noch Anziehungskraft. Die Erlebnisse der Vertiefungen helfen uns, das Alltägliche als einen winzigen Teil des Ganzen zu erkennen. Daher führt uns der Weg über die Vertiefungen zur Einsicht, zur Befreiung.

Fragen und Antworten

F: Können wir an den Folgen erkennen, ob der Sprung an das andere Ufer gelungen ist?
A: Alle Schritte sind hinterher an den Folgen zu erkennen. Die Resultate sind ein Beweis dafür, daß der Schritt stattgefunden hat. Wir müssen dies selbst beurteilen. Alle vier Schritte sind ein Erleben, und in der Rekapitulation werden Erleben und Resultate erkannt.
F: Ist das Erleben jeweils gleich, nur die Folgen sind unterschiedlich?
A: Das ist richtig, aber man kann sagen, daß das Erleben immer eindrucksvoller wird.
F: Wieso heißt eigentlich das Ganze «Erleuchtung»?
A: Es ist die deutsche Übersetzung des Pāli-Worts *Nibbāna*, das wörtlich «Nicht-Brennen» bedeutet. Damit ist Gierlosigkeit, Leidenschaftslosigkeit gemeint. Es gibt viele Worte für *Nibbāna*. Da der Geist vollkommen klar und leuchtend ist, nichts Unheilsames und keinen Schmutz enthält, dürfte das Wort «Erleuchtung» eine passende Bezeichnung sein; andere Benennungen sind «Befreiung», «Erlösung», «Erwachen», das heißt, aus dem Traum der Ich-Illusion erwachen.
F: Du hast vorhin gesagt, daß man der Sonne über dem

Horizont gewahr wird und so die Dunkelheit verschwindet. Kannst du das noch ein bißchen deutlicher erklären?

A: Das ist eine symbolische Erklärung für vier Dinge, die durch ein einziges Erleben zustande kommen. Dadurch, daß die Sonne aufgeht, kommt erstens Licht; zweitens kann man alles erkennen; drittens ist die Dunkelheit weg; viertens ist es nicht mehr kalt. So ist es auch mit dem Pfadmoment, wo wir die *Vier Edlen Wahrheiten* im eigenen Herzen erkennen können.

F: Offensichtlich geht es darum, erst diese Lehre intellektuell zu erfassen, und dann geht es wohl um etwas anderes? Aber die Einsicht in *Dukkha* und die Ich-Illusion hat mich zur Meditation gebracht.

A: Manche Menschen kommen zur Meditation, ohne je das Wort «Ich-Illusion» gehört zu haben. Manche hören «Ich-Illusion» seit fünfzig Jahren und meditieren immer noch nicht. Das dürfte wohl individuell verschieden sein.

F: Ich denke, ich verstehe *Dukkha*; dennoch bin ich von der Erlösung noch sehr, sehr weit entfernt und muß mindestens noch zwei-, dreimal wiederkommen.

A: Wenn zwei-, dreimal wiederkommen alles wäre, wäre das ja nicht so schlimm. Den Unterschied zwischen dem Verstehen durch den Intellekt und dem Verstehen, das der in den Strom Eingetretene hat, könnte man mit folgendem Bild erklären: Der in den Strom Eingetretene hat nicht nur vom Geschmack einer Mango gehört, er hat nun in die Mango gebissen und kennt den Geschmack aus eigener Erfahrung.

F: Kann man den Stromeintritt nur über die Vertiefungen erreichen?

A: Entweder erst Klarblick und dann Ruhe, oder erst Ruhe und dann Klarblick, oder beides gleichzeitig. Der Pfadmoment ist ein Moment der Vertiefung. Es ist viel leichter, durch die Vertiefungen dorthin zu kommen, weil der Weg ein angenehmer ist, der es uns vereinfacht, immer weiterzuüben. Es ist möglich, durch Klarblick dorthin zu kommen, aber der

Klarblick muß auch zu einer gewissen Ruhe führen, so daß der Geist sich sammeln und zumindest einen Moment der Vertiefung erleben kann. Ein denkender Geist kann nicht loslassen, denn er hat nicht die nötige Kraft gesammelt.

F: Warum kann man nur über *Dukkha* auf diesen Pfad kommen? Kann es nicht auch so sein, daß man nicht soviel *Dukkha* hat, aber glaubt, man finde noch etwas viel Besseres?

A: *Dukkha* bedeutet nicht Tragödien. *Dukkha* ist alles, was existiert, weil es ständiger Reibung unterworfen ist. Wenn wir denken, es müsse noch etwas Besseres geben, als das, was wir schon haben, sind wir nicht zufrieden. *Dukkha* ist überall, weil auch das Beste vergänglich ist und uns daher nicht voll befriedigen kann.

F: *Dukkha* scheint doch auch einen sehr positiven Aspekt zu haben, insofern nämlich, als den technischen Fortschritten und auch den Wissenschaften das Bewußtsein eines Defizits zugrunde liegt. Deshalb meint man, es müßten noch bessere Methoden entwickelt werden, bessere Apparate, damit man mehr wissen und das Leben leichter bewältigen kann.

A: Daß dadurch das *Dukkha* nicht weggeht, haben wir wohl inzwischen schon gemerkt.

F: Wer wird eigentlich wiedergeboren?

A: Ein unpersönlicher Prozeß wird wiedergeboren, der aus Körper und Geist, mit fünf Sinnen und dem Denken als sechstem Sinn, besteht. Die Ich-Illusion ist im Bewußtsein.

F: Ist es das Bewußtsein, was schließlich ins *Nibbāna* eingeht? Oder was geht da ein?

A: *Nibbāna* ist kein Eingehen. *Nibbāna* ist ein Erkennen, ein Erleuchten im Geist.

F: Bleibt da ein Geist übrig?

A: Wovon soll er übrigbleiben?

F: Das hört sich so ein bißchen nihilistisch an.

A: Nihilistisch bedeutet die Vernichtung des Ich. Darum handelt es sich aber nicht, sondern um das Aufwachen aus einer Illusion.

F: Wenn es heißt, «man» oder «ich» ist frei von Gier und Haß, heißt das doch, daß etwas übrigbleibt. Was ist denn da übrig, das erlöst ist?

A: Solange der erleuchtete Mensch am Leben ist, ist da Körper und Geist. Wenn dieser Körper nicht mehr am Leben ist, wird der Körper zu Staub, und der Geist ist keiner Wiedergeburt mehr untertan.

F: Sondern?

A: Möchtest du gerne wissen, an welchem Platz *Nibbāna* zu finden ist? *Nibbāna* ist Erleuchtung im Geist. Der Geist, der erleuchtet ist und keine Ich-Illusion mehr beherbergt, kann nicht wiedergeboren werden, da keine Begierde mehr besteht. Aber im Moment sind das wohl nur theoretische Fragen.

F: Aber es ist doch wichtig, das Ziel zu kennen.

A: Deswegen hat der Buddha uns so klare Richtlinien mit vielen Wegweisern gegeben. Es ist wichtig, das Ziel zu erkennen, nämlich frei von Gier zu werden, so daß der Geist vollkommen erleuchtet sein kann. Das ist der Zweck der Praxis und das Ende von allem Leid. Wenn man nicht weiß, wo es entlanggeht, kann man sich leicht im Kreis drehen, was auch öfter passiert.

F: Ich habe zum Stromeintritt noch eine Frage. Du hast gesagt, er sei ein Vertiefungsmoment. Aber man muß doch von allem, was weltlich ist, loslassen, und die Vertiefungen sind doch auch weltlich.

A: Die Vertiefungen sind das Mittel zum Zweck. Der Stromeintritt geschieht nicht in den Vertiefungen, ist aber ein einziger Moment der absoluten Konzentration, der jedoch eine andere Qualität als die Vertiefungen hat. Durch das Loslassen der eigenen Person existiert dabei nur das Erleben und niemand, der erlebt. Bei den Vertiefungen ist das nicht der Fall, sondern es gibt dabei immer noch einen Beobachter.

Meditationsmethode zur Läuterung

Gefühlsbetrachtung (Vedanânupassanā) – *Schritt-für-Schritt-Methode*

Bitte lenkt die Achtsamkeit auf den Atem und werdet der Empfindung gewahr, die an den Nasenlöchern durch den Wind des Atems entsteht. Beobachtet diese Empfindung.

Lenkt jetzt die Achtsamkeit auf die Kopfspitze. Laßt den Atem als Beobachtungsobjekt ganz fallen und konzentriert euch nur auf diese kleine Stelle von der Größe einer größeren Münze; stellt fest, welche Empfindungen dort auftreten – wie immer sie sein mögen. Es kann Druck sein, Kontraktion, Ausdehnung, Pochen, Stechen, Wärme, Kühle, Berührung, Kribbeln, Rieseln.

Führt nun die Achtsamkeit von der Kopfspitze die Schädeldecke entlang bis zum Haarwirbel; berührt Stelle nach Stelle mit der Achtsamkeit, stellt die jeweilige Empfindung fest, laßt sie wieder fallen und geht zur nächsten Stelle weiter. Versucht, die ganze Schädeldecke mit der Achtsamkeit zu berühren. Die Empfindung kann Schwere sein oder Leichtigkeit, es kann auf der Haut sein oder unter der Haut, Bewegung oder Stille, Fließen oder eine andere Empfindung, angenehm oder unangenehm. Stellt dies fest, laßt es fallen und geht zur nächsten Stelle.

Jetzt lenkt die Achtsamkeit auf den Haarwirbel, auf eine Stelle von der Größe einer größeren Münze. Lenkt die Achtsamkeit so einspitzig darauf, daß es ganz klar wird, wie es sich dort anfühlt. Es kommt nicht auf die Art der Empfindung an, sondern darauf, daß ihr achtsam genug seid, dort etwas zu erkennen.

Berührt dann langsam den Hinterkopf mit der Achtsamkeit, hinuntergehend vom Haarwirbel bis zum Nacken; achtet Stelle nach Stelle auf Empfindung, Gefühl, stellt es fest, laßt es fallen, geht zur nächsten Stelle. Ihr könnt das Gefühl benennen oder auch nicht; die Hauptsache ist die Wahrnehmung des Gefühls.

Lenkt jetzt die Achtsamkeit auf die linke Kopfseite, von der Schädeldecke herunter bis zum Kiefer, vom Haaransatz bis hinter das linke Ohr – Stelle nach Stelle die Empfindung, das Gefühl feststellen: Druck, Wind, kühl, warm, Rieseln, Kribbeln, Berührung.

Nun die Achtsamkeit auf die rechte Kopfseite lenken, von der Schädeldecke herunter bis zum Kiefer, vom Haaransatz bis hinter das rechte Ohr. Stelle nach Stelle mit der Achtsamkeit berühren. Die Empfindung feststellen, fallenlassen, zu der nächsten Stelle gehen.

Lenkt die Achtsamkeit auf den Haaransatz über der Stirn und geht langsam die Stirn in ihrer ganzen Breite herunter bis zu den Augenbrauen. Berührt Stelle nach Stelle mit der Achtsamkeit, stellt fest, wie es sich anfühlt, laßt es fallen und geht weiter: schwer, leicht, Bewegung, Pochen, was immer zur Wahrnehmung kommen mag.

Nun die Achtsamkeit auf das linke Auge lenken: Augenhöhle, Pupille, Augenlid. Feststellen, wie es sich anfühlt: Druck, Zittern, schwer, dunkel, hell, Berührung.

Und die Achtsamkeit auf das rechte Auge lenken: Augenhöhle, Pupille, Lid. Empfindungen wahrnehmen: feucht, trokken, weich, hart, angenehm, unangenehm, neutral.

Lenkt die Achtsamkeit auf die Stelle zwischen den Augenbrauen und geht langsam den Nasenrücken herunter bis zur Nasenspitze. Stelle nach Stelle kennenlernen, wie es sich anfühlt.

Lenkt die Achtsamkeit auf die Nasenlöcher – langsam innen in der Nase entlanggehen, Stelle nach Stelle kennenlernen: Kribbeln, Jucken, leer, Berührung, warm, kühl, feucht, trokken, hart, weich. Was immer es sein mag, einfach feststellen, fallenlassen, zur nächsten Stelle gehen.

Die Achtsamkeit auf die Stelle zwischen Nasenspitze und Oberlippe lenken und feststellen, wie es sich anfühlt.

Die Achtsamkeit auf Ober- und Unterlippe lenken.

Die Achtsamkeit auf die Mundhöhle lenken, Stelle nach Stelle mit der Achtsamkeit berühren, feststellen, wie es sich anfühlt, fallenlassen und weitergehen.

Die Achtsamkeit auf das Kinn lenken, einspitzig auf dem Kinn bleiben, feststellen, wie sich das anfühlt.

Lenkt die Achtsamkeit auf die linke Wange, geht langsam herunter vom Auge bis zum Kiefer – Stelle nach Stelle mit der Achtsamkeit berühren, wissen, wie die Empfindung, das Gefühl ist, fallenlassen und weitergehen, auf der Haut oder unter der Haut, wo immer die Empfindung zur Wahrnehmung kommt.

Und nun die Achtsamkeit auf die rechte Wange lenken, jede Stelle mit der Achtsamkeit berühren, kennenlernen, wissen, wie es sich anfühlt.

Und die Achtsamkeit auf den Hals lenken, langsam vom Kiefer heruntergehen bis zu der Stelle, wo der Hals an den Oberkörper ansetzt. Außen oder innen Stelle nach Stelle kennenlernen: Wärme, Berührung, Druck, Blockade, Kloß, Erweiterung, Angst, Ärger, Trauer – was immer es sein mag, feststellen, fallenlassen, zur nächsten Stelle gehen.

Lenkt die Achtsamkeit auf den Nacken. Geht langsam vom unteren Ende des Hinterkopfes den Nacken entlang bis zu der Stelle, wo er am Rumpf ansetzt. Jede Stelle beachten.

Die Achtsamkeit auf die linke Schulter lenken. Am Hals ansetzen, langsam mit der Achtsamkeit oben die Schulter entlanggehen bis zu der Stelle, wo der linke Arm ansetzt. Stelle nach Stelle kennenlernen: verspannt, entspannt, zusammengezogen, erweitert, Berührung, Schwere, Leichtigkeit, Trauer, Kummer, Erregung, Ablehnung, Widerstand, Hingabe, Resignation, Langeweile. Was immer hochkommt anschauen, fallenlassen, zur nächsten Stelle gehen.

Lenkt die Achtsamkeit auf den linken Oberarm, geht langsam von der Schulter runter bis zum Ellenbogen, um den ganzen linken Oberarm herum – Stelle nach Stelle mit Achtsamkeit berühren und erkennen, wie sich unser Körper wirklich anfühlt, die Empfindungen oder die Emotionen, die hochkommen. Erkennen, fallenlassen, weitergehen.

Lenkt die Achtsamkeit auf den linken Ellbogen, auf eine kleine Stelle. Alles andere fallenlassen, nur dort mit einspitziger Achtsamkeit sein. Feststellen, wie es sich anfühlt.

Die Achtsamkeit auf den linken Unterarm lenken bis zum Handgelenk, rundherum um den linken Unterarm jede Stelle mit Achtsamkeit berühren, feststellen, fallenlassen, weitergehen – auf der Haut, unter der Haut, tief drinnen oder an der Oberfläche, wo immer ein Gefühl zur Wahrnehmung kommt.

Die Achtsamkeit auf das linke Handgelenk lenken, rundherum jede Stelle mit Achtsamkeit berühren.

Die Achtsamkeit auf den linken Handrücken lenken, langsam vom Handgelenk entlanggehen bis zu der Stelle, wo die Finger ansetzen, jede Stelle mit Achtsamkeit berühren.

Nun die Achtsamkeit auf die linke Handfläche lenken, vom Handgelenk entlanggehen bis zu der Stelle, wo die Finger ansetzen. Wissen, wie es sich anfühlt.

Die Achtsamkeit an das untere Ende der fünf Finger der linken Hand lenken. Langsam die Finger entlanggehen bis zu den Fingerspitzen.

Die Achtsamkeit auf die fünf Fingerspitzen lenken und eine Geistesbewegung von den fünf Fingerspitzen hinaus in den Raum folgen lassen.

Lenkt nun die Achtsamkeit auf die rechte Schulter, geht langsam vom Hals oben die Schulter entlang bis zu der Stelle, wo der rechte Arm ansetzt. Stelle nach Stelle kennenlernen, die körperlichen Empfindungen und die Emotionen: Schwere, Leichtigkeit, Beschwertsein, Trauer, Ablehnung, Widerstand, Hingabe, Druck, Verspannung. Was immer es sein mag, feststellen, fallenlassen, weitergehen.

Die Achtsamkeit auf den rechten Oberarm lenken – langsam von der Schulter herunter bis zum Ellbogen, rundherum um den rechten Oberarm. Jede Stelle mit Achtsamkeit berühren, kennenlernen, sich einfühlen.

Die Achtsamkeit auf den rechten Ellbogen lenken, alles andere fallenlassen, nur dort sein. Gefühle, Empfindungen feststellen.

Und nun die Achtsamkeit auf den rechten Unterarm lenken, langsam vom Ellbogen herunter bis zum Handgelenk, um den rechten Unterarm herum jede Stelle kennenlernen.

Jetzt die Achtsamkeit auf das rechte Handgelenk lenken. Stelle nach Stelle.

Die Achtsamkeit auf den rechten Handrücken lenken, langsam vom Handgelenk bis zu der Stelle entlanggehen, wo die Finger ansetzen. Alles genau kennenlernen.

Nun die Achtsamkeit auf die rechte Handfläche lenken – vom Handgelenk bis zu der Stelle, wo die Finger ansetzen.

Die Achtsamkeit an das untere Ende der fünf Finger der rechten Hand lenken, langsam die Finger entlang zu den Fingerspitzen weitergehen, die Achtsamkeit an die fünf Fingerspitzen lenken und eine Geistesbewegung von den fünf Fingerspitzen hinaus in den Raum folgen lassen.

Lenkt nun die Achtsamkeit auf die Vorderseite des Oberkörpers, geht auf der linken Seite langsam von der Schulter herunter bis zur Taille – Stelle nach Stelle, die ganze linke Vorderseite des Oberkörpers mit Achtsamkeit berühren. Empfindungen, Gefühle feststellen: Trauer, Freude, Entspannung, Verspannung, Weichheit, Offenheit, Geschlossensein, Druck, Berührung, Wärme. Diese oder jede andere Empfindung oder Gefühl. Feststellen, fallenlassen, weitergehen – auf der Haut, unter der Haut, tief drinnen, wo immer die Wahrnehmung möglich ist.

Nun die Achtsamkeit auf die rechte Vorderseite des Oberkörpers lenken, von der rechten Schulter heruntergehen, Stelle nach Stelle mit Achtsamkeit berühren bis zur Taille: Wohlbefinden, Übelkeit, Freude, Trauer, Schwere, Enge, Weite. Feststellen, was immer sich zu erkennen gibt.

Die Achtsamkeit auf die Vorderseite der Taille lenken, feststellen, wie es sich anfühlt.

Dann die Achtsamkeit von der Taille herunterführen, den Unterkörper hinunter bis zum Schritt – Stelle nach Stelle mit der Achtsamkeit berühren, feststellen, fallenlassen.

Nun die Achtsamkeit auf den Rücken lenken, die linke Seite des Rückens von der linken Schulter herunter bis zur Taille jede Stelle mit der Achtsamkeit berühren und Gefühle und Empfindungen feststellen: verspannt, hart, weich, schwer, leicht, bedrückt, gedrückt, was immer es sein mag: Kribbeln, Rieseln, Piken, Jucken. Feststellen, fallenlassen, weitergehen.

Dann die Achtsamkeit auf die rechte Seite des Rückens lenken, von der rechten Schulter herunter zur Taille Stelle für Stelle mit Achtsamkeit berühren, spüren, wie es sich anfühlt. Feststellen, fallenlassen, weitergehen.

Die Achtsamkeit auf die Rückseite der Taille lenken und auf der linken Seite von der Taille heruntergehen zum Gesäß bis zu der Stelle, wo das linke Bein ansetzt. Stelle nach Stelle mit Achtsamkeit berühren, feststellen, fallenlassen, weitergehen.

Nun die Achtsamkeit auf die rechte Seite der Taille lenken und von dort langsam heruntergehen zum Gesäß bis zu der Stelle, wo das rechte Bein ansetzt; jede Stelle kennenlernen.

Die Achtsamkeit auf den linken Oberschenkel lenken. Langsam vom Schritt herunter bis zum Knie Stelle nach Stelle beachten: Druck, Schwere, Ziehen, Berührung, Wärme, Festigkeit, Bewegung, Stille.

Dann die Achtsamkeit auf das linke Knie lenken, rundherum, außen, innen, wo immer die Wahrnehmung möglich ist.

Die Achtsamkeit auf den linken Unterschenkel richten, langsam vom Knie herunter bis zum Fußgelenk, rundherum jede Stelle kennenlernen, wissen, wie es sich anfühlt, einspitzig dort bleiben, feststellen, fallenlassen, weitergehen.

Die Achtsamkeit auf das linke Fußgelenk lenken, rundherum Stelle nach Stelle kennenlernen.

Und nun die Achtsamkeit auf die linke Ferse lenken, eine kleine Stelle, alles andere fallenlassen, die Achtsamkeit halten, feststellen, wie es sich anfühlt.

Dann die Achtsamkeit auf die linke Fußsohle lenken, von der Ferse bis zu der Stelle, wo die Zehen ansetzen. Jede Stelle kennenlernen, fallenlassen, weitergehen.

Die Achtsamkeit auf den linken Fußrücken lenken, vom Fußgelenk entlanggehen bis zu der Stelle, wo die Zehen ansetzen, Stelle nach Stelle.

Die Achtsamkeit an das untere Ende der fünf Zehen am linken Fuß lenken. Langsam die Zehen entlang zu den Zehenspitzen gehen. Die Achtsamkeit auf die fünf Zehenspitzen des linken Fußes lenken und eine Geistesbewegung heraus von den Zehenspitzen in den Raum folgen lassen.

Die Achtsamkeit auf den rechten Oberschenkel lenken, langsam vom Schritt herunter zum Knie, Stelle nach Stelle, rundherum jede Stelle kennenlernen, fallenlassen, weitergehen.

Lenkt nun die Achtsamkeit auf das rechte Knie – rundherum, außen, innen, wo immer die Wahrnehmung kommt.

Dann die Achtsamkeit auf den rechten Unterschenkel lenken, vom Knie langsam herunter bis zum Fußgelenk, rundherum jede Stelle kennenlernen: Berührung, Druck, Härte, Bewegung, weich, warm, kühl.

Jetzt die Achtsamkeit auf das rechte Fußgelenk lenken, rundherum jede Stelle mit der Achtsamkeit berühren.

Dann die Achtsamkeit auf die rechte Ferse lenken. Alles andere fallenlassen, nur dort einspitzig die Achtsamkeit belassen. Empfindungen feststellen.

Die Achtsamkeit auf die rechte Fußsohle lenken, von der Ferse bis zu der Stelle, wo die Zehen ansetzen, Stelle nach Stelle kennenlernen, fallenlassen, weitergehen: Druck, Stechen, Piken, warm, schwer.

Nun die Achtsamkeit auf den rechten Fußrücken lenken – langsam vom Fußgelenk Stelle nach Stelle bis zu der Stelle, wo die Zehen ansetzen. Jede Stelle kennenlernen.

Lenkt jetzt die Achtsamkeit an das obere Ende der fünf Zehen des rechten Fußes, geht langsam die Zehen entlang zu den Zehenspitzen. Lenkt die Achtsamkeit auf die fünf Zehenspitzen des rechten Fußes und laßt eine Geistesbewegung von den Zehenspitzen hinaus in den Raum folgen.

(Ein Glockenzeichen zeigt das Ende der Meditation an.)

Danksagung

Voll Dankbarkeit und Anerkennung richten sich meine Gedanken an alle meine Lehrer, meine Schüler und meine Freunde in Sri Lanka, Amerika, Australien und Europa, die meine Arbeit unterstützt haben und mir immer wieder die Möglichkeit gegeben haben, mehr zu lernen und zu praktizieren.

Ferner bin ich Margot Unterberg verpflichtet für die Sorgfalt, die sie dem Manuskript gewidmet hat, und Gudrun, Heinz, Roland und Charlie, ohne deren ständige Bereitschaft ich nicht die nötige Zeit gehabt hätte, es zu schreiben.

Möge Glück und Segen für viele Menschen aus dieser gemeinsamen Arbeit erwachsen.

Ayya Khema,
im Buddha-Haus, Allgäu

GLOSSAR

Pāli-Begriffe lassen sich nicht vollkommen deckungsgleich in eine westliche Sprache übersetzen. Die folgenden Erklärungen sind dem *Buddhistischen Wörterbuch** von Nyanatiloka Mahathera entlehnt.

Zur Einführung in die Lehre des Buddha sei auf das Buch *Buddha ohne Geheimnis* von Ayya Khema verwiesen.

Achtfacher Pfad: Der zur Erlösung vom Leiden führende Pfad, d. i. die letzte der → Vier Edlen Wahrheiten, nämlich:

1. Rechte Erkenntnis 2. Rechte Gesinnung	III. Wissen (*pañña*)
3. Rechte Rede 4. Rechte Tat 5. Rechter Lebenserwerb	I. Sittlichkeit (*sīla*)
6. Rechte Anstrengung 7. Rechte Achtsamkeit 8. Rechte Konzentration	II. Innere Sammlung (*samādhi*) (*sammā-samādhi*)

Abhidhamma: «Höheres *Dhamma*»; bezeichnet die sieben Bücher und die dazugehörigen Kommentare, die neben den Suttas (Lehrreden des Buddha) und dem Vinaya (Ordensregeln für Mönche und Nonnen) den dritten Teil des Pāli-Kanons ausmachen. Der *Abhidhamma* unterscheidet sich von den Suttas dadurch, daß er die Lehrreden analytisch behandelt und sowohl in Geisteszustände als auch Kausalität aufteilt.

Anattā: «Nicht-Selbst», «Nicht-Ich», «Substanzlosigkeit», «Ichlosigkeit», «Leere». Die Lehre von *Anattā* besagt, daß es weder innerhalb noch außerhalb der körperlichen und geistigen Daseinserscheinungen irgend etwas gibt, das man im

* Nyanatiloka, *Buddhistisches Wörterbuch*, Konstanz, 1952 (*Buddhistische Handbibliothek*, Bd. 3).

höchsten Sinn als eine für sich bestehende unabhängige Ich-Wesenheit oder Persönlichkeit bezeichnen könnte. Eines der drei Daseinsmerkmale.

Anāgāmī: der «Nichtwiederkehrende» ist der im Besitz der dritten Stufe der Heiligkeit befindliche Edle Jünger.

Anicca: «Vergänglichkeit», «Unbeständigkeit»; eine Grundeigenschaft aller bedingt entstandenen Erscheinungen, seien sie körperlich oder geistig, grob oder fein, in der Innen- oder Außenwelt. Eines der drei Daseinsmerkmale.

Arahat/Arahant: Vollkommener Heiliger, der von allen Fesseln frei ist. Vierte und letzte Stufe auf dem Weg zu *Nibbāna*.

Ariya: «Edle» nennt man solche Menschen, die einen der vier überweltlichen Pfade verwirklicht haben.

Bhāvanā: «Geistesentfaltung»; meistens ungenau als «Meditation» bezeichnet. Man unterscheidet zweierlei Geistesentfaltung:

1. «Entfaltung der Gemütsruhe» (*samatha-bhāvanā*), d. h. Entfaltung der Sammlung (*samādhi-bhāvanā*);
2. «Entfaltung des Hell-/Klarblicks» (*vipassanā-bhāvanā*), identisch mit Entfaltung des Wissens (*pañña-bhāvanā*).

Brahmavihāra: Die vier «Göttlichen Verweilungszustände» oder «Göttlichen Verweilungsstätten», auch die vier «Unermeßlichen» genannt, sind: Liebende Güte (*mettā*), Mitgefühl (*karunā*), Mitfreude (*muditā*) und Gleichmut (*upekkhā*).

Ceto-Vimutti: «Gemütserlösung» im höchsten Sinn; ist identisch mit der durch durchdringenden Hellblick bedingten «Frucht der Arahatschaft».

Dhamma: Wörtl. das «Tragende», «Vertrag», «Brauch». Im Buddhismus: «Lehre des Buddha»; «Naturgesetz», «Gesetz», «Wahrheit»; «Daseinserscheinung». Der *Dhamma* als das vom Buddha erkannte und verkündete Gesetz ist zusammengefaßt in den sogenannten → Vier Edlen Wahrheiten.

Dukkha: «Leiden», «Leidunterworfensein», «Unbefriedigtsein», «Unzulänglichkeit», «Elend», «Übel»; Existenzangst».

Eines der drei Daseinsmerkmale und die erste der → Vier Edlen Wahrheiten.

Edler Freund: → *Kalyāna-Mitta*.

Einmalwiederkehrer: Zweite der vier Stufen auf dem Weg zu *Nibbāna*; Pāli: *Sakadāgāmī*.

Erleuchteter: → *Arahat*.

Fähigkeiten, fünf geistige: 1. Achtsamkeit; 2. Vertrauen; 3. Weisheit; 4. Sammlung; 5. Willenskraft.

Faktoren der Erleuchtung: Die sieben «Erleuchtungsglieder» sind: 1. Achtsamkeit; 2. Gesetzesergründung; 3. Willenskraft; 4. Verzückung; 5. Gestilltheit; 6. Sammlung; 7. Gleichmut.

Jhāna: «Vertiefung»; «meditative Vertiefung», «Ruhe-Meditation». Im weitesten Sinn jeder durch intensive Konzentration (→ *samādhi*) auf ein einziges geistiges oder körperliches Objekt (→ *bhāvanā*) hervorgerufene Versenkungszustand des Geistes. Im besonderen Bezeichnung für die vier feinkörperlichen und die vier formlosen Vertiefungen.

Kalyāna-Mitta: «Edler Freund»; bezeichnet einen edlen in der Lehre erfahrenen und an Jahren gereiften Menschen, der anderen in der Geisteszucht ein Freund ist und sie darin unterweisen kann.

Karma (Sanskrit; Pāli: *kamma*): Wörtl. «Wirken, Tat»; bezeichnet genaugenommen den die Wiedergeburt erzeugenden oder Charakter und Geschick der Wesen beeinflussenden heilsamen oder unheilsamen Willen sowie die damit verbundenen Geistesfaktoren. Dieser karmische Wille äußert sich in körperlichen Taten, in Worten oder bloß in Gedanken. *Karma* bedeutet also keineswegs das Ergebnis des Wirkens oder gar das Schicksal von Menschen und ganzen Völkern, wie im Westen oft angenommen wird.

Karma-Formationen: In Werken, Worten und Gedanken auftretende heilsame und unheilsame Willensäußerungen/Absichten.

Karunā: «Mitgefühl; vgl. *Brahmavihāra*.

Khandha: «Gruppen», «Daseins-», «Anhaftungs-» oder «An–

häufungsgruppen» nennt man die fünf Gruppen, in die der Buddha die dem oberflächlichen Beobachter eine Persönlichkeit vortäuschenden gesamten körperlichen und geistigen Daseinserscheinungen eingeordnet hat:

1. Körper
2. Gefühl
3. Wahrnehmung
4. Gedanken
5. Sinnesbewußtsein

(2.–5.) = Geist

Lokiya: «Weltlich».

Magga: wörtl. «Pfad», der Achtfache Pfad, die Vier Überweltlichen Pfadmomente.

Māra: wörtl. «Mörder» oder «Tod»; die Personifikation der die Weltmenschen überwältigenden Leidenschaften und Begehrensobjekte.

Mettā: «Liebende Güte», «Liebe», «Allgüte», «liebevolle Zuwendung». Vgl. *Brahmavihāra*.

Muditā: «Mitfreude»; vgl. *Brahmavihāra*.

Nāma-rūpa: «Geistigkeit und Körperlichkeit».

Nibbāna: Wörtl. das «Erlöschen». Das höchste und letzte Ziel alles buddhistischen Strebens, d. h. das restlose «Erlöschen» jeglichen in Gier, Haß und Verblendung sich äußernden, das Leben bejahenden und sich krampfhaft daran klammernden Willenstriebes und damit die endgültige, restlose Befreiung von allem künftigen Wiedergeborenwerden, Altern und Sterben, Leiden und Elend.

Nichtwiederkehrer: Dritte der vier Heiligkeitsstufen auf dem Weg zu *Nibbāna*; vgl. *Anāgāmī*.

Pañña: «Erkennen, Einsicht»; «Wissen, Weisheit».

Pañña-Vimutti: «Wissenserlösung», «Weisheitserlösung»; bezeichnet nach dem Kommentar das mit der Frucht der Arahatschaft verbundene Wissen.

Papañca: Wörtl. «Ausbreitung»; «Weitschweifigkeit», «ausführliche Auseinandersetzung», «Entfaltung», «Mannigfaltigkeit», «Vielheit» (Welt).

Paticcasamuppāda: «Bedingtes Entstehen». Die Lehre von der Bedingtheit aller das sog. individuelle Dasein ausmachenden körperlichen und geistigen Phänomene. Sie bildet, zusammen mit der Lehre von *Anattā*, d. i. von der Unpersönlichkeit oder Ichlosigkeit alles Daseins, die unumgängliche Voraussetzung und Vorbedingung zum eigentlichen Verständnis und zur Verwirklichung der ganzen Buddha-Lehre.

Phala: wörtl. «Frucht», Pfadergebnis; bezeichnet die unmittelbar nach dem Pfadmoment aufblitzenden Bewußtseinsmomente.

Puthujjana: «Weltling»; jeder, der noch sämtliche Fesseln besitzt und daher noch keine der Vier Heiligkeitsstufen verwirklicht hat.

Rūpa-Jhāna: Die vier Vertiefungen der feinkörperlichen Sphäre. Vgl. *Jhāna*.

Sakadāgāmī: der *Einmalwiederkehrer*, siehe dort.

Samādhi: «Sammlung, Konzentration»; das Gerichtetsein des Geistes auf ein einziges Objekt (Einspitzigkeit). Vgl. *Bhāvanā*.

Sammā-Samādhi: «Rechte Sammlung/Konzentration». Vgl. Achtfacher Pfad.

Samsāra: «Der Kreislauf der Wiedergeburten»; wörtl. «beständiges Wandern, Daseinswanderung». *Samsāra* bezeichnet das ewig rastlose, auf- und niederwogende Meer des Daseins, den scheinbar unauflöslichen Prozeß des immer wieder und wieder Geborenwerdens, Alterns, Leidens und Sterbens.

Sīla: «Sittlichkeit», «Tugend», «moralisches Verhalten»; vgl. *Achtfacher Pfad*..

Sottāpanna: der «in den Strom Eingetretene», jemand, der den ersten drei Fesseln entronnen ist, nämlich: 1. Persönlichkeitsglaube, 2. Zweifel, 3. Hängen an Regeln und Riten.

Sotāpatti: der «Stromeintritt», die erste der vier Heiligkeitsstufen auf dem Weg zur Verwirklichung des *Nibbāna*. Die charakteristischen Eigenschaften eines Stromeingetretenen sind unerschütterliches Vertrauen zum Erleuchteten (*Buddha*), zur Lehre (*Dhamma*) und zur Jüngerschaft der Edlen (*Sangha*) sowie vollkommene Sittlichkeit.

Upekkhā: «Gleichmut; vgl. *Brahmavihāra*.

Vier Edle Wahrheiten: Der kürzeste Ausdruck für die gesamten Lehren des Buddha. Die Wahrheit 1. vom Leiden, 2. von der Leidensentstehung, 3. von der Leidenserlöschung und 4. von dem zur Leidenserlöschung führenden → Achtfachen Pfad.

Vipāka: *Karma*-Resultate unserer absichtlichen Handlungen durch Geist oder Körper.

Vitakka-Vicāra: «Erstmalige Hinwendung» und «Dauernde Hinwendung». *Vitakka* bezeichnet ein Aufmerken. Sein Merkmal ist, daß es das Bewußtsein zu dem Objekt hinwendet. *Vicāra* äußert sich in der ungestörten Fortsetzung der Hinwendung, so daß das Bewußtsein gefestigt wird.

Yoniso manasikāra: «Das gründliche oder weise Erwägen»; bildet die Grundlage zur Gewinnung der sieben Erleuchtungsglieder und zur Überwindung aller unheilsamen Zustände.